U0461439

检察权运行机制研究

张永进◎著

河北经贸大学学术著作出版基金资助

河北省社科基金项目『河北检察办案中的人工智能应用研究』

（项目编号：HB19FX312）成果

河北经贸大学法学院学术著作出版基金资助

河北思途医疗器械有限责任公司出版基金资助

河北经贸大学地方法治建设研究中心资助项目『社会治理体系和治理能力现代

化背景下的检察权运行机制研究』成果

知识产权出版社

全国百佳图书出版单位

——北京——

图书在版编目（CIP）数据

检察权运行机制研究/ 张永进著 . —北京：
知识产权出版社，2021.3
ISBN 978 - 7 - 5130 - 7432 - 2

Ⅰ.①检…　Ⅱ.①张…　Ⅲ.①检察机关—权力—研究—中国
Ⅳ.①D926.304

中国版本图书馆 CIP 数据核字（2021）第 031363 号

内容提要

本书围绕我国检察权运行机制的基本理论、实证分析、主要问题、完善方向等方面进行论述。首先，通过对我国检察权运行机制基本理论的深度解读，依托社会科学研究中的权力结构理论，将我国检察权运行机制归结为由检察机关办案组织、检察权运行结构、检察官办案监督机制、检察官司法责任机制和检察官保障机制五个方面组成的系统。其次，依托我国检察权运行机制的实践案例，集中讨论我国检察权运行机制改革存在的主要矛盾和问题。最后，对我国检察权运行机制的完善方向，从宏观层面及具体措施方面提出合理建议。

责任编辑：宋　云　　　　　　责任校对：王　岩

执行编辑：卢文宇　　　　　　责任印制：孙婷婷

检察权运行机制研究

张永进　著

出版发行：知识产权出版社有限责任公司　　网　　址：http：//www.ipph.cn
社　　址：北京市海淀区气象路 50 号院　　邮　　编：100081
责编电话：010-82000860 转 8388　　　　 责编邮箱：songyun@ cnipr.com
发行电话：010-82000860 转 8101/8102　　发行传真：010-82000893/82005070/82000270
印　　刷：北京建宏印刷有限公司　　　　　经　　销：各大网上书店、新华书店及相关专业书店
开　　本：720mm×1000mm　1/16　　　　 印　　张：15
版　　次：2021 年 3 月第 1 版　　　　　　印　　次：2021 年 3 月第 1 次印刷
字　　数：230 千字　　　　　　　　　　 定　　价：76.00 元
ISBN 978 - 7 - 5130 - 7432 -2

谨以此书献给我伟大的母亲——李爱景女士！

前　言

　　检察权运行机制是检察活动的动态反映形式，是指在科学合理配置检察权的基础上，为实现检察工作发展目标，通过制度安排而形成的检察权各要素之间相互联系和相互作用的模式及运作方式。● 检察权的本质属性，需要通过检察权的运行机制表现出来，有什么属性的检察权，就会有什么样的检察权运行机制。本书研究建立在前人的基础上，但是并未浅尝辄止，而是结合改革实践，进行分析框架上的创新。特别是以权力结构分析为方法进行社会科学研究。本书将围绕"基本理论—实证分析—主要问题—完善方向"的基本思路进行论述。除引言外，共分为四章。

　　第一章，检察权运行机制的基本理论。虽然检察权运行机制从实践中来，在实践中发展，但是检察权运行机制具有系统的理论构架。从理论构架来看，包括基本概念、分析框架、主要内容、改革脉络和配套机制五个方面。其中，对基本概念的分析，主要着眼于发生学意义。检察权运行机制既是学术主题也是司法难题，其上接权力，下连责任，虽然概念界定颇多，但是在"人员、权力、责任"三个核心方面达成了共识。检察权运行机制是动态化的检察权表现形式，体现了检察权的程序化和过程化特征。由于检察权属性和职责的不同，需要检察权以不同的运行机制表现出来。由此，检察权运行机制的研究重心应实现从单独关注制度文本规范到关注检察权动态运行机制的转移，进而引入权力结构分析这一分析技术，对检察权运行机制进行剖析，并将其

　　● 吕涛、朱会民：《检察权运行机制的基本要素探析》，《人民检察》2012 年第 3 期，第 13 – 18 页。

划分为权力主体、权力结构、权力监督、权力责任和权力保障五大机制。从纵向来看,检察权运行机制具有深刻的历史沉淀和发展脉络,有待在主诉检察官、主办检察官、主任检察官等改革基础上继续前行。从横向来看,检察权运行机制改革并非能够独步单行,还需要与检察人员分类管理、员额制改革和内设机构改革等配套机制相匹配。

第二章,检察权运行机制的实践透视。当前,检察权运行机制改革既面临着理论供给不足的困境,又存在着实践探索多元的难题。人民检察院司法责任制改革是党的十八届四中全会以后,优化检察职权配置、确保检察权依法独立公正行使的重要改革。此项改革采取"统一规定+试点运行"相结合方式进行。笔者在对其规定文本解读的基础上,通过问卷调查、直接访谈、文献梳理等方式,随机抽取了9个具有代表性的试点,对其检察机关办案组织、检察权运行结构、检察官办案监督机制、检察官司法责任机制、检察官保障机制"五大机制"进行观察和评估。从分析来看,上述试点改革存在主导组织的多元化、改革方案的一致性、改革内容的多样化、改革实践的双轨制、改革内容的持续性等特征。

第三章,检察权运行机制改革存在的主要矛盾和主要问题。主要矛盾是根本因素,可分为内部矛盾和外部矛盾两个方面。主要问题是具体反映,可从权力结构分析框架内的六个方面进行透视。从主要矛盾的内部来看,表现为检察长"一把手"负责制与检察官责任制之间的矛盾;从外部矛盾来看,表现为国家权力的科层集中制模式与检察权运行机制多样化要求之间的矛盾。在主要问题方面,包括了检察官权力主体地位凸显不足、检察官权力清单的配置和运行失范失衡、检察官办案监督存在薄弱环节、检察官司法责任机制不尽合理、检察官保障机制有待全面落实、司法体制综合配套改革支撑不足等问题。在检察官权力主体方面,由于检察官只是作为办案主体,对以检察官为核心的新型办案组织构建不够、保障不足、要求不严、推广不畅,由此导致检察官主体地位凸显不足。在检察官权力清单方面,虽然各省级检察机关都制定了检察官权力清单,但是存在权力清单性质定位不明、对检察官放权不足、检察主体之间运行不规范、运行机制缺乏差异化等问题。在检察官办案监督方面,仍存在监督主体由内部构成、监督对象较为片面、监督方式较为单一、监督手段实效性不足、监督程序之间衔接不畅等薄弱环节。在检察官司法责任方面，实体层面上存在划分依据不够合理、责任范围无限扩大、责任认定不够科学、免责范围较为有限等问题；程序层面上存在检察官惩戒委员会职能定位不明、程序追究行政化较为明显等问题。在检察官保障机制方面，存在检察官工资待遇尚未完全落实到位、检察官职务序列配套待遇有待完善、检察官履职保障措施落实尚不到位、检察官绩效考核制度有待科学设计等问题。在司法体制综合配套改革方面，存在检察人员分类管理不够完善、检察官员额制改革统筹不够、检察机关业务部门内设机构改革还较为滞后等情况。

第四章，我国检察权运行机制的完善。首先，实现检察权运行机制主要矛盾的转化。实现从检察长负责制到检察官责任制、从权力运行单一制到检察权运行多样化的转化。其次，实现检察权运行机制具体制度的完善。在权力主体方面，应当突出检察官主体地位。这就要求明确检察官的相对独立地位，科学界定检察机关"案件"范围，以独任检察官为基础重塑办案组织，确定合理的办案组织构建形式，实现检察机关院领导直接办案的制度化。在检察官权力清单方面，明确其规范属性，科学配置检察官职权，确保检察权运行关系的规范性，实现检察权运行机制的区别化。在检察权监督机制方面，可从内部监督的有效性和外部监督的有效性两个层面进行完善。在内部监督有效性方面，应当继续优化监督层级，完善内部监督机制，不断提升内部监督效果。在外部监督有效性方面，应当完善检务公开制度，增强当事人的监督，实现人民监督员职责功能的转型发展。在检察官司法责任方面，既要在实体层面科学划分和区分责任，限定检察官责任范围，确保一定程度上的责任豁免；也要在程序方面合理定位检察官惩戒委员会的职责，推动检察官责任追究的准司法化。在检察官履职保障方面，既要抓紧实现既有保障制度落地见效，也要长远谋划检察官的资格保障、待遇保障、行为保障和绩效考核机制。在相关司法配套机制改革上，还需要加快落实检察人员分类管理格局，进一步完善检察官员额制改革，深入推进检察机关业务部门内设机构改革，逐步实现涉检信访机制改革的法治化，推动检察权运行机制改革与现代科技的深度融合。

目　　录

引　言

一、选题目的

作为一个老生常谈的问题——检察权运行机制已因其在司法责任制改革中的基础性地位，成为理论界关注、实务界关心的话题。特别是随着检察权运行机制改革在全国检察机关的推开，检察权运行机制改革已经从理论课题成为影响检察官乃至全体检察人员的制度变革。由此，对于检察权运行机制的研究具有多重目的。首先，如何看待这场改革，特别是检察权运行机制改革带来的关系、责任、称谓、身份以及待遇的转变，攸关检察人员的职业预期和判断；如何通过学理的研究，对改革预期或者改革发展的认识进行全面客观的评判。其次，作为理论研究课题，检察权运行机制在不同发展时期虽有概念上的变换，但是无框架上的实质突破。从以往研究来看，其始终主要围绕是什么、为什么、怎么办的对策式分析框架，以至于在研究内容上虽有发展，但在理论上发展不大。最后，作为实践中的问题，如何评价检察权运行机制改革的成败，以及检察权运行机制的终极目标和价值，显得尤为重要。本书可以视作对上述问题的初步回应。

二、研究现状

伴随着大数据时代的到来，"互联网＋学术研究"已经成为理论研究的新范式。通过对相关主题进行大数据采集、分析和研判，可以得出与众不同的答案。故此，笔者在对检察权运行机制改革进行研究时，在中国知网通过选择"主题""篇名"项目，以"检察权运行机制改革"相关的关键词进行检索（时间范围为1998—2018年）后发现，共有约422篇文章；剔除新闻报道后，发表在学术期刊上的文章约有212篇。

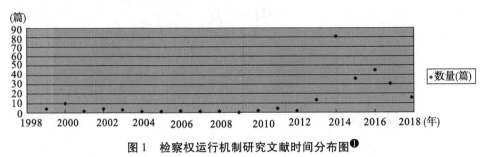

图1　检察权运行机制研究文献时间分布图❶

　　虽然对于相关理论研究充分与否的评判标准并不能仅仅依赖论文数量，因为有可能一篇高质量的论文即可能有效解释并解决某一问题。然而，对于相关主题的定量研究，仍然可以从某一侧面揭示研究的发展轨迹。从研究文献的分布来看，不同时期有关检察权运行机制的研究分布并不均衡，甚至没有任何规律；但从整体上看，学界和实务部门对此关注较少，研究有限，甚至还不深入。直到2013年，最高人民检察院重启检察权运行机制改革——"检察官办案责任制改革试点"以后，检察权运行机制才逐渐被学界和实务部门关注，相关研究成果不断出现，而刊登相关论文的刊物主要以检察系统内部刊物为代表。另外，2014年第十届国家高级检察官论坛（山东临沂）、2015年第五届中国检察基础理论论坛（上海）、2016年第十二届国家高级检察官论坛（河北石家庄）等学术活动都以检察权运行机制改革为会议主题，对检察权运行机制进行了有益探索。上述研究成果对检察权运行机制的历史发展、改革必要性和正当性、改革方向进行了初步研究，并且达成了些许共识。根据最高人民检察院关于检察权运行机制的有关改革文件和学界研究成

---

　　❶　笔者主要以中国知网和中国国家图书馆网站为检索对象，面对浩繁资料，在研究中可能有所遗失，但这并不影响研究的整体规范性。

果，可将检察权运行机制的基础理论分为权利主体、权力运行结构、权力监督、权力责任和权力保障等方面。

（一）基础理论

1. 在权力主体方面

学界对于检察官是否具有独立地位，以及是否作为检察权运行主体等问题存在争论。冯中华在《检察管理论》一书中指出，我国检察机关内部决策方式可分为检察长决策和集体研究两种，其中检察长决策又被称为个人决断，指各级检察院检察长在其法定权限内对各项检察工作进行决策。其优点在于决策速度快、效率高、责任明确、具有权威性。❶ 陈国庆在《检察制度原理》一书中认为，检察官并不具有独立地位，因为在检察院内部，检察权是由检察长、检察委员会为领导的组织形式实现的。❷ 还有学者从哲学主体论角度指出，检察权的实质主体是检察机关，而形式主体则是检察官。❸

对于上述观点，也有学者提出了不同意见，认为应当赋予检察官相对独立性。❹ 陈卫东等在《检察一体与检察官独立》一文中指出，刑事诉讼法凸显了人民检察院的地位，而作为实际操作者的检察官在刑事诉讼法中却隐而不显。基于主体转化、克服检察一体弊端、遵循刑事诉讼活动规律、提高诉讼效率等角度，在刑事诉讼中应当保障检察官独立行使检察权。❺ 龙宗智在《检察官小案责任制相关问题研究》一文中指出，检察官具有实施权而无决定权，对此应当进行改革，赋予检察官相对独立地位，将独任制作为检察官办案的基本形式。❻ 此外，龙宗智还指出当前办案组织改革中存在"办案组负责制与检察官承办制、检察长负责制与检察官责任制、部门制与主任检察官负

---

❶ 冯中华：《检察管理论》，中国检察出版社，2010 年版，第 301 页。
❷ 陈国庆：《检察制度原理》，法律出版社，2009 年版，第 67 页。
❸ 卢建平：《检察学的基本范畴》，中国检察出版社，2010 年版，第 112 页。
❹ 虽然部分学者指出检察官的相对独立性，但是在关于检察官的相对独立性内涵方面，并不一致。诸如相对独立是相对于域外的绝对独立，又如相对独立是相对于法官的独立，此外，相对独立也可指中国检察机关检察权集体独立下的相对独立，等等。
❺ 陈卫东、李训虎：《检察一体与检察官独立》，《法学研究》2006 年第 1 期，第 3-13 页。
❻ 龙宗智：《检察官办案责任制相关问题研究》，《中国法学》2015 年第 1 期，第 84-100 页。

责制、检察官独立与监督、责任追究与免责"等矛盾。❶ 朱孝清在《检察官相对独立论》一文中则指出检察官的相对独立地位。❷ 万春在《主任检察官办案责任制三人谈》中认为，检察权的载体应当为检察院，而非检察官，但其仍然肯定了检察官的部分职权，这些职权可根据权力属性、案件情况以及办案环节的复杂程度进行具体配置，可以配置给检察官，也可以配置给具体部门。❸ 除此以外，还有学者直接肯定了检察官的独立地位，并对检察权由检察院行使提出了批评。有学者认为，检察权集体依法独立不仅存在法律上的困境，还混淆了司法原则与工作制度的关系，其中，依法独立是司法原则，检察长统一领导人民检察院是工作制度。集体独立实质上取消了依法独立，如果检察官个体不独立，如何忠实地执行宪法和法律。❹ 此外，集体独立的概念存在重大缺陷，集体是谁？谁能代表集体？对此，学界目前仍然难以达成共识。

2. 在权力运行结构方面

检察权运行结构主要是指检察权运行主体之间静态职权配置和动态运行的关系。静态权力配置在当前的表现就是检察官权力清单。动态运行关系主要是指各主体之间内部运行的机制和方式，而不包括检察机关与各级人大、党委、政府、监察委员会等机关的外部运行机制。从研究来看，有学者将当前运行结构的问题归结为"司法逻辑与社会逻辑的冲突、司法改革的内容与现有资源有限性的冲突、司法改革的速度与可承受度的冲突"三种矛盾。❺

首先，在检察官的职权来源上，对其属于检察长授权还是法律赋予存在一定的争议。龙宗智在《主诉检察官办案责任制的依据和实施条件——二论

---

❶ 龙宗智：《司法责任制与办案组织建设中的矛盾及应对》，《人民检察》2016 年第 11 期，第 3 - 10 页。

❷ 朱孝清：《检察官相对独立论》，《法学研究》2015 年第 1 期，第 137 - 153 页。

❸ 樊崇义、龙宗智、万春：《主任检察官办案责任制三人谈》，《国家检察官学院学报》2014 年第 6 期，第 3 - 10 页。

❹ 蒋德海：《检察改革应深化"依法独立"宪法原则的理解》，《人民检察》2017 年第 1 期，第 60 - 62 页。

❺ 龙宗智：《如何看待和应对司法改革中遇到的矛盾和问题》，《人民检察》2016 年第 14 期，第 12 - 13 页。

主诉检察官办案责任制》一文中指出，对于主诉检察官相对独立地行使检察权有四种法理解释：授权论、独立主体论、代理论、独立主体与授权结合论。❶ 万毅在《一个尚未完成的机关——底限正义视野下的检察制度》中指出，我国对检察一体的过度强调，使得检察官缺乏独立性，这对于有效打击敌对分子，巩固人民民主专政发挥了重要作用，但是却使承办检察官丧失了独立的职权。❷ 李章仙在《主任检察官制度改革中的独立性问题探析》一文中认为，当前检察官办案决定权的依据并非来自检察长的授权，而是来自法律的赋予。❸ 项谷等学者认为，检察官的办案职权源自检察长的授权，因为《检察官法》仅仅赋予检察官行使检察权的权力能力。❹

其次，在检察官的职权配置上，绝大多数学者都认为，应当根据检察权的不同属性，分别予以赋权，而重大关键复杂事项的决定权仍然由检察长（检察委员会）行使。周理松等指出，应当综合考虑犯罪数额、案件类型、涉案人员情况、涉外因素、社会影响等多种因素设置配置标准。❺ 王向明等在《职权配置与监督制约的改革思考》一文中指出，根据检察职能的不同，在检察官职权配置上应当有所不同，其中职务犯罪侦查的行政权属性决定了其一体化特征，不应过度强调主任检察官的独立职权，公诉和审查批捕的司法权属性决定了权力配置的扁平化，赋予主任检察官最大化职权；诉讼监督的监督化特征决定权力配置的整体化，由检察长或检察委员会行使。❻ 此外，还有学者基于对检察官权力清单的研究，指出当前检察官权力清单存在形式不规

❶ 龙宗智：《主诉检察官办案责任制的依据和实施条件——二论主诉检察官办案责任制》，《人民检察》2000 年第 2 期，第 9 - 12 页。
❷ 万毅：《一个尚未完成的机关——底限正义视野下的检察制度》，中国检察出版社，2008 年版。
❸ 李章仙：《主任检察官制度改革中的独立性问题探析》，《中州学刊》2015 年第 7 期，第 59 - 65 页。
❹ 项谷等：《司法责任制改革中检察内部办案职权的配置及优化》，载胡卫列、董桂文、韩大元等主编《人民检察院组织法与检察官法修改——第十二届国家高级检察官论坛论文集》，中国检察出版社，2016 年版，第 419 页。
❺ 周理松、沈红波：《办案责任制改革背景下检察委员会与检察官关系的定位》，《人民检察》2015 年第 16 期，第 49 - 53 页。
❻ 王向明、黄福涛：《职权配置与监督制约的改革思考》，《中国检察官》2015 年第 1 期，第 7 - 9 页。

范、权力性质和授权范围不够明确、承办机制不够科学等问题，并指出下一步的完善方向。[1]

最后，在检察官与其他主体关系上，基本都在围绕检察一体与检察独立进行论述。谢鹏程在《论检察官独立与检察一体》中指出，没有检察官独立的检察一体是一种纯粹的行政体制，没有检察一体的检察官独立是一种纯粹的司法体制，都不符合检察工作的特点与要求。[2] 龙宗智在《论依法独立行使检察权》一文中认为，检察权独立包括外部独立和内部独立两个方面，在外部独立上分为充分的独立和政府监督下的独立两种模式；在内部独立上包括"检察一体"所蕴含的集体独立和检察官在检察机关内部的相对独立。检察官的相对独立有诉讼法的依据，同时在检察一体化中有自己的独立权力。[3] 郑青在《论司法责任制改革背景下检察指令的法治化》一文中指出，检察一体是我国检察权运行的重要原则，当前检察一体原则缺乏有效制度规制，使得检察权高度集中和指令权被恣意行使，从而造成检察办案主体间界限不明、责任不清，难以追责，故此应当健全检察指令权的主体、范围、形式、程序等内容，坚持书面化、程序化和体系化的运作，实现检察指令的法制化。[4]

3. 在权力监督方面

为了防止检察官"扩权"所带来的权力滥用，多数学者主张应当建立相应的监督机制。吴建雄认为，我国检察权运行机制可概括为检察权运行体系和监控体系，其中运行体系包括以检察内部各主体为检察权的多元运行结构，但在各种职权的运行程序和方式上还不够完善。[5] 此外，在检察权监控机制的内部监督制约机制中存在结构松散、监督主体功能不全等问题，外部监督机制呈现弱监、虚监、空监等问题。陈卫东等在《检察一体与检察官独立》中

❶ 王光贤：《检察官权力清单制度实施及其完善——以上海市检察机关为样本》，《上海政法学院学报（法治论丛）》2017 年第 4 期，第 41 - 54 页。

❷ 谢鹏程：《论检察官独立与检察一体》，《法学杂志》2003 年第 3 期，第 35 - 38 页。

❸ 龙宗智：《论依法独立行使检察权》，《中国刑事法杂志》2002 年第 1 期，第 3 - 19 页。

❹ 郑青：《论司法责任制改革背景下检察指令的法治化》，《法商研究》2015 年第 4 期，第 37 - 44 页。

❺ 吴建雄：《检察权运行机制研究》，《法学评论》2009 年第 2 期，第 99 - 106 页。

建议，可从诉讼角度出发建立诉讼监督机制。❶

4. 在权力责任方面

检察权运行的责任机制是追究意义上的司法责任，❷是指检察权主体在行使检察职权过程中出现过错行为后应当承担的不利后果，包括实体意义上的责任认定和程序意义上的责任追究两个方面。根据责任评价标准可分为行为责任和结果责任；根据责任主观程度可分为故意违反法律法规责任、重大过失责任和监督管理责任；根据责任种类可分为纪律责任和刑事责任。付颖在《检察人员刑事错案责任追究机制初探》一文中认为，检察官责任应当实现由结果责任到行为责任体系的转变。❸黄常明在《检察机关执法过错责任追究制度反思与重构》中认为，当前检察官执法过错责任追究存在功能定位不切实际、调整范围过于宽泛、一些程序规定缺乏可操作性等问题，并建议从调整制度功能定位、建立执法过错责任追究启动程序、完善调查程序、修改处理程序以及设立监督考核机制等方面进行完善。❹张保生等在《检察业务考评与错案责任追究机制的完善》一文中指出，当前部分检察业务考评机制指标的设置违反了司法规律，影响错案责任追究机制的功能发挥，应当完善或取消相关考评指标，从而构建科学的错案责任追究机制。❺此外，还有学者对当前改革中检察官惩戒委员会的代表性和权威性提出质疑，并提出了完善方向。❻

5. 在权力保障方面

在权力保障方面，学界主要对权力主体的保障开展讨论。例如，杜颖在《论检察官办案责任制的责、权、利》一文中指出，在利益保障上应当建立专

---

❶ 陈卫东、李训虎：《检察一体与检察官独立》，《法学研究》2006年第1期，第3-13页。

❷ 葛琳：《追究意义上的司法责任有三个特点》，《检察日报》2016年3月30日，第3版。

❸ 付颖：《检察人员刑事错案责任追究机制初探》，湖北省武汉市青山区人民检察院，http://qs. wh. hbjc. gov. cn/jcyj/201410/t20141029_ 551709. shtml，访问日期：2016年10月26日。

❹ 黄常明：《检察机关执法过错责任追究制度反思与重构》，《人民检察》2009年第20期，第11-14页。

❺ 张保生、张晃榕：《检察业务考评与错案责任追究机制的完善》，《中国刑事法杂志》2014年第4期，第94-102页。

❻ 陈海锋：《错案责任追究的主体研究》，《法学》2016年第2期，第129-136页。

业的职务序列，完善履职保障和业绩考评机制。❶ 宋远升在《检察官论》一书中指出，检察官的职业保障对于检察官履行好法定职责具有重要意义，应当健全身份保障制度、职业保障程序性路径以及职业保障的伦理要求，建构体系化的职业保障机制。❷ 李美蓉在《检察官身份保障》一书中将检察官的身份保障细化为职位保障、外部保障和经济保障三个方面，这些保障使检察官能在无后顾之忧的情况下客观公正地行使职权，让检察权能发挥应有的功能。❸ 蒋伟亮等在《国家权力结构中的检察监督——多维视野下的法学分析》中指出，基于我国检察机关的功能，应当加强其职业保障。❹

（二）试点改革

谢佑平等在《主任检察官制度的探索与展望——以上海闵行区人民检察院试点探索为例》❺ 一文中介绍了上海市闵行区人民检察院的主要改革动因是案多人少办案压力大、审批权限划分较为模糊以及责任分散，改革的主要内容是设置主任检察官办公室，将其作为基本办案组织，并对主任检察官的任职资格设置了较高的门槛。同时，基于检察权的综合性质，不同职能的检察官配置不同的职权。上述改革，使检察工作体现司法属性，建立与法院相对应的办案组织。郑青在《湖北省主办检察官办案责任制探索》❻ 一文中认为，检察官办案责任制的依据来源于检察长的授权，这是改革检察办案方式的必然要求，也符合法律中有关检察官地位的界定。湖北检察官办案责任制改革的核心是明确主办检察官的权责利，在检察官的性质上，将其视为一种执法岗位和能力席位，而不是检察职务或者内设机构；在组织形式上建立"主办检察官 + 其他检察官、检察辅助人员"的主办检察官办案组，主办检察官实

❶ 杜颖：《论检察官办案责任制的责、权、利》，《海峡法学》2015 年第 1 期，第 106 – 111 页。

❷ 宋远升：《检察官论》，法律出版社，2014 年版，第 58 – 84 页。

❸ 李美蓉：《检察官身份保障》，知识产权出版社，2010 年版，第 86 – 90 页。

❹ 蒋伟亮、张先昌：《国家权力结构中的检察监督——多维视野下的法学分析》，中国检察出版社，2007 年版，第 86 页。

❺ 谢佑平、潘祖全：《主任检察官制度的探索与展望——以上海闵行区人民检察院试点探索为例》，《法学评论》2014 年第 2 期，第 191 – 196 页。

❻ 郑青：《湖北省主办检察官办案责任制探索》，《国家检察官学院学报》2014 年第 2 期，第 72 – 79页。

行员额制，并设置严格的考核条件和选拔程序，其权限划分遵循合法性原则、合理性原则和检察长授权原则。高保京在《北京市检一分院主任检察官办案责任制及其运行》❶一文中分析了主任检察官改革的背景，并对现行改革的组织框架、主任检察官资格、权限分配、责任划定等方面进行研究。

三、研究思路

一是对检察权运行机制的理论研究。通过明确检察权运行机制的概念，避免概念定义上的误区。根据权力结构理论，将检察权运行机制划分为作为权力主体的办案组织、作为权力表现的运行关系、作为权力制约的监督机制、作为权力后果的责任机制、作为权力行使的保障机制五个方面的内容。

二是对检察权运行机制的司法实践研究。密切关注司法改革实践是本书的重点之一，因为能否为司法实践提供法学知识也是本研究的出发点。通过对部分司法责任制改革试点单位的分析，进行类型化归纳。当然，为了确保改革样本的代表性，笔者是以抽样方式进行改革试点的选择的。

三是研究检察权运行机制改革的问题。通过对改革试点文件的梳理、实施问卷调查以及直接访谈等方式，试图归纳当前检察权运行机制改革中的主要矛盾和具体问题。其中，主要矛盾是支柱，是决定因素，具体问题由主要矛盾决定。在主要矛盾方面，研究主要围绕检察权权力结构与外部权力结构进行，在具体问题方面，则主要对检察权运行机制的各个部分进行透视。

四是对检察权运行机制的未来完善作出阐述。未来完善不完全等同于立法建议，因为立法完善只是其中一种，而理论上的建构也尤为重要。对此，需要实现主要矛盾的转变，以及对具体问题的化解。这就需要实现制度上、行动上乃至观念上的改革和创新。

---

❶ 高保京：《北京市检一分院主任检察官办案责任制及其运行》，《国家检察官学院学报》2014年第2期，第55－62页。

四、研究方法

研究题目决定研究内容，研究内容必须依赖一定的研究方法和视角，因为不同的研究路径通向不同的彼岸。题目确定好后，最为关键的则是方法。反观当前检察学理论研究，主要是以法解释学、法政治学等传统研究方法，从文献法、历史法、比较法等传统的研究视角开展。不可否认，这种研究方法和视角在现在乃至将来都是检察学理论的主要研究路径。本书的研究也将借鉴这种研究方法，对检察权运行机制的概念、特征、背景、功能、制约、监督等内容进行探讨。然而，如果局限于此，研究则有失深度。故此，本书对检察权运行机制的研究将跳出"就制度研究制度"的窠臼，将思维从法解释学的习惯性视角移开，不仅从立法者和司法实务者的角度研究问题，还从社会科学的研究视角分析检察权运行机制改革。笔者通过权力结构的框架分析，以小叙事、大视野的研究范式，充分借鉴法社会学、法人类学、法政治学等社会科学研究方法，注重文献研究、实证研究、比较研究，深入检察权运行司法实践第一线，并从试点进程中进行定量分析和定性研究。

此外，本书也采用了调查问卷和个别访谈等研究方式。在调查问卷方面，笔者通过问卷星软件，共设计了 21 个问题，涉及被调查人基本情况（是否入额、工作年限、年龄、学历情况、改革前所担任职务、所在检察院层级等）、对检察权运行机制改革的认识、检察办案组织（检察官的职权来源、组织构成）、检察权运行关系、检察官办案追责情况以及检察官待遇保障六大方面，共回收问卷 60 份，其中有效问卷 53 份。在个别访谈方面，笔者通过对 H 省 H 市及其所辖的 J 县部分检察官、主任检察官、副检察长、检察辅助人员的访谈，进一步了解他们对司法改革的认知情况，同时也弥补调查问卷本身的不足。

五、研究创新

一是理论框架上的创新。与当前同主题的研究成果相比，本书首次依托权力结构分析方法，提出了围绕权力主体、权力关系、权力保障、权力制约等为框架的研究，进而归纳出检察权运行机制改革面临的主要矛盾和存在的主要问题，在理论框架上实现了创新。

二是实证研究的创新。在研究中，笔者结合自己所在单位及司法改革办公室成员平台，对检察权运行机制改革的政策制定、文件实施、运行效果、存在问题进行了全面的、动态的跟踪和总结，并且通过问卷调查，使得检察权运行机制改革由制度文本转化为实践反馈。

第一章　检察权运行机制的基本理论

第一节　众说纷纭的检察权

一、检察权的基本概念

检察权作为检察制度的核心内容之一，[1] 一直为学术界所追捧。有关其概念的探讨长期作为学术热点而存在，[2] 从产生至今，仍然争论不休，没有取得一致性意见。然而，正如任何社会科学理论一样，检察权的基础性地位决定了其争论的必然性和长期性。也正是这种争论的持续，使得检察权概念在不同国家和不同时代背景下呈现多样化。无论对其如何定义或概括，都可能导

---

[1]　笔者认为检察权与法律监督权从本质上看是同一概念，它们的具体适用语境取决于对宪法条文的解读：称之为检察权时，是从其职权的法律属性角度进行分析；称之为法律监督权时，是从其政治属性角度进行分析。

[2]　有关检察权的研究，观点纷呈，并据此形成了系列专著，参见洪浩：《检察权论》，武汉大学出版社，2001 年版；邓思清：《检察权研究》，北京大学出版社，2007 年版；许永俊：《多维视角下的检察权》，法律出版社，2007 年版；李征：《中国检察权研究——以宪政为视角的分析》，中国检察出版社，2007 年版；王俊：《当代中国检察权性质与职能研究》，中国检察出版社，2010 年版；王戬：《不同权力结构模式下的检察权研究》，法律出版社，2011 年版；张智辉：《检察权研究》，中国检察出版社，2007 年版；朱秋卫：《我国检察权的定位及职权配置研究》，中国政法大学出版社，2012 年版；韩成军：《中国检察权配置问题研究》，中国检察出版社，2012 年版；等等。

以偏概全。

一是将检察权等同于检察机关的专有权。例如，有人将检察权界定为依据宪法和法律由国家检察机关独立行使的专有权。❶ 此界定的前提就在于该国家存在成文宪法并且成文法中将检察机关及其权力进行规范，这就与现实世界的法治多样化相悖。

二是将检察权等同于检察机关的权力。有学者认为检察权就是检察机关（官方）依法拥有的权力。❷ 如此定义看似解决了检察权的概念问题，其实际不仅同义反复而且有所偏颇，因为这是从检察权主体角度进行的重复。此外，检察机关存在司法行政权、办案决定权、党务工作权等多项权力，如果都归为检察权，也不符合常识。

此外，还有部分学者从检察权的概念拓展到检察权性质、本质或者属性等延伸概念，试图对检察权进行全方位的解读。然而，这种解读并未形成最终共识，反而各自表述，难以进行有效对话，形成研究僵局。正如有学者曾言，由于我国检察机关法律监督的概念超越了西方传统政治理论的分析术语范围，从而导致了现实中对检察权属性的疑虑，这其中就包括对检察权内容的疑虑。❸

笔者认为，检察权与检察机关所拥有的权力并非同一概念，而是存在包含关系。检察权只是检察机关所享有权力的局部或者一个方面，它是指由国家法律赋予的、旨在履行法律监督职能的权力。这就决定了检察权具有国家权力的一般属性和特征。同时，其性质、内容、运行等也不同于其他国家权力。从职责内容来看，可分为审查、监督和诉讼三大职能。虽然监督职能依托于诉讼方式，但是随着司法体制改革的深入，监督职能与诉讼职能出现了

---

❶　田夫：《依法独立行使检察权制度的宪法涵义——兼论重建检察机关垂直领导制》，《法制与社会发展》2015 年第 2 期，第 54 - 67 页。

❷　王守安：《检察权的科学配置》，《国家检察官学院学报》2005 年第 3 期，第 12 - 17 页。

❸　耿玉娟：《独联体国家检察制度比较研究》，法律出版社，2017 年版，第 235 页。

逐步分离趋向。❶

二、检察权的基本属性

对于目前的检察权研究，也许我们可以转换视角，从"创词神话"中走出来，而关注对检察权的界定。这就是从词语解释到结构功能的转变，由此，我国检察权的界定不仅多样化而且呈现出全方位、多重性的研究特征。这就要求我们应当把握检察权的基本属性。此处的基本属性，并非哲学上所称的事物本身所具有的性质以及与其他事物的区分，也非简单的行政性、司法性或者兼具行政司法权力本质的属性，而是基于对检察权基本特征、基本表现、运行关系的研究所呈现的基本属性。❷

（一）检察权的法定性

"职权法定"是现代法治原则的基本要求，检察权的法定性是其法律属性的表现，也是其基本属性的组成部分之一。法定性强调，检察权是由宪法和法律进行规范调整的权力形态。无论是作为国家根本大法的《宪法》，还是作为基本法的《刑事诉讼法》，都对检察权的权力形态进行了明确承认和表述，并且《宪法》及宪法性法律都赋予检察权作为国家权力形态的独立性和基础性地位。上述法律对检察权的法定性特征的重申并非完全没有意义，相反，在一定程度上可以解决长期以来法律监督权与检察权异同的争议。例如，学

---

❶ 职权的分离与内设机构的整合有一定的联系，但并非完全一致，即捕诉一体以后，虽然由一名检察官同时行使批捕、起诉、监督、侦查等权力，但是这些权力的内容和性质并不一致，只是在行使上实现了主体同一，并不意味着权力的同一。相反，随着检察办案的专业化和对检察权内容的认识深化，上述职能的总趋势应当是分离的，职权配置上应有所区别。

❷ 关于检察权的基本属性，目前可分为行政权说、司法权说、法律监督权说、双重属性说以及综合属性说五类学说。其中，行政权说认为检察机关实行"检察一体"的组织和活动原则，因而具有鲜明的行政特点，代表性学者有陈卫东、谭世贵；司法权说主张检察权本质上是司法权，具有与法院相同的独立地位，代表性学者有潘牧天、徐益初；法律监督权说认为法律监督权是社会主义国家检察机关所特有的一项权力，我国现行宪法明确规定检察机关是国家的法律监督机关，享有法律监督权，代表性学者有任文松、王晓；双重属性说认为检察权具有行政和司法的双重属性，代表性学者有洪浩、彭勃；综合属性说认为检察权是其包含的各种属性的有机统一，代表性学者有龙宗智、王守安等。

界普遍认为检察权与法律监督权具有主体同一、性质同一和内容同一的特征。❶ 然而，综观《宪法》和《刑事诉讼法》，可以发现我国并无"法律监督权"的法律文本表述。故此，至少从法定性上看，两者具有相异性。

（二）检察权的多样性

检察权的多样性是检察权的实践属性，具体表现为检察职权（职能）的多样性，即内容多样性、发展变动性、性质多种性。检察职权是检察权的实践表现，相比检察权的概括性、抽象性和稳定性而言，具有分散性、具体性和变动性。从中华人民共和国检察权的发展历史来看，检察权的权力内容、权力种类、权力性质呈现多样性和变动性。例如，1954 年《宪法》及《人民检察院组织法》授予了检察机关一般监督职权，而 1979 年《人民检察院组织法》则取消了一般监督职权。1996 年《刑事诉讼法》取消或者限制了检察机关的一些职权。例如，将过去免予起诉的权利取消了，检察机关自行侦查的权利和自动侦查权也被取消。上述法律规定的变迁反映了我国检察职权的变化，也从更深层次上表现了我国检察权的多样化。2018 年，随着《监察法》的颁布实施，职务犯罪侦查权由当时新成立的国家监察委员会行使。❷ 据此，检察权被主要限于批捕权、公诉权、刑事诉讼监督权、民事行政监督权、公益诉讼权等权力。

正是由于检察权的多样性，引发了对其属性的讨论，并呈现行政权说、司法权说、双重属性说、法律监督权说等不同认识。然而，对检察权的多样性不应成为科学认识检察权的理论障碍，而应成为深入解读检察权的实践钥匙。首先，对检察权的多样性应当从不同国家权力结构模式上进行认识。例如，"三权分立"国家检察权的多样性、"议行合一"国家检察权的多样性等，国家权力结构模式不同，检察权多样性的内容也不尽相同。其次，对检察权的多样性应当从权力属性的角度进行认识。从权力属性来看，检察权的多样性主要体现在不同的权力性质上，例如，司法属性检察权、行政属性检

---

❶ 孙谦：《中国的检察改革》，《法学研究》2003 年第 6 期，第 3 - 25 页。

❷ 张杰：《〈监察法〉适用中的重要问题》，《法学》2018 年第 6 期，第 116 - 124 页。

察权和监督属性检察权，这是当前我国对于检察权多样性最为常见的分析范式。最后，对检察权的多样性还应当从其宪法定位上进行认识，例如，作为行政机关的检察权多样性，作为法律监督机关的检察权多样性以及作为司法机关的检察权多样性等。

（三）检察权的程序性

程序性是检察权的运行属性。检察权的运行是检察活动的动态反映形式，而程序则是其遵循的步骤和方式。无论是党的文件还是国家法律，都把"依法、独立、公正"作为我国检察权的基本程序要求。其中"依法"是我国检察权运行的程序底线和前提，要求我国检察权的运行必须依照法律规定的程序进行，才能取得预期的程序效果，否则可能导致不利的法律后果。"独立"是我国检察权运行的程序支撑和基础，只有"独立"的程序支撑，才能确保检察权高效客观地运行。当然在不同国家，在由"谁"独立、向"谁"独立上有所不同。"公正"是检察权运行的程序目的和价值追求，包括过程公正和结果公正两个方面。这就要求检察权的行使不能以分散无规则的"办事机制"运行，而需要遵循统一程序化的"办案机制"，从而形成受理、审查、判断、反馈、结案的完整程序流程。

三、检察权的运行机制

检察权运行机制是指检察权在动态运行中所形成的程序和制度。❶ 它是检察权制度化、时代化、动态化的表现方式，检察权的内涵和外延需要通过运行机制表现出来，有什么样的检察权就有什么样的运行机制，当然检察权的运行机制也受到时代发展、物质保障等因素的制约。无论是官方文件还是学界理论研究，都将司法责任制、检察官办案责任制、检察权运行机制等概念进行替代使用，并且外延不同，从而导致研究中概念界定的混乱。由此，也使得界定检察权运行机制的概念，以及检察权运行机制与相关内容概念的关

---

❶ 吕涛、朱会民：《检察权运行机制的基本要素探析》，《人民检察》2012 年第 3 期，第 13 - 18 页。

系成为必要。❶ 从检察权运行机制改革文件的名称来看，先后使用了"检察官办案责任制改革意见""检察权运行机制改革意见"和"司法责任制改革意见"三个名称，并将最终名称规定为"关于完善人民检察院司法责任制的若干意见"。从上述术语使用历程及内涵来看，其实上述三个名称的指向具有同一性，检察官办案责任制注重从实践操作层面界定，检察权运行机制侧重从改革目标层面界定，司法责任制则较为关注办案责任。如此而言，先前的三个名称在本质上是一致的。

根据检察权运行机制的结构及其机理，可以将检察权运行机制分为宏观、微观两个层次，当然也有宏观、中观、微观三个层次的分法。较为主流的是两分法，前者主要是指检察机关之间以及检察机关与其他机关之间的运行过程，反映的是机关之间的运行轨迹；后者是指检察权在检察机关内部的运行过程，反映的是同一检察机关内部各个主体之间的运行轨迹。❷ 基于研究内容，本书所关注的主要是狭义的检察权运行机制，即检察权内部运行机制。检察权运行机制的制约因素有很多，其中检察权的基本属性则起到决定性作用。因为检察权的基本属性需要通过检察权的运行机制表现，有什么属性的检察权，就会有什么样的检察权运行机制。❸

检察权运行机制具有以下特征。一是法定性。法定性不仅表现为检察权运行机制构成要素的法定性，而且表现为检察权构成要素相互作用和相互影响的整体状态所具有的法定性。二是一体性。检察一体是指上下一体"协同配合"职能统一的检察权运行方式，反映了由检察权的特殊性所决定的检察权运作的内在规律，是运用检察权必须遵循的基本原理。❹ 三是程序性。检察权运行机制的程序性由检察权的程序性决定，检察权主体行使检察权必须遵守一定的程序。四是复合性。检察权不是一种单一的权力，这就决定了其运行机制具有复合性。

---

❶ 在检察权运行机制改革指导性文件《关于完善人民检察院司法责任制的若干意见》中，分别谈及了检察官办案责任制、检察权运行机制、司法责任制三个概念。
❷ 向泽选：《检察权的微观运行机制研究》，《人民检察》2011年第17期，第18－23页。
❸ 张智辉：《检察权研究》，中国检察出版社，2007年版，第15页。
❹ 朱孝清、张智辉：《检察学》，中国检察出版社，2010年版，第457－458页。

四、检察权运行机制与审判权运行机制

在我国的法律体系内，根据《宪法》第 3 章第 7 节的规定，人民法院和人民检察院共同编排，并且对两者的组织、任期、独立行使职权、级别、保障等方面进行了较为相似的规定。除此之外，在党的有关文件中，曾就人民法院和人民检察院的定位共同表述为司法机关。❶ 这就意味着检察权运行机制改革与审判权运行机制改革具有相似性和一致性，同时由于检察院行使的是检察权，法院行使的是审判权，两者在上下级及内部关系、权力内容、权力属性、行使方式等方面有所不同，所以两者必然有所区别。

（一）审判权运行机制与检察权运行机制改革的相同点

一是两者改革目的的一致性。从审判权运行机制与检察权运行机制改革的目的来看，两者都旨在健全司法职权运行机制，优化司法职权配置，完善司法权监督体系，实现"谁决定谁负责，谁裁判谁负责"。因为在我国，实行"两元"司法体制，无论是审判权还是检察权都属于司法权的范畴。审判权运行机制改革旨在建立审判权力运行体系，形成"权责明晰、权责统一、监督有序、配套齐全的审判权力运行机制"。而检察权运行机制改革则旨在健全检察权运行机制，构建"公正高效的检察权运行机制和公平合理的司法责任认定、追究机制"。由此，两者在改革目的上具有一致性。

二是两者改革基本原则的相似性。根据最高人民法院和最高人民检察院关于司法责任制的改革意见，审判权运行机制改革应当坚持的原则与检察权运行机制改革所坚持的原则具有相同之处。具体如下：第一，两者都要求遵循司法权运行规律，体现检察权或审判权的职业特点。检察权与审判权职业特点虽有区别，但都属于司法权的范畴，对于独立性、裁断性、亲历性等有共性要求。第二，两者都强调突出法官（检察官）的办案主体地位。审判权

---

❶ 2006 年中共中央下发的《关于进一步加强人民法院、人民检察院工作的决定》中明确指出，人民法院、人民检察院都是国家的司法机关。

运行机制重在还权于法官，而检察权运行机制重在放权于检察官，进而提高办案积极性、主动性和自觉性。第三，两者都要求加强监督制约。不受制约的权力必然导致腐败，在加强办案主体地位的同时，无论是法官办案还是检察官办案都需要通过内外部两个方面加强监督制约。第四，两者都要求权责明晰，权责统一。权责一致原则是任何公权力运行的基本原则，权力的界限决定了责任的界限，权力的范围限制着责任的范围。第五，两者在责任认定上都强调主客观相结合。司法办案责任的原因是多方面的，但是对检察官或者法官进行责任追究必须遵循过错原则且有客观后果，只有这样其责任认定和追究才有预防意义。

三是改革内容的相通性。从条文数量上看，无论是《关于完善人民法院司法责任制的若干意见》，还是《关于完善人民检察院司法责任制的若干意见》都有 48 个条文。在内容结构上，两者都遵循了从办案主体权、责、利的顺序进行建构。在具体内容指向上，两者在办案主体选拔、权力清单方式、责任认定及追究程序、履职保障等方面具有相通性。此外，都需要通过《人民法院组织法》《人民检察院组织法》《法官法》以及《检察官法》进行立法固定和完善。

四是配套机制的同一性。最高人民法院《关于完善人民法院司法责任制的若干意见》和最高人民检察院《关于完善人民检察院司法责任制的若干意见》都是由中央全面深化改革领导小组审议通过，是审判权、检察权运行机制改革方面的标志性文件。为了确保审判权、检察权运行机制改革的顺利进行，两者的配套机制建设是并驾齐驱、同步进行的。例如，中央全面深化改革领导小组通过了《法官、检察官单独职务序列改革试点方案》《法官、检察官工资制度改革试点方案》《关于建立法官检察官逐级遴选制度的意见》《关于从律师和法学专家中公开选拔立法工作者、法官、检察官办法》《保护司法人员依法履行法定职责的规定》等系列改革文件，从而为两者改革顺利开展奠定了基础。

（二）审判权运行机制与检察权运行机制改革的不同点

一是在办案组织方面，法官（合议庭）作为人民法院的办案组织较为成熟，而检察官作为检察机关办案组织尚处于建立阶段。具体在诉讼法上，《宪法》和《人民法院组织法》以专章规定了行使审判权的审判组织，❶ 进而在组织形式上明确了审判组织由独任审判员和合议庭组成。《关于完善人民法院司法责任制的若干意见》则是在肯定法院办案组织的基础上对运行机制的完善。然而，与审判机关较为成熟的办案组织理论相比，检察机关办案组织的提出则是一个新话题，虽然《关于完善人民检察院司法责任制的若干意见》将独任检察官和检察官办案组作为基本检察办案组织，但是上述有关办案组织运行机制的规定仍处于试点改革阶段，并没有能够在诉讼法中予以体现。

二是在运行机制方面，划定权力边界及权力运行机制并不相同。首先，法官与其他审判人员的关系不同于检察官。在我国，无论是《宪法》还是《人民法院组织法》都没有就各级人民法院院长的职权进行明确，以至于作为办案组织的法官（合议庭）与院庭长的关系呈现模糊状态。虽然保障法官独立行使审判权是司法责任制的核心，❷ 但《关于完善人民法院司法责任制的若干意见》将院庭长的职权主要定位为审判管理权和审判监督权，并同办案组织行使的审判权一起构成审判权力运行体系。然而，具体到审判管理权和审判监督权的依据是否合法、内容是否科学、程序是否正当，都面临着多重理论与实践考验，❸ 特别是上述监督内容并无组织法和程序法的支持。其次，在职权配置上，法官（合议庭）的权力与院庭长的权力性质并不相同，法官（合议庭）作为行使审判权的办案组织，其身份具有独立性。与此相反，《人民检察院组织法》对于检察长与检察官的关系作出了明确界定，检察长统一领导人民检察院的工作。然而，并未明确检察长领导的方式。在《关于完善人民检察院司法责任制的若干意见》中虽然就检察长的职权以及监督管理内容进行了细化，但是并未就检察官办案方式的指令形式、条件、内容进行规范。在检察长与检察官的权力关系上，按照目前的理论，检察官的权力来自检察长的授权或委托，其自身并无独立的诉讼地位。

---

❶ 参见《宪法》第 132 条，《人民法院组织法》总则第 2 条、第 2 章。

❷ 王迎龙：《司法责任语境下法官责任制的完善》，《政法论坛》2016 年第 5 期，第 136 - 146 页。

❸ 秦前红、赵伟：《论最高法院院长的角色及职权》，《法学》2014 年第 3 期，第 68 - 74 页。

三是在监督机制方面，对法官办案的监督主要来自内部院庭长以及法律监督，而检察官办案的监督具有外部性。无论是法官办案还是检察官办案都要接受各级人大、政协、社会各界、新闻媒体等方面的监督。但是基于权力运行的特点，对法官办案的监督则主要来自院庭长的监督以及人民检察院的法律监督。而对检察官办案的监督则还包括人民监督员这一外部监督制度。此外，在监督程序上，为确保审判权的终局性和权威性，对于法官办案的监督更加注重程序内的有序监督。

第二节　检察权运行机制的分析框架

一、作为分析框架的权力结构理论

"结构"一词来自控制论，旨在关注事物的组成要素及其相互关系。❶ 权力结构是指关于权力内部的构成及关系。从当前研究来看，权力结构在社会学、政治学、法学等诸多学科均有出现，❷ 但是上述学科对于权力结构的认识多作为基本共识加以使用，无论是一般学术交流还是专业研究都缺乏对权力结构的概念限定和蕴意解释。当然，这并非意味着这种概念限定不重要，而是权力结构的分析框架已在很多学者面前成为基本的公共常识，无须再予赘言。❸ 这种基本共识的达成，与"权力"和"结构"两者概念的基础性地位也有很大关系。特别是"权力"概念具有多样性，迄今为止尚未有一个权威的界定，再加上将"结构"作为一种分析框架的探讨，其概念的外延也十分广泛。由此，对作为分析框架的"权力结构"概念的探讨，也就着墨较少。

---

❶　焦石文：《中国权力结构转型的哲学研究》，中国社会科学出版社，2015 年版，第 44 页。

❷　根据笔者在中国知网检索，以权力结构为标题的文章甚多，涉及国际政治、社会学、法学等学科，但从内容上看，并无具体详细的限定和解释。

❸　例如，李景治将权力结构分为决策权、执行权和监督权，它们之间既相互制约又相互协调。参见李景治：《党内权力结构和运行机制的调适》，《学术界》2010 年第 1 期，第 42 - 55 页。

即便如此，也有必要对"权力结构"的概念进行分析，至少厘清其框架范围。由于检察权作为权力的一种，笔者暂不将其概念的分析和界定作为重点，而主要关注其权力结构的分析。

何为"结构"，从当前理论研究来看，结构分析是社会学的重要研究范畴，旨在各种关系的总和，并且各种关系并非完全分离，而是相互交叉和作用，从而形成一个整体。❶"结构是要素和要素间关系的总和，这种关系在一系列的变形过程中保持着不变的特性。"❷结构分析是结构主义研究方法的简化，意在以整体的视角对各类要素或现象的分析，而非关注其性质，进而发现整体内部的关系及其转化。❸权力结构分析是结构分析方法对权力领域的分析，即权力内部构成要素及相互关系，涵盖了权力的主体、权力的配置、权力主体的关系等内容。❹权力结构分析方法在政治学、法学等领域都有涉及，并且影响重大。由于"权力"概念的伸缩性，权力结构分析既可以在整个国家权力范围内进行宏观分析，也可以对某一个具体的权力进行微观分析。检察权运行机制的权力结构分析则是对检察权内部配置及其运行关系进行的研究和关注。故此，对于检察权运行机制的研究可以借鉴权力结构理论，从不同视域下窥探检察权运行机制内部，进而作出对比分析。

二、权力结构分析的可行性

我国对于检察权运行的权力结构分析虽然较为薄弱，但并非完全空白。早在 20 世纪 90 年代，四川大学左卫民等学者曾撰文以权力结构的分析框架对法院内部权力要素的配置及运行进行论述，开启了对审判权进行权力结构

---

❶ 陈晓明、杨鹏：《结构主义与后结构主义在中国》，首都师范大学出版社，2011 年版，第 4 页。

❷ 列维－斯特劳斯：《结构人类学》，张祖建译，中国人民大学出版社，2006 年版，第 299 页。

❸ 周怡：《社会结构：由"形构"到"解构"——结构功能主义、结构主义和后结构主义理论之走向》，《社会学研究》2000 年第 3 期，第 55 – 66 页。

❹ 约瑟夫·奈：《论权力》，王吉美译，中信出版社，2015 年版，第 144 页。

分析的先河，❶此后，2016 年又以权力结构分析方法对当前检察院内部权力结构的特征及问题进行总结，并指出其转变的动因和方向。❷此外，武汉大学刘国媛在博士论文《结构之维检察权研究》中，对检察权进行了宏观、中观的结构解读。❸因为权力结构研究是对权力的一种中立、客观视角的研究，打破了权力崇拜，认为权力是一种可以被安排的事物。从这些研究成果可以看出，对于检察权运行机制进行权力结构分析，不仅可行，而且必要。❹

一是权力结构分析框架是一种客观的研究方法，为检察权运行机制改革研究确定了研究范围。由于权力结构完全基于对权力的技术性分析，所以权力结构的研究较为客观，同时，结构分析主要对其稳定性要素及关系的把握，所以权力结构的分析方法可以为检察权运行机制改革确定研究的范围和框架。由于权力范围的伸缩性，对于检察权运行机制的研究，可分为宏观层面的权力结构分析和微观层面的权力结构分析，宏观层面注重检察权运行机制在司法体制等视域内的地位、功能和关系；微观层面的权力结构分析则注重检察权运行机制内部的权力主体、权力配置、权力运行和权力监督。这种分析超越了道德、伦理等主观领域的限制，是对检察权运行机制的客观的、技术性的分析，为检察权运行机制改革研究提供了模式比较。正是由于权力结构研究的科学性和跨地域性，通过对不同国家或地区检察权运行机制的结构分析，才使得检察权得以顺利运行。

二是权力结构分析框架是一种中立的研究方法，为检察权运行机制改革研究提供了评价标准。权力结构研究方法的中立性为检察权运行机制改革的科学与否提供了衡量的可能。从检察权运行机制的改革内容来看，对其权力结构分析可分为两个层面：一方面，静态意义上的权力结构，即检察权内部的配置和分布；另一方面，动态意义上的权力结构，即检察权的内部运行关

---

❶　左卫民、周长军、陆贤刚等：《法院内部权力结构论》，《四川大学学报（哲学社会科学版）》1999 年第 2 期，第 85 - 96 页。

❷　左卫民、谢小剑：《检察院内部权力结构转型：问题与方向》，《现代法学》2016 年第 6 期，第 15 - 22 页。

❸　刘国媛：《结构之维检察权研究》，博士学位论文，武汉大学，2016 年。

❹　周永坤：《规范权力——权力的法理研究》，法律出版社，2006 年版，第 221 页。

系。权力结构分析可以分别对其静态意义和动态意义提供评价测量可能。在静态意义上，可从检察权独立与检察一体配置要求的形式化标准进行判断，其关键在于检察权独立的特殊性把握上；而在动态意义上，可从司法效率和司法公正的实质化标准进行判断，其关键在于检察权的运行是否遵守司法的基本规律。

三是权力结构分析框架是一种科学的研究方法，使得检察权运行机制的研究成为一种可以进行对比的模式研究。检察权运行机制的权力结构分析为检察权运行机制的模式研究提供可能，有利于对不同国家或地区检察权运行机制进行比较和借鉴。

第三节 检察权运行机制的主要内容

在关于检察权运行机制研究的文献中，很多学者都从某一方面进行了研究和探讨，[1] 但未进行深入系统的解读。为确保研究的规范性和权威性，本书关于检察权运行机制内容的确定主要基于中央改革文件以及最高人民检察院所出台的相关规范性文件。从上述规范性文件来看，关于检察权运行机制的内容是不断发展的，但可将检察权运行机制的主要内容归结为检察机关办案组织、检察权运行结构、检察官办案监督机制、检察官司法责任机制和检察官保障机制五个方面组成的系统。[2] 上述五大机制，相互依靠，相互配合，共同组成检察权运行机制改革的整体系统。

---

[1] 有学者认为，司法责任制的主要内容包括司法权运行机制的改革、司法人员依法履职的职业保障、司法人员职责和权限的明确、司法人员责任追究机制四个方面。参见王迎龙：《司法责任制理论问题探析——基于"两高"关于完善司法责任制的两份意见》，《社会科学家》2016 年第 6 期，第 129 页。

[2] 在此分类中也采纳了组织行为学的部分认识。参见亨利·西斯克：《工业管理与组织》，段文燕等译，中国社会科学出版社，1985 年版，第 200 页。

一、检察机关办案组织

关于组织，目前的研究多有涉及，但未达成一致。从组织行为学角度来看，组织涵盖了本身和过程两层含义，即作为动词意义上的组织活动和名词意义上的组织机制，❶ 包括作为载体的组织机构和作为机制的运行规则。从字义来看，"办案组织"是办案与组织的组合词。办案组织就是为办理案件而建立的社会单元，它具有系统性、结构性和目的性的特征。与审判机关办案组织悠久的研究传统相比，检察机关办案组织的提出只是近年来的新鲜事物。由于检察机关行政化的办案模式，其内部结构中长期只有科、处、厅等内设机构概念，未演化出与办案责任相关联的办案组织概念。从检察机关办案组织的规范词源上看，有关检察机关"办案组织"的最早表述出现在最高人民检察院 2013 年底所公布的《2014—2018 年基层人民检察院建设规划》，其中指出"办案组织"是检察官职业化管理体系的组成部分，在内容上主要包括检察资源配置和内设机构的设置两个部分。据此可见，此时有关检察机关办案组织的表述重点在于资源配置和内设机构，而非检察权运行机制改革中所言的"办案单元"。2015 年，最高人民检察院在《关于完善人民检察院司法责任制的若干意见》中，首次明确要建立健全检察机关司法办案组织，形成符合检察工作规律、检察职业特点的组织结构。据此，检察权运行机制意义上的"办案组织"被正式提出。2018 年，修订后的《人民检察院组织法》第3 章，首次以法律的形式明确了人民检察院的办案组织，即由独任检察官、检察官办案组和检察委员会组成。❷ 至于检察长、副检察长、内设机构负责人等则以检察官身份单独办理案件或者参加法定或固定办案组织而成为办案组织。

此外，与办案组织密切相关的概念即办案单元。办案单元是由办案组织

---

❶ 黄培伦：《组织行为学》，华南理工大学出版社，2016 年版，第154 页。
❷ 参见《人民检察院组织法》第3 章，第28 – 34 条规定。

及必要辅助人员组成，共同参与案件办理的有机组织。在办案单元中，办案组织是基础，起决定性作用，而必要辅助人员是补充，起辅助性作用。由于案件情况不同，需要办案单元的组织形式也不同。对于简单案件，有时只需要由独任检察官办理即可，无须辅助人员配合，这时基本办案组织等同于办案单元。而对于疑难、复杂案件，需要检察辅助人员配合时，则基本办案组织与检察辅助人员共同构成办案单元。由于其中的概念区分不是很大，所以很多情况下，理论界对于办案组织与办案单元会交叉使用。

二、检察权运行结构

检察权运行结构是检察权运行机制的核心，❶ 包括静态的权力配置和动态的运行关系两个方面，其中权力配置主要解决检察权的横向关系和权力分类；运行关系则主要解决检察权的纵向关系和权力行使。虽然两者概念泾渭分明，但是联系密切。因为无论是权力配置还是运行关系，都与检察权的内容密切相关，甚至决定权力配置和运行关系的调整。从《刑事诉讼法》和《人民检察院组织法》的规定来看，检察机关在刑事诉讼中具有四项主要权能，即检察、批准逮捕、侦查和提起公诉。❷ 除"检察"权能，其他权能较为清晰。对何为"检察"，学界存在较大争议。有的学者认为，检察是指除批准逮捕、侦查、提起公诉之外的检察机关参与刑事诉讼的活动。❸ 有的学者认为"检察"是一个不确定的法律概念，❹ 既可以指除批准逮捕、侦查、提起公诉之外的其他职权，也可以泛指检察机关在刑事诉讼中的一切职权，还可以与法律

---

❶ 傅郁林：《司法责任制的重心是职责界分》，《中国法律评论》，2015 年第 4 期，第 169－174 页。

❷ 有学者也归纳为侦查、公诉和诉讼监督。参见卞建林：《刑事诉讼制度改革与检察权的配置》，《国家检察官学院学报》2008 年第 4 期，第 78－86 页。

❸ 陈光中、严端：《中华人民共和国刑事诉讼法释义与应用》，吉林人民出版社，1996 年版，第 6 页。

❹ 我国学者对检察权和法律监督权的概念、定义及区别倾注了大量精力，进行了"过度"解读，争论不止，没有共识。然而，从发展来看，这些名词与概念对于检察机关权力运行的改善基本没有任何影响。参见邵晖：《"检察"一词的前世今生：词源和历史的交融》，《北方法学》2014 年第 5 期，第 123－130 页。

监督职权相一致。❶ 还有学者认为，检察权从整体上包括侦查权、公诉权和诉讼监督权三大类。❷

笔者认为上述学者的解释有待完善。首先，法律解释是一种严格的解释活动，要遵循法律解释的基本原则和要求，不能恣意解释，从而确保解释的明确性。不可否认，"检察"概念本身具有多意性和丰富性，但是对其进行解释，应当置于刑事诉讼的法律规范中进行，而不能超越规范进行无规矩的解释。其次，对"检察"一词概念的解释需要遵循法律一致性原则，❸ 即在本法律规范内没有明确含义的，可以通过在其他法律用语中的界定进行体系解释。故此，根据《检察官法》❹ 和《人民检察院组织法》的规定，《刑事诉讼法》第3条中的"检察"概念是指除公诉、侦查、批准逮捕职权外的其他诉讼监督权。当然，公诉、侦查、批准逮捕都属于《宪法》意义上的法律监督权。

法律监督是从其政治性质上进行界定，具有唯一性，检察权则是法律监督权的形式，是法律监督权在法律规范层面上的具体表现，具有多样性和稳定性，❺ 可分为检察办案权、检察办事权等权力。❻ 也有学者将检察办案权分为公诉权、侦查权、诉讼监督权、批准逮捕权四类。❼ 检察职权则是构成检察权的基本单元，随着立法的调整，具体检察职权将会不断调整。❽ 特别是

---

❶ 卞建林、许慧君：《论刑事诉讼中检察机关的职权配置》，《中国刑事法杂志》2015年第1期，第3-20页。

❷ 朱孝清、张智辉：《检察学》，中国检察出版社，2010年版，第320页。

❸ 张文显：《法理学》，法律出版社，2004年版，第56页。

❹ 2019年4月23日，第十三届全国人民代表大会常务委员会第十次会议对《检察官法》再次进行了修订。修订后的《检察官法》第7条规定，检察官的职责包括以下五项：（1）对法律规定由人民检察院直接受理的刑事案件进行侦查；（2）对刑事案件进行审查逮捕、审查起诉，代表国家进行公诉；（3）开展公益诉讼工作；（4）开展对刑事、民事、行政诉讼活动的监督工作；（5）法律规定的其他职责。

❺ 刘莉芬：《论我国检察权配置的现状与优化构想》，《中国刑事法杂志》2011年第8期，第11-18页。

❻ 向泽选：《检察权的宏观运行机制研究》，《人民检察》2012年第1期，第21-26页。

❼ 有学者将此分为检察侦查权、侦查监督权、公诉权、民行监督权和执行监督权五类。参见谢佑平：《中国检察监督的政治性与司法性研究》，中国检察出版社，2010年版，第332页。

❽ 目前赋予检察机关职权的法律共13部，涉及检察机关职权的行政法规共11部。对照法律，主要职权共11项。

2018 年，《人民检察院组织法》进行了大幅修改，明确了检察机关的八项职权，即依照法律规定对有关刑事案件行使侦查权；对刑事案件进行审查，批准或者决定是否逮捕犯罪嫌疑人；对刑事案件进行审查，决定是否提起公诉，对决定提起公诉的案件支持公诉；依照法律规定提起公益诉讼；对诉讼活动实行法律监督；对判决、裁定等生效法律文书的执行工作实行法律监督；对监狱、看守所的执法活动实行法律监督；法律规定的其他职权。从这八项职权的内容和性质上看，其实可用三类职权进行概述，即审查类职权、侦查类职权和监督类职权。审查类职权包括审查批捕、审查起诉；监督类职权则为刑事侦查、诉讼监督、执行监督；诉讼类职权则包括刑事公诉、支持起诉、公益诉讼。检察权运行机制就是指检察官、检察官办案组和检察委员会等办案组织在检察长负责制和民主集中制原则下履行审查类职权、诉讼类职权和监督类职权的活动中所形成的权力配置和运行关系。由于上述三类检察权属性不一，所以检察办案组织的权力配置和运行关系就有所区别，以适应不同权力属性的特征和要求，然而，仍然要遵循检察长负责制和民主集中制原则，确保检察权独立公正依法行使。

三、检察官办案监督机制

检察官办案监督机制是确保检察官履行职权正当性的依据所在，也是权力运行规律的基本要求。因为任何拥有权力的主体都有滥用权力的可能和冲动。随着检察官办案放权的普遍化，检察权的分布由金字塔型变为矩阵型，行使权力的主体和范围极为分散和宽广，为了避免因为放权而造成的检察权运行紊乱，对其办案行为进行监督，也具有可行性和统括性。

当前，检察官的监督机制呈现多样化，根据监督的性质不同，对检察官的监督包括在履行检察职权过程中的具体权力监督，也包括日常履职过程中的权利监督，权利监督则主要基于公众知情权而对检察官办案行为的监督。权力监督主要基于权力制约原理而形成的监督机制，是公权力机关对检察官办案履职行为的监督，又可分为内部权力监督和外部权力监督。❶ 其中，内部权力监督主要是指检察机关内部机制的监督，可分为事前监督、过程监督和事后监督，具体包括检察权运行起点上的案件分配机制、运行过程中的动态监督机制、运行终结的办案质量评价机制等内容。外部权力监督则可分为执政党监督、各级人大监督等。从监督的效力来看，可分为职业伦理层面的监督、职业纪律层面的监督和职业法律层面的监督。从监督的事项来看，可分为风纪监督和业务监督，其中风纪监督是指对检察官是否遵守纪律作风情况进行的监督，业务监督则是对其履行检察权的过程和结果进行的监督。❷

四、检察官司法责任机制

现代国家权力理论将"权责统一"作为权力运行的基本原则，权力是责任的手段和工具，责任则是权力的限制和约束。司法责任机制是检察官向国家承担的责任，属于司法问责体系的一部分，它是确保检察官客观公正履职的关键。责任机制从古代不问主观心态的结果责任，到现代的过错责任以及豁免责任，体现了人类对司法规律认识的深化和司法的文明进步。❸ 当前，检察官司法责任机制设定已经从是否具有正当性，发展到如何具体设定的问题，❹ 这就意味着责任机制的目的，不在于如何全面地追究检察官的责任，而在于为检察官履职设定责任追究的范围和尺度。检察官司法责任不完全等同于检察官的惩戒机制，它是检察官在办案过程中产生的责任内容。也就是说，只有在此范围内，遵循法定的程序才可以追究检察官的办案责任，否则不能予以追究。该制度设置的原则以承认检察官办案责任豁免制度为前提。

---

❶　吴建雄：《检察权运行机制研究》，《法学评论》2009 年第 2 期，第 99－106 页。

❷　杨征军、蒋家棣：《检察机关内部监督机制优化整合研究——检查官办案责任制改革背景下的思考》，《人民检察》2015 年第 21 期，第 37－40 页。

❸　朱孝清：《错案责任追究的是致错的故意或重大过失行为——再论错案责任》，《人民检察》2015 年第 21 期，第 5－12 页。

❹　沈杨、殷勤：《实施错案"终身追责"应注意区隔"责任豁免"》，《人民法院报》2015 年 4 月 1 日，第 8 版。

对于检察官的办案而言，应当以充分责任豁免为原则，以责任追究为例外。因为检察官的司法责任不同于国家赔偿责任，它应当比国家赔偿责任更为严厉和狭窄，只有当检察官非因法定事由并经法定程序不受非法责任追究，检察官才能独立公正地履行法定职责。否则，客观公正的检察官义务就会成为空中楼阁。在此原则基础上，探讨检察官责任追究才成为可能。从检察权运行机制改革的目的来看，只有解决办案责任承担主体不明、办案责任认定不清、责任设定恣意、责任追究程序隐秘性，才能实现"谁办案谁负责，谁决定谁负责"，这样才有利于增强检察办案人员责任心和办案质量，彰显社会公平正义。检察官办案责任机制包括由谁担责、承担什么责任、如何认定责任等方面内容。其中，责任主体是办案责任的具体担负者，也是责任追究的逻辑起点。然而，并非对所有的办案行为进行追责都可以实现威慑功能，只有对其可以控制的、影响责任判断的原因行为进行追责，这种负责才具有预防的意义。❶ 故此，责任主体的设置应当落实到个人，即只有个人负责制才能实现责任设定的目的和功能。检察官责任机制，在内容上具有多样性，根据不同的标准，责任内容可分为不同的种类。依据责任评价的性质可分为行为责任和结果责任。行为责任针对检察官的办案行为过程而设置，结果责任则针对办案结果而设定。根据责任的主观程度可分为故意违反法律法规责任、重大过失责任和监督管理责任。根据责任的种类可分为组织责任、纪律责任和刑事责任。

五、检察官保障机制

检察官保障机制是指为了保障检察官依法公正地履行职责而设定的关于检察官行使职权、资格待遇、工资保险福利、人身财产、退休等方面的保障制度。检察官保障机制是检察权运行机制实现的保证，也是促使检察官参与

---

❶ 彭玉伟：《办案质量终身负责制的功能反思与发展路径》，《中国刑事法杂志》2017 年第 2 期，第 86 - 106 页。

改革的激励机制和制度预期。从检察权运行机制的改革历史来看，公正和效率是其主要价值抉择。然而，如果没有充分的制度，检察官的权利则很难得以保障。根据《保护司法人员依法履行法定职责规定》，从独立办案、任职保障、权利救济、人身安全、休假健康保障等方面建立健全检察人员依法履职保护机制。2018 年修订后的《人民检察院组织法》则从履职保障、办案安全保障、素质保障、编制保障、经费保障以及信息化技术保障等方面，对检察院行使职权的保障机制进行了全方位构建。2019 年修订后的《中华人民共和国检察官法》则在第 7 章"检察官的职业保障"中进行专门规定，共 14 项条文。检察权运行机制中的保障机制根据性质的不同，可分为身份保障、行为保障和待遇保障三个方面。其中，身份保障是指检察官的任职条件、资格要求等内容；行为保障主要是指检察官履职过程不受非法干预和惩处，同时对于其业绩进行科学评价；待遇保障主要是指检察官的工资待遇及其他社会福利保障。

第四节　检察权运行机制的改革脉络

如果将研究视野放得更为宽广一些，从中国检察制度的引进开始，有关检察机关办案组织的规定便已与检察制度的引进、发展相伴。晚清时期的《高等以下各级审判庭试办章程》明确了检察机关办案组织由检察官独立行使职权，并可调度司法警察开展工作，同时在司法行政事务上接受上级检察机关监督。民国初期的《京师地方检察厅暂行处务规则》则再次明确了检察官的独立地位，检察官不仅能独立行使职权，还可以自己名义签发本厅文件。❶此外，虽然在内部结构中设置了主任检察官一职负责处室事务，但是在运行关系上，仍然是"检察官承办—检察长审批"的两级办案模式。同时，对于

---

❶ 参见《京师地方检察厅暂行处务规则》（1915 年）第 4 条、第 5 条。

特殊案件，除了由检察官独任办理，还可经检察长指派实行协同办理。● 中华人民共和国成立后，根据 1954 年《宪法》和《人民检察院组织法》，由检察机关这一集体行使检察权。同年，《人民检察院组织条例（草稿）》，将检察机关办案方式明确为先由检察员承办，再由部门负责人提出意见，最后报经检察长批准。此后，最高人民检察院于 1963 年制定了《关于审查批捕、审查起诉、出庭公诉工作的试行规定》，明确要坚持"专人审查、集体讨论、检察长决定"的办案制度，这可谓"三级审批制"的雏形。当然，关于检察权运行机制的其他内容还有许多，但从"检察权运行机制"词源上看，其首次被关注应当在主诉检察官办案责任制改革之中。为方便论述，笔者对于检察权运行机制改革的历史流变则从主诉检察官办案责任制改革展开。

一、主诉检察官办案责任制改革

主诉检察官办案责任制，顾名思义，是指在审查起诉部门通过选任主诉检察官进行的办案责任制。主诉检察官办案责任制的建立具有特殊的社会历史背景，特别是 1996 年《刑事诉讼法》强化了对抗制诉讼模式，再加上刑事案件的快速增长，迫切需要增强审查起诉部门检察官的独立性。主诉检察官办案责任制首发于北京、重庆等地的改革试点，并随后被最高人民检察院纳入改革实施意见，并在全国各级检察机关审查起诉部门全面推行。❷ 此后，最高人民检察院办公厅下发了《关于在审查起诉部门全面推行主诉检察官办案责任制的工作方案》，其中明确主诉检察官办案责任制改革的目的在于建立责任明确、高效廉洁、符合诉讼规律的办案责任制，具体包括主诉检察官的组织形式、主诉检察官的选任、主诉检察官的职责、主诉检察官的考核以及主诉检察官与其他人员的关系等五个方面的内容。在组织形式上，明确了主诉检察官承办案件的主体地位，并且配备必要的辅助人员和书记员，但对于配

---

❶ 参见《最高法院检察署处务规程》（1929 年）第 11 条。

❷ 为推动检察改革，确保依法独立公正行使检察权，最高人民检察院于 2000 年下发了《检察改革三年实施意见》（2000—2002），该意见对全国检察改革具有重要指导意义。

备比例及内部关系并无规定；在选拔任用上，考评合格的，由检察长确定为主诉检察官；在职责内容上，明确其对案件的承办权，对相关事项进行了具体列举，并且依据决定权的范围限定其责任的范围；在考核方面，参照检察官的考核和奖惩进行。在主诉检察官与其他人员关系上，分别进行了规范，有利于限定职权，明确责任。

主诉检察官办案责任制对于提升公诉队伍，优化案件审批程序，激发主诉检察官办案积极性，[1] 提高工作效率和办案质量具有重要意义。[2] 然而，由于主诉检察官办案责任制仅限于在审查起诉部门推行，并无涉及相关财政、人事、编制等配套制度的保障。特别是主诉检察官办案责任制是由最高人民检察院在系统内推进，只是权力的内部调整，缺乏外部的制度供给和保障，从而难以为继。此外，主诉检察官办案责任制与检察长负责制存在直接的冲突，其关系界定难以有效调和和厘清，并难以形成制度化的保障，由此造成其逐渐消亡。特别是随着检察工作重心的转移，缺乏制度激励和支撑的试点改革，也就难以获得有力的支持和保障，进而主诉检察官办案责任制逐渐淡出了学界和实务界的视线。

二、主办检察官办案责任制改革

主办检察官办案责任制系主诉检察官办案责任制全面推广之后，检察机关在其他检察业务部门进行探索的办案责任制改革，其目的在于形成权责统一、监督有力的检察官办案制度，提高办案质量和效率。[3] 然而，主办检察官办案责任制与主诉检察官办案责任制并不一致，这种区别不仅表现在他们适用的检察业务类型不同，例如，主诉检察官办案责任制主要适用公诉部门，而主办检察官办案责任制则适用其他检察业务部门。此外，两者也是不同的

---

[1]　龙宗智：《试论检察官的定位——兼评主诉检察官制度》，《人民检察》1999 第 7 期，第 6 – 10 页。

[2]　林世钰：《专访：主诉检察官制度仍然具有重要意义》，《检察日报》2008 年 8 月 13 日，第 5 版。

[3]　参见《最高人民检察院工作报告》（2001）。

办案组织，主诉检察官办案责任制以主诉检察官个人为基本办案单元，从根本上讲是独任制。而主办检察官办案责任制则是以主办检察官所在的办案组织为基本办案单元，从根本上讲是协作制。由于最高人民检察院并未对主办检察官办案责任制形成统一规定，所以有关主办检察官办案责任制改革主要散见于各地的改革试点中。虽然这些试点各有特色和区别，但是关于主办检察官办案责任制的共性却有一致认识，即主办检察官办案责任制重在"主办"，它是案件承办机制上的重要改革。

北京市的检察机关在反贪污贿赂部门推广试行主办检察官办案责任制，主要是指在检察长及分管院领导的领导下，以一名主办检察官为主要负责人，若干名办案人员组成办案单位，相对独立地查办贪污贿赂案件。❶

广东省广州市白云区人民检察院于 1999 年启动主办侦查员改革，明确主办侦查员的选拔、责任、权限、待遇和监督管理等内容，主要包括在反贪部门成立以主办侦查员为中心的办案组，主办侦查员可根据检察长的授权，独立行使部分职权，对其承办案件的事实和证据负责，并对在其职权范围内审批签发的文书和决定负责。❷

湖北省共有 59 个检察院在职务犯罪侦查、审查批捕、公诉、民事诉讼监督等部门进行试点改革，主要内容如下：一是将主办检察官定位为一种执法岗位，是经检察长授权，享有一定范围的办案决定权并承担相应责任的检察官；二是围绕主办检察官组建主办检察官办案组作为基本办案组织，主办检察官在其中承担组织、主持工作；三是对主办检察官实行选任制，由省检察院统一发证确认；四是主办检察官工作职责依案件性质、涉及权力分别配置，主要负责非终局性、事务性工作；五是规范内部审批，厘清主办检察官与内设机构负责人的关系，将其主要定位为内部行政管理人员。❸

河南省郑州市金水区检察院试行主办检察官办案责任制，主要是为了适

---

❶ 《北京检察机关试行主办检察官办案责任制》，《领导决策信息》2000 年第 17 期，第 24 页。

❷ 朱香山、刘洁辉：《广州白云区检察院试行主办侦查员办案责任制》，《人民之声》2000 年第 7 期，第 17 页。

❸ 匡茂华：《主办检察官办案责任制试点探索》，《人民检察》2013 年第 22 期，第 48 页。

应案件多、人员少的工作特点。该院通过选拔产生主办检察官，并由主办检察官聘请部分人员组成办案组，以小组制方式进行办案。在职权上，赋予主办检察官一定的案件决定权，但在行政上接受部门负责人的领导，业务上接受其监督，进而增强了办案责任心，提高了办案效率。❶

通过对上述改革试点的分析可知，有关主办检察官办案责任制在认识上并不统一，例如，绝大多数试点检察机关将主办检察官办案责任制适用范围限制于自侦部门，而部分则扩展到除公诉部门外的全部业务部门。此外，关于主办检察官的定位，有的是作为一种固定的执法资格，通过选拔而产生；有的则只是一种临时授权，基于上级领导指定而产生。同时，主办检察官办案责任制改革都是检察机关自身内部职权的再分配过程，主要基于效率取向，缺乏相关配额机制的支撑，以致试点改革的范围更为有限，进而走向消亡。除此之外，也有学者从整体上对主诉检察官办案责任制改革进行研究，认为这次改革失败的原因是由我国政策实施型司法模式所限制的。❷

三、主任检察官办案责任制改革

2013 年年底，最高人民检察院重启了检察官办案责任制改革，与主诉检察官办案责任制相类似的主任检察官办案责任制被提上了日程。❸ 根据最高人民检察院出台的《检察官办案责任制改革试点实施工作指导意见》和《检察官办案责任制改革试点方案》，改革的内容包括人员的选拔、办案组织的构建、办案权限的确定、监督制约机制的建立、待遇的保障等方面。然而，由

---

❶ 杨颖、罗至晔：《主办检察官办案责任制的实践与做法》，《郑州日报》2010 年 11 月 19 日，第 15 版。

❷ 杜磊：《检察官办案责任制改革探索》，《环球法律评论》2015 年第 3 期，第 49 - 60 页。

❸ 从某种程度上说，我国主任检察官办案责任制改革的思想来源是我国台湾地区的主任检察官制度，但又与其不同。根据我国台湾地区"法院组织法"第 59 条第 2 款的规定，各级法院及分院检察署检察官员额在 6 人以上者，应分组办事，每组以一人为主任检察官，监督各组事务。也就是说主任检察官的设置，主要是因为检察官的员额越来越多，由检察长直接监督每个检察官效率不高，所以设了中间管理层叫作主任检察官。而当前我国大陆地区的改革则是检察长对主任检察官的授权，主任检察官行使一定的检察权，也就是说办案主体是主任检察官。

于员额制改革与主任检察官办案责任制改革都是优中选优，两者具有目标的同向性、内容的同质性以及进程的延续性。主任检察官办案责任制改革所要达成的目的已经通过员额制实现。❶

一是确立了检察机关办案组织的基本形式。与审判机关历史久远的办案组织沿革相比，检察机关办案组织研究始终处于模糊状态，甚至不为学界所关注。这既与检察权属性的多样化有关，也与对检察机关办案组织关注度不够有关。无论主诉检察官办案责任制改革还是主任检察官办案责任制改革都在试图探索符合中国特色社会主义检察制度的办案组织形式。虽然这些探索有的局限于一个部门（例如，主诉检察官办案责任制改革主要集中在审查起诉部门），有的局限于部分改革试点（又如，主任检察官办案责任制改革在全国 7 省 17 市进行试点），但是这些探索最终凝聚为"搭档制"这一检察机关办案组织模式，并将其作为检察机关办案组织的基本形式，适用于检察办案活动中，从而确保了检察权的高效公正运行。主任检察官办案责任制模式的形成也为建立权责一致的执法办案责任体系奠定了基础。

二是降低了检察机关办案责任制的改革风险。主任检察官办案责任制模式并非毫无来由，也非恣意为之，而是将办案组织改革严格限定在现行法律框架内，从而降低了办案组织的改革风险。首先，主任检察官办案责任制明确主导检察官的执法岗位性质。这种区分尽管为检察官与其助手之间划定了一定的界限，但是并非法律上的完全切割，也非不可逾越的鸿沟。相反，这种区别只是同一种属范围内的差异化定位，两者仍然要遵循相同的任职资格。其次，主任检察官办案责任制并未完全改变检察机关内部的管理格局。❷ 对于主任检察官，只是提供一定的岗位补贴，并非形成单独的职务序列，他们都要与助手一同纳入检察官序列，按照相应行政级别配置相应的福利待遇保障，两者之间的待遇差距较小。再次，主任检察官办案责任制并未改变检察办案行政审批制。虽然"承办人负责—部门负责人审核—检察长审批"的三级审

---

❶ 龙宗智：《检察官办案责任制相关问题研究》，《中国法学》2015 年第 1 期，第 84 – 100 页。
❷ 王戬：《不同权力结构模式下的检察权》，《学海》2008 年第 4 期，第 169 – 173 页。

批制饱受批评，但是主任检察官办案责任制并非对传统检察机关办案方式的完全颠覆。相反，检察长以及部门负责人仍然对主任检察官的办案活动具有审核、审批、监督职能。

三是提升了检察机关办案活动的诉讼效率。从检察权运行机制改革发展来看，主任检察官办案责任制主要是为了应对 1996 年《刑事诉讼法》所要求的审查起诉制度改革，解决案多人少的矛盾。并且从对主任检察官办案责任制改革成效的宣传报道来看，很大程度上也体现在办案效率的提升上。然而，检察机关办案组织的"搭档制"模式在带来诸多改革利好的同时，仍然存在诸多难以解决的问题。

无论是主诉检察官办案责任制，还是主办检察官办案责任制，抑或主任检察官办案责任制，虽然他们在改革背景、改革目标、改革原则、改革内容、适用范围等方面存在诸多不同，❶ 都在一定程度上突出了检察官的办案组织地位，优化了检察权运行机制，提升了检察机关办案效率和质量，但是并未改变传统意义上的办案模式。

首先，在办案组织上表现为"搭档制"。搭档制办案组织模式集中体现了两者之间的同一性、合作性、平等性关系。所谓同一性关系，是指搭档之间具有同一的任职资格、配置同一的制服、享有同一的权力待遇、接受同一的奖惩评价体系。❷ 所谓合作性关系，就是指发挥主导作用的检察官及其助手都是在检察长的领导下合作办理案件，两者之间只是分工不同，并无高低之分，共同合作完成检察办案活动。所谓平等性关系，是指（主诉或主任）检察官与其助手在法律资格、人身关系、行为能力上具有平等性，两者只是岗位区分不同，可以在适当条件下进行转换。

其次，在运行机制上呈现"集中制"。所谓集中制，是指无论是权力结构的分布，还是权力运行，在横向关系上是以地方党委为中心，检察机关服务

---

❶ 例如，在适用范围上，主诉检察官办案责任制主要在审查起诉部门适用；主任检察官办案责任制则不区分检察职能种类，作为基本办案组织形式在全部检察办案活动中一体适用。

❷ 主诉检察官的考核、奖惩，按照最高人民检察院关于检察官考核与奖惩规定执行。各级人民检察院可以自行规定对已任的主诉检察官实行任期制或者淘汰制。

地方党委的中心工作；在纵向关系上则都以上级检察机关为中心。这种纵横向关系表现在检察机关内部，就是以党组领导下的检察长及部门负责人为中心，因此检察官办案责任制改革只是对案件承办权的再次明确，而非改变检察权的内部布局，也非对纵横向权力关系的调整。这就意味着"集中制"办案组织模式并未改变"三级审批制"检察办案方式，其办案方式的行政化色彩过浓，司法属性不够。

再次，在监督机制上呈现"科层制"。无论监督的主体、内容还是方式都在上下级之间叠床架屋，试图实现"放权不放任"的效果。但是从实际效果来看，主诉、主办抑或主任检察官都在严格遵循"金字塔"式的权力运行规律，严格按照下级对上级负责、上级监督下级的制度安排进行办案，进而在监督机制上呈现"科层制"。

最后，在保障机制上呈现"脱节"状态。由于上述改革方案并未突破当时的法律制度，所以对于检察官办案责任制的探索，只能依赖效力有限的规范性文件支撑，同时，还需要各地检察机关与地方党委、政府沟通协调。可见，上述改革在制度层面缺乏配套保障，从而很难得到延续和推广。

第五节　检察权运行机制配套机制改革

一、检察人员分类管理改革

（一）检察人员分类管理内涵

在我国，对于检察官的管理实行法律职务管理与行政管理相统一的双重管理机制。但是，由于事实上检察机关人、财、物来源于地方，且在双重领导下，地方党委对检察官的直接管理使得检察官的法律职务管理可能会处于空转状态。❶ 对检察官的管理等同于一般的行政人员，无论是检察官招录，还是日常管理，抑或是工资待遇等内容都参照普通公务员进行。❷ 此外，在检察机关内部，虽然设置了不同的机构和岗位，不同机构和岗位上的检察人员所从事的工作并不相同，但是多元化的主体适用一元化的管理模式，即行政化管理，依据行政职级确定管理方法和职务待遇。并且将检察官、书记员、司法警察、司法行政人员等检察人员统称为检察干警，适用相同的评价标准、管理手段、激励方式和惩戒方式。对于书记员、司法技术人员等检察人员，并无与之配套的管理机制，以至于他们的晋升只能依赖转岗为检察官或者行政领导，而缺乏专业技术提升的动力。此外，一元化的管理模式导致检察机关内部存在大量的混岗现象，即检察官处于行政岗位，而没有司法资格的行政人员却在业务岗位上，检察官与其他检察人员的关系不明确，职责存在交叉和混同。检察官外部管理的行政化和检察人员内部管理的一元化使得检察官的司法属性和办案组织地位凸显不够，也在一定程度上阻碍了检察官的职业化和专业化发展。上述检察人员管理的弊端成为改革的背景，而破解上述难题的根本方法在于对检察人员实现分类管理，从而实现检察人才资源的优化配置。

人员分类管理是社会分工的产物，是促进职业化建设和提高工作效率的重要形式。根据人力资源管理理论，分类管理可分为品位分类和职位分类。所谓品位分类是指基于人员资历、学历、贡献等因素，将人员分为不同的等级；职位分类则是指根据职位的任务、要求、标准等因素进行的分类。❸ 品位分类注重"人的因素"，职位分类注重"事的因素"。两者在现代人力资源管理上相互交融和促进，共同构成现代人力资源分类标准。检察人员分类管理则是在遵循现代人力资源分类标准的前提下，根据检察权中各类检察人员的

❶ 农中校：《检察人事管理的制度反思及职业化重构》，《学术论坛》2008年第2期，第73－78页、第82页。

❷ 黄维智、王沿琰：《检察人员分类管理改革研究——兼论"员额制"的落实》，《四川大学学报（哲学社会科学版）》2016年第1期，第57－65页。

❸ 周敏凯：《比较公务员制度》，复旦大学出版社，2006年版，第131页。

不同职责和工作性质所进行的分类机制，❶ 包括广义和狭义两个方面。广义的分类管理是指将检察官与行政人员相区分；狭义的分类管理是指对检察机关内部各类人员实行科学分类和管理。❷ 检察人员的分类管理能够强化检察官的独立性和办案组织的地位，调动检察官工作的积极性和主动性，实现检察人员的科学分类，促进检察职业化的形成。

（二）检察人员分类管理与检察权运行机制的关系

一是检察人员分类管理突出了检察官的办案组织地位，解决了由谁办案的问题。倘若检察权运行机制所关注的是如何办案的问题，那么检察人员分类管理则解决的是由谁办案的问题。检察人员的分类管理使得各类检察人员各自归位，在凸显检察官权力主体地位的同时，为构建高效、协作的办案组织奠定基础。

二是检察人员分类管理明确了不同检察人员的职责所在，是检察权运行机制改革的保障。❸ 正如有的学者所言，对于检察人员分类管理改革而言，其本身并非最终目的，而只是一种实现各类别检察人员职业化的形式和手段。❹ 由于检察人员在检察机关享有检察权与检察行政管理权，其所行使的权力属性不同、承担的具体职能不同，所以需要对检察人员进行科学分类和管理。通过对检察人员的科学划分，建立不同的检察人员职务序列，从而实现对检察人员管理从一元到多元的转变，❺ 实现各类别检察人员的职业化。

三是检察人员分类管理有助于实现检察人员办案责任的科学认定和追究。检察机关内部一元化的行政管理模式使得检察官与检察辅助人员、检察行政人员的权责不清、职能不明，难以划分他们在检察业务决策中的责任和承担

---

❶ 蔡建：《对检察人员分类管理的研究与思考》，《国家检察官学院学报》2001 年第 3 期，第 81－86 页。

❷ 刘方：《检察制度史纲要》，法律出版社，2007 年版，第 361 页。

❸ 夏阳、杨平、李昌林等：《检察人员分类管理与办案责任制改革试点实践与反思》，《人民检察》2014 年第 24 期，第 41－46 页。

❹ 夏阳、卞朝永：《检察人员分类管理改革的实践与思考》，《人民检察》2013 年第 8 期，第 24－29 页。

❺ 李美蓉：《检察官身份保障》，知识产权出版社，2010 年版，第 58 页。

方式。通过建立各类别检察人员的单独职务序列，明确各类别检察人员在办案中的权限和责任，实现各类别检察人员在检察权运行中的清单化，从而明确各自的司法责任，确保检察人员办案责任的科学认定和追究，实现各类别检察人员责、权、利的统一和均衡。

二、检察官员额制改革

（一）检察官员额制内涵

员额，即人员的定额。❶ 检察官员额制是指根据人口数量、经济发展状况、办案情况等因素在编制范围内确定检察官的比例。检察权运行机制改革的前提是需要针对高素质、职业化、专业化、正规化的检察官队伍和司法人员的差别化管理制度。❷ 然而，根据《检察官法》的规定，各级检察机关的检察长、副检察长、检察委员会委员、专职检委、检察员以及助理检察员都可以被称为检察官。❸ 这些人员在全部检察人员中所占比例较高，人员素质参差不齐，甚至因大量的人员在综合部门工作，存在混岗现象。单一化的行政管理，使得优秀的检察官只有通过行政晋升才能提高职业荣誉和待遇，使得办案一线的业务骨干大量流失，造成办案一线的检察官和助理检察官多资历较浅，这样不利于司法人员的专业化和职业化。

目前对检察官的任职并无比例和数量限制，在各地检察机关实践中，为了办案和解决政治经济待遇的需要，只要符合《检察官法》规定的有关任职最低资格，相关检察官都会被任命为助理检察员或检察员。这虽然有利于增强办案力量，但是无形中使得检察官泛化为一般的检察人员，不利于检察官职业化、专业化、正规化水平的提升。检察官员额制改革将限定检察官的数

---

❶ 莫衡等：《当代汉语词典》，上海辞书出版社，2001年版，第546页。

❷ 《〈中共中央关于全面推进依法治国若干重大问题的决定〉辅导读本》，人民出版社，2014年版，第248页。

❸ 2019年4月修订的《检察官法》第2条对此进行了修改，将检察官的范围限定于检察长、副检察长、检察委员会委员和检察员。

额比例，虽然从整体上压缩了检察官在整个检察院的比例，但是这并非减少检察机关的编制和人数，而是改变其职位结构和人员比例。伴随员额制改革中的人员分类管理，将检察权运行中的决定性权力和辅助性权力分别交予检察官和检察辅助人员行使，能促进检察官专业化的职业分类和职业人才培养，有利于提高检察办案质量和执法公信力。❶

(二) 当前员额制改革现状

党的十八大以来，中央将司法改革作为全面深化改革的重要方面进行了战略部署，形成了系列改革成果。❷ 中央对检察官员额制改革进行了顶层设计，即明确最高不超过39%的入额比例，同时在全国范围内分批次进行改革试点，实行先试点再推广的改革思路。❸ 全国检查官员额制改革试点情况见表 1 - 1 所示。

表 1 - 1   全国检察官员额制改革试点情况❹

序号	省、自治区、直辖市	试点批次	试点比例
1	上海	第一批	33%
2	广东	第一批	39%
3	吉林	第一批	省、市、县三级院员额比例分别为 34%、37%、40%
4	贵州	第一批	30%
5	海南	第一批	32%
6	青海	第一批	39%

---

❶ 黄庆畅、郝洪：《员额制不能让年轻人"就地卧倒"(问政)——上海市委常委、政法委书记姜平谈司改试点》，《人民日报》2015 年 4 月 29 日，第 13 版。

❷ 靳昊：《让公平正义如阳光普照——党的十八大以来司法体制改革成果述评》，《光明日报》2018 年 10 月 2 日，第 1 版。

❸ 曹建明：《最高人民检察院关于人民检察院全面深化司法改革情况的报告 (摘要)——2017 年11 月 1 日在第十二届全国人民代表大会常务委员会第三十次会议上》，《检察日报》2017 年 11 月 3 日，第 2 版。

❹ 本表所列数据截止时间为 2016 年 10 月，并且以省级为单位进行统计 (不包括新疆生产建设兵团与我国港澳台地区)。不过各地在改革中可能有所变动，而且难以避免。改革以省 (自治区、直辖市) 为单位，全省最大员额比不超过 39% 即可。

续表

序号	省、自治区、直辖市	试点批次	试点比例
7	湖北	第一批	36%
8	江苏	第二批	39%
9	福建	第二批	39%
10	重庆	第二批	分院、基层院入额比例分别不超过32%、35%
11	内蒙古	第二批	39%
12	宁夏	第二批	39%
13	云南	第二批	25%
14	山西	第二批	30%
15	黑龙江	第二批	市、基层院的员额比例分别在36%、40%以下
16	浙江	第二批	39%
17	安徽	第二批	39%
18	山东	第二批	39%
19	北京	第三批	38%
20	天津	第三批	—
21	河北	第三批	39%
22	河南	第三批	—
23	辽宁	第三批	39%
24	新疆	第三批	—
25	四川	第三批	—
26	陕西	第三批	39%
27	广西	第三批	39%
28	江西	第三批	—
29	甘肃	第三批	—
30	西藏	第三批	—
31	湖南	第三批	—

从表1-1来看，各改革试点都是按照中央司法体制改革总体方案的要求设定检察官员额制比例，并且都严格控制比例限制，都符合不超过检察官员额比39%的上限和红线。同时，根据自身情况设置的比例也不一样。例如云

南省仅为25%，贵州省则为30%，这为后续改革提供保障，也使未入额的检察官看到了希望。此外，在具体改革方案安排上也不一致。例如，吉林省、黑龙江省、重庆市等对于不同级别检察院设定不同的入额比例，而在行政区域范围内实行总统筹，而青海省、浙江省、河北省等因试点范围有限，则统一设置入额比例。目前，上述部分地区已基本按照中央要求经过严格的选拔程序，公布试点单位入额检察官名单。❶

三、检察机关业务部门内设机构改革

检察机关内设机构根据部门特性，可分为业务部门内设机构和司法行政部门内设机构。其中，业务部门内设机构主要承载检察权的运行，而司法行政部门内设机构主要涉及检察司法行政权及有关党务性职责。基于研究主题，本书所关注的检察机关内设机构改革仅限于检察机关业务部门内设机构。中华人民共和国成立以后，检察机关业务部门内设机构建制不断发展，从发展顺序上看，经历了初步建立、快速发展、重大停止、恢复重建、不断健全等时期。

此外，在地方，检察机关内设机构呈现统一化和多样化并存的发展态势。一是地方检察机关内设机构设置的统一化。基于我国检察机关上下级之间的领导关系，在内设机构设置上也呈现上下一致、彼此对应的模式。上下一致有助于分类专项指导，有利于加强上下级之间的领导。在地方内设机构设置上，按照我国机构编制管理规定，包括检察机关在内的所有行政司法机关都要按照"三定规定"❷的编制管理要求，根据职能定位规范设置内设机构。❸此外，最高人民检察院也对地方检察机关内设机构设置出台过相关规范。例如，为规范机构设置，最高人民检察院在2000年出台的《检察改革三年实施

---

❶ 彭玉鸿：《我省对首批拟入额法官检察官人选进行公示》，《河北法制报》2016年6月30日，第1版。

❷ "三定规定"是中央机构编制委员会办公室（简称中央编办）为深化行政管理体制改革而对国务院所属各部门的主要职责、内设机构和人员编制等所作规定的简称。

❸ 甄贞：《检察机关内部机构设置改革研究》，《河南社会科学》2013年第1期，第17–21页。

意见》中明确提出：要精简基层检察院的内设机构，与有关部门协商，对各级检察院内设机构的设置、名称、规格和职责范围作出明确规定。二是地方检察机关在内设机构设置的多样化。虽然检察机关上下级之间存在法律层面上的领导关系，但是在我国机构编制层面的管理上实行分级管理，从而使得地方检察机关在内设机构设置上呈现多样化。检察机关内设机构的设置及管理实行统一和分级相结合的方式。最高人民检察院内设机构的设置由中央编办审核和批准，地方检察机关内设机构的设置则由各级编制管理部门审核和批准。同时，在编制管理中，检察机关内设机构的设置和命名，也完全参照行政机关的"区域名、矢名和格级名"的命名方式。由于分级管理且缺乏相关规范，进而造成同一级别检察机关在内设机构数量上有所不同，而且在具体称谓上也有所区别。对此，从2018年开始，最高人民检察院及地方各级人民检察院以内设机构改革为契机，检察机关内设机构的重塑性改革使检察机关法律监督总体布局实现刑事、民事、行政、公益诉讼检察并行，进一步优化检察机关法律监督职能的行使。❶

---

❶ 张璐：《最高检：检察机关内设机构名称不能"五花八门"》，《新京报》2019年1月17日，http：//www. bjnews. com. cn/news/2019/01/17/540461. html? from = groupmessage&isappinstalled = 0，访问日期：2020年12月14日。

第二章　检察权运行机制的实践透视

2012 年以来，司法改革的主体思路在于顶层设计与改革试点同步实施，改革试点分三批实施：湖北省、海南省、青海省等 7 个地区成为第一批开展司法体制改革的试点；2015 年 5 月，江苏省、福建省、重庆市、内蒙古自治区、宁夏回族自治区等 11 个地区成为第二批开展司法体制改革的试点；2015 年 12 月，北京市、河北省等 13 个地区成为第三批开展司法体制改革的试点。❶ 至此，检察权运行机制试点改革在全国范围内推进。2017 年 11 月，最高人民检察院就司法体制改革情况专门向全国人大常委会进行汇报，宣布司法责任制改革已基本完成。本书基于研究的开展，同时为确保研究的科学性和代表性，对于改革试点的选取以改革批次为标准，每一批次随机抽选三个改革试点，所选改革试点涵盖不同地域、不同经济状况、不同办案环境等因素，具有一定的代表性。此外，在全国四级检察机关中，不同层级检察院的职责和定位不同，检察机关内部职责关系也不尽相同。最高人民检察院和省级人民检察院更加注重个案指导、政策制定等职能，而基层检察院则不仅是办案的主体，还涵盖所有改革试点的内容，并且基层检察工作在全部检察事业中居于基础性地位，所以本书对检察权运行机制的探讨主要集中于试点单位的基层办案活动。❷ 当然，对于最高人民检察院的自身改革也应给予必要的

---

　　❶ 新疆生产建设兵团也作为与省、自治区、直辖市平级的单独试点。由此全国共有包括 31 个省（自治区、直辖市）以及新疆生产建设兵团在内的 32 个改革试点。

　　❷ 本书之所以把基层研究作为重点，与基层检察工作的重要意义分不开。我国基层检察院在整个检察体系中占了"3 个 80%"，即基层检察院人员、工作量和单位数分别占整个检察体系人员、工作量和单位数的 80%。如何保障这"3 个 80%"的独立意志的实现是改革的关键。

关注。特别是办案组织设置及运行等方面的规定，对于基层检察机关检察权运行机制推进具有一定的指导意义。❶ 同时，从改革试点内容来看，其主要区别在于办案组织、权力清单等方面，至于责任机制、保障机制等内容差别不大，所以本书在进行试点分析时侧重针对特色部分，关于共性部分则较为简略。

第一节　人民检察院司法责任制改革

一、人民检察院司法责任制概述

自党的十八以来，以司法责任制为重点的司法体制改革被不断列入改革议程，并以中央下发文件的方式被不断完善。根据司法责任制改革部署，为指导省级以下的检察机关改革，最高人民检察院也专门出台了有关司法责任制改革的具体意见，这被视为推进检察官办案机制中国化的制度努力。此后，人民检察院司法责任制改革在前期改革试点基础上，向全国推开。❷ 笔者对最高人民检察院工作报告中有关司法责任制改革的表述进行了统计（见表2-1）。

表2-1　最高人民检察院工作报告中有关司法责任制改革的表述❸

年份	依据	表述	目标
2000	党的十五大和九届全国人大二次会议关于推进司法改革的要求	主诉检察权运行机制试点工作	解决长期以来检察官的办案责任心问题，提高了办案质量和效率
2001	《检察改革三年实施意见》	全面实行主诉检察官制度改革	提高办案质量和效率

---

❶　2017年9月，最高人民检察院出台了《最高人民检察院机关司法办案组织设置及运行办法（试行）》，对最高人民检察院机关的司法办案组织设置及运行机制作出详细规定。

❷　毛一竹：《把"谁办案谁负责"落到实处》，《半月谈》2016年第15期，第31-33页。

❸　数据来自于《最高人民检察院工作报告》（2000—2019年），其中2004—2013年没有涉及检察权运行机制改革的相关内容。

续表

年份	依据	表述	目标
2002	深化检察改革,创新管理机制	完善主诉、主办检察权运行机制	提高执法水平和工作效率
2003	—	实行主诉检察权运行机制	提高公诉质量和效率
2014	落实中央关于深化司法改革的部署	实行检察权运行机制改革试点	—
2015	贯彻党的十八届三中、四中全会部署,出台《关于深化司法改革和检察改革的意见》	开展检察权运行机制改革试点	落实"谁办案、谁决定、谁负责"
2016	落实中央深化司法改革各项部署	制定完善人民检察院司法责任制的若干意见	健全检察权运行机制和司法责任体系
2017	狠抓中央关于司法体制改革各项部署的落实	落实司法责任制改革,完善检察官权力清单,从严掌握员额比例,建立员额退出机制	锲而不舍地推进司法改革,促进提高司法质量、效率和公信力
2018	落实党的十九大精神深入推进检察改革	构建新型办案组织、业绩考核评价机制、权力监督制约体系	全面推行检察权运行机制
2019	《2018—2022年检察改革工作规划》	健全与司法责任制相适应的检察权运行监督制约机制,突出检察官在司法办案中的主体地位	形成与"谁办案谁负责、谁决定谁负责"要求相适应的检察权运行体系

二、人民检察院司法责任制改革主要内容

根据司法责任制相关文件的名称变革，并结合权力结构分析框架来看，基本确定了检察权运行机制的基本范畴，即以检察权运行机制为核心而建构检察机关办案组织、检察权运行结构、检察官办案监督机制、检察官司法责任机制和检察官保障机制五大机制。其中检察机关办案组织是前提，是检察权的运行载体；检察权运行结构是核心，是检察权运行的具体展现；检察官办案监督机制是约束，是检察权运行的规制；检察官司法责任机制是后果，是检察权不当运行的惩戒；检察官保障机制是支撑，是检察权运行的必备。2017 年 3 月，最高人民检察院公布了《关于完善检察官权力清单的指导意见》❶，对于检察官权力清单试点改革进行了具体要求，其目的是在遵循司法规律的基础上，科学地界定检察机关内部办案权限，进一步增强检察官权力结构的科学性。党的十八大以来关于检察权运行机制改革的文件见表 2－2 所示。

表 2－2　党的十八大以来检察权运行机制改革文件

序号	文件	主要内容
1	《中共中央关于全面深化改革若干重大问题的决定》	全面部署深化司法体制改革
2	《关于深化司法体制和社会体制改革的意见及贯彻实施分工方案》	明确深化司法体制改革的目标、原则，制定了各项改革任务的路线图和时间表

---

❶　《关于完善检察官权力清单的指导意见》主要包括以下内容：一是要求省级人民检察院统一制定辖区内各级人民检察院检察官权力清单，委托检察官行使检察长的部分职权；二是以检察权运行主体（即检察机关办案组织）的办案事项决定权为主要内容，原则上不将办案职责、非办案业务、操作性及事务性工作以及司法责任等内容列入权力清单；三是在检察官权力清单的形式上，应具体列明各主体的职责权限，对于没有列明的可由检察长或检察委员会决定，也可书面指令授权检察官行使；四是检察官决定事项的范围应根据不同层级检察院、不同业务职权、案件本身因素等进行分别配置；五是对检察长办案事项决定权的表述，由审批、批准统一改为决定以及审核；六是法律文书的签发主体，在特定范围内可以委托检察官签发以人民检察院名义制发的法律文书；七是对业务部门负责人的审核权应当严格限制并逐步取消。

续表

序号	文件	主要内容
3	《关于司法体制改革试点若干问题的框架意见》	确定了若干重点难点问题的政策导向
4	《中共中央关于全面推进依法治国若干重大问题的决定》	完善主审法官、合议庭、主任检察官、主办侦查员办案责任制,落实"谁办案谁负责、谁决定谁负责"
5	《关于完善人民检察院司法责任制的若干意见》	健全司法办案组织,科学界定内部司法办案权限,完善司法办案责任体系,构建公正高效的检察权运行机制和公平合理的司法责任认定、追究机制
6	《关于建立法官、检察官惩戒制度的意见(试行)》	明确检察官惩戒的遵循原则、惩戒内容以及检察官惩戒委员会的运行机制
7	《关于完善检察官权力清单的指导意见》	进一步明确了完善检察官权力清单的指导思想、制定主体、内容与形式等10个方面的内容
8	《关于加强法官检察官正规化专业化职业化建设全面落实司法责任制的意见》	完善员额制,落实责任制,强化监督制约,健全保障机制
9	《关于贯彻落实党的十九大精神深入推进检察改革的工作意见》	全面推行检察权运行机制

人民检察院司法责任制改革主要从以下方面进行。

一是检察机关办案组织。设立办案组织解决的是"谁是办案主体"的问题,在改革之前,并未有办案组织的称谓,而是沿袭"三级审批制"的传统。检察权运行机制改革后,基本办案组织结构得以调整,组织内部关系也发生了根本性的变化,原先的"主诉(主任检察官)与其助理"之间的"搭档制"办案组织模式转化为"独任检察官与其助理"之间的"主辅制"办案组织模式。这种模式的变化主要包括以下五个方面内容:(1)法律身份的区别化。检察权运行机制改革后,独任检察官与其助理之间的法律身份完全不同:

独任检察官具有检察官身份，可以独立承办案件，而检察官助理则不具有检察官身份，两者之间实施分类管理，由此造成两者法律地位、职权配置等方面的根本性差异。（2）内部关系的指导性。检察权运行机制改革后，"主辅制"办案组织内部包含地位不平等的指导与被指导关系。虽然独任检察官与其助理之间既可采取固定搭配方式，也可采取临时组合方式，但是从改革试点来看，为了便于日常工作的开展，固定搭配方式被多数改革试点采用。❶ 这就意味着，独任检察官对其"助理"不仅具有业务上的指导权，还可向检察官助理交办其他有关事项，并且对其助理的更换以及业绩的评价具有重要建议权。（3）职权配置的不均衡性。从职权配置来看，独任检察官在检察长的授权下可以亲自实施或者指导检察官助理实施多项检察职权，并且在事实认定、证据采信方面具有决定权，而检察官助理则多为在检察官的指导下实施具体的证据调查或实施认定，在事实认定或法律决定上并不具有决定权。此外，检察官与检察官助理两者在权力来源上也不同，检察官的职权来自法律规定和检察长授权，而检察官助理的职权则并无明确规定。检察官助理只是在独任检察官指导下办案，也就是说其无权独立承办案件，其对外以检察官身份行使职权，而实施办案活动的法律结果归属于独任检察官。（4）待遇保障的区别化。检察官单独职务序列的建立也就意味着其与检察官助理不再遵循同一的工资标准，两者在薪酬体系上的差距被明显扩大化。例如，有的改革试点，将检察官平均工资提高50%，而检察官助理则提高15%。❷ （5）在责任承担机制上有所不同。虽然检察官与检察官助理都要根据自身作出决定的主观故意或过失情况承担相应的司法责任，但是由于他们的法律地位不同，因此两者在追责程序、承担范围、担责形式等内容上都有所不同。❸

---

❶ 杨平、杜颖：《司法体制改革试点中的检察办案组织研究》，载胡卫列、董桂文、韩大元等主编《人民检察院组织法与检察官法修改——第十二届国家高级检察官论坛论文集》，中国检察出版社，2016年版，第668页。

❷ 刘子阳：《司改让法官检察官更体面 试点地区推进薪酬改革完善职业保障》，《法治日报》2015年7月30日，第1版。

❸ 例如，2016年最高人民法院、最高人民检察院印发了《关于建立法官、检察官惩戒制度的意见（试行）》，明确了检察官惩戒的程序，并区别于检察辅助人员（检察官助理）。

二是检察权运行结构。检察权运行结构包括职权配置和运行关系两个部分。职权配置重在静态分配权力，运行关系重在动态的权力运作，两者都统一于检察官权力清单之中。

表2-3　检察机关办案组织配置表●

办案种类	办案组织	
	独任检察官（承办权）	检察官办案组（承办权）
逮捕起诉	一般案件	特殊案件
侦查	简单案件	一般案件
监督	所有案件	所有案件

从改革内容来看，只是一般性地规定了检察长和检察官的职权划分，而并未制定全国统一的权力清单，从而授权各改革试点以省级为单位制定权力清单，进而科学地界定不同层级检察院的职能，以及检察院内部司法办案权限。在运行关系上，明确检察机关内部各主体的职责权限和工作分工，确保检察权运行机制的通畅和高效。

三是检察官办案监督机制。为确保检察权在法治轨道上运行，对其进行管理和监督实属必要。《关于完善人民检察院司法责任制的若干意见》从"上、下、内、外"四个方面对检察官办案活动进行了监督。在"上"方面，进一步规范了上级检察院领导下级检察院的方式、程序和内容，明确上级检察院的指令应当经检察长或检察委员会决定，并以检察院名义下发。在"下"方面，进一步规范了下级检察院向上级检察院的请示程序，要求请示环节须经本级检察委员会讨论，重申了请示程序的严肃性，增强了检察委员会的决策功能。在"内"方面，通过案件管理机制、案件承办机制、办案业绩评价机制、办案质量评价机制等机制建设，确保检察官办案活动的规范性。在"外"方面，通过构建开放、动态、透明、便民的阳光司法机制，提供便于外部监督的途径和方式，提高外部监督的效果和作用。

四是检察官司法责任机制。首先，在司法责任形态上，实现了从两种到

● 参见最高人民检察院《关于完善人民检察院司法责任制的若干意见》。

三种责任形态的发展。相比《检察人员执法过错责任追究条例》对司法责任形态上的主观故意和重大过失的"二元化"划分，《关于完善人民检察院司法责任制的若干意见》则首次将司法责任形态拓展为故意违反法律法规责任、重大过失责任和监督管理责任三种司法责任形态。也就是说，检察机关首次将监督管理责任作为单独责任的一种纳入司法责任的范畴之中。监督管理责任❶作为司法责任的一种，有利于对游离于办案决定权以外的办案监督管理权进行监督，形成正向引导和激励，促使检察办案监督者履职尽责。同时，这种划分还适应了新型检察办案组织下的内部管理和监督。因为相比之前的"二级审批制"，当时的规定并无明确的办案组织，故对于办案人员的责任追究只能依据其主观过错程度进行，而新型检察机关办案组织组建后，无论是独任检察官还是检察官办案组，其内部人员职责权限虽不同，但基本可以划分为决定者的主观过错责任和监督者的监督管理责任，体现了检察办案中的独立性与统一性的结合。其次，在检察官司法责任的范围确定上，采取了列举加概括的方式。从立法技术上来看，列举加概括的方式已经成为调整法律对象的立法体例，在各个部门法中都有体现，凸显着立法认知的限度和精准。对于检察官司法责任范围的确定，仍然沿袭了列举加概括的方式，对此无须赘言。然而，虽然与之前的规定在立法技术上相仿，但在具体内容上又有区别。其中，在故意违反法律法规责任方面，相比之前将"毁灭、伪造、变造或隐匿证据"纳入其中，这一规定既是对《刑法》关于"帮助、毁灭证据罪"的有效补充，也体现了对程序性违法予以制裁的规范主旨。而且，在重大过失责任方面，将"造成矛盾激化，引起涉检信访人多次上访、越级上访的"这一情节予以删除，体现了涉检信访法治化的发展成果。再次，在检察官司法责任的对象上，根据控制因素的不同分别予以认定。理论研究界已经认识到"可控性"是责任归因理论中推断行为责任的基本要素，对于检察人

---

❶ 根据《现代汉语词典》的解释："监督"的"监"是"从旁察看"；"监督"是"考察和督促"。"管理"则包括三层含义：一是指负责某项工作使顺利进行，如管理财务、管理国家大事；二是指保管和料理，如管理图书、管理公园；三是指照料并约束（人或动物），如管理罪犯、管理牲口。参见中国社会科学院语言研究所词典编辑室编《现代汉语词典》，商务印书馆，2005年版，第504页、第662页。

员的惩戒必须基于其个人的原因。❶ 同时，现有规定都在一定程度上将"可控性"作为判断检察人员司法责任的正当性前提。然而，除了"可控性"这一价值前提，还需要从规范层面确定"可控性"的具体范围，即哪些属于检察官可控范围，哪些属于检察长的可控范围。这需要在办案组织内厘清检察长与检察官之间的职责权限。然而，没有这种"可控性"的规范划分，以至于"造成执法过错""导致错误决定"等这类看似明确的因果关系，从实质上无法将责任主体具体化。而《关于完善人民检察院司法责任制的若干意见》将司法责任认定的"可控性"进行了规范性转化。特别是在明确办案组织单元的基础上，贯彻了"谁办案谁负责，谁决定谁负责"原则，将"决定权"作为判断责任归属的依据，从而划分了检察官与其他办案决定主体的司法责任。最后，确立了"即使错案发生，没有故意或重大过失行为"以及"司法瑕疵行为"的检察官司法责任免责制度。对于此制度，部分学者解读为确立了有限的司法豁免原则。对此，笔者认为，此制度并非司法豁免，而是司法责任的免责范围。比较来看，司法豁免主要限于对司法人员在司法活动中民事责任部分追究的豁免，而非据此免除其纪律处分等司法责任，❷ 而司法责任免责不同，其以负面清单的方式对不负司法责任的行为予以明确，是对司法责任范围的反向限制，特别是能防止无过错追责的发生，有利于保护检察官的办案积极性和担当精神。

五是检察官保障机制。《关于完善人民检察院司法责任制的若干意见》重申了检察官依法履职受法律保护，并且对法定职责之外的事务有权拒绝的原则。此外，中共中央还专门制定了《法官、检察官单独职务序列改革试点方案》《法官、检察官工资制度改革试点方案》等配套保障机制，进而建立起有别于其他公务员的单独职务序列和工资制度。此外，通过检察机关人财物省

---

❶ 姚建才：《错案责任追究与司法行为控制——以佘祥林"杀妻"案为中心的透视》，《国家检察官学院学报》2005 年第 5 期，第 28 - 36 页。

❷ 参见 U. S. National Prosecution Standards, 3d ed. 6.1 - 6.1. Scope of Immunity: "When acting within the scope of his or her prosecutorial duties, a prosecutor should enjoy the fullest extent of immunity from civil liability".

级管理改革❶、检察官工资制度改革、保护司法人员依法履行职责改革、领导干部插手干预司法活动责任追究等改革机制的配套实施，实现对检察官履职的行为保障、人身保障和物质保障。

三、人民检察院司法责任制改革评析

人民检察院司法责任制改革是党的十八大以后关于司法体制改革的重要组成部分。从文件起草的过程来看，人民检察院司法责任制改革经历了从《主任检察官办案责任制改革意见》到《检察权运行机制改革意见》，再到最终定稿的《关于完善人民检察院司法责任制的若干意见》三个阶段，每个阶段文件题目的变化标志着认识的不断加深和体系的逐渐完备，并最终较为系统地规定了人民检察院司法责任制的主要内容。

一是在宪法法律规定的框架内进行制度调整，体现了改革的法治要求。从《关于完善人民检察院司法责任制的若干意见》内容来看，每一项改革内容都没有突破现行宪法法律的基本原则和基本制度，这是司法责任制改革依法进行的重要表现，也遵循了改革的合法性合宪性的基本要求。例如，《宪法》规定了上下级人民检察院领导关系、检察长统一领导人民检察院工作原则等内容，体现了检察官办案责任制体制的中国特色和中国传统，也注定了检察官办案责任制改革试点难以实现体制上的突破。

二是在具体制度设计上注重对实践问题的总结和关注，体现了改革的问题导向。针对检察办案实践中办案组织概念模糊、组织形式有限的问题，在总结经验的基础上，最高人民检察院提出了办案组织和组织形式的概念和规范这一回应实践需求的制度安排。同时，对基本办案组织的宏观规定，有助于今后司法改革试点单位根据传统和实际进行差异化改革。又如，针对检察

---

❶ 省级以下人民检察院人财物统一管理改革中有"四变四不变"：人事管理体制变，党组织关系不变；司法管理体制变，党委政法委领导统筹政法工作不变；司法责任制变，司法机关维护地方稳定、服务一方百姓的职责不变；司法权力运行机制变，中基层法院接受同级人大监督并报告工作的机制不变。

业务运行方式的单一性，最高人民检察院提出了根据不同业务属性采用不同的运行方式；针对检察权内部职责权限不分的现实，最高人民检察院提出了不同主体有不同的职责权限。上述规定，回应了实践热点、难点，指出了改革的着力点和突破点。

三是在改革要求上注重顶层设计和试点改革，体现了改革的路径方向。《关于完善人民检察院司法责任制的若干意见》共分为七大部分，合计48条，除"目标和基本原则"和"其他"外，五个部分重点对检察机关办案组织及运行机制、检察委员会运行机制、检察人员职责权限、检察管理与监督机制、司法责任认定和追究等方面提出了具体要求，这些要求体现了中央关于检察官办案责任制的制度构思和制度设计，为改革提出了方向。同时，针对我国地域广泛、情况有别的实际情况，又提出以省级为单位制定"权力清单""实施意见"等符合地方特色的改革方案。这是顶层设计与试点改革的改革要求，有助于制度理性与实践理性的有益结合，体现了今后改革的路径方向。

第二节　基层改革试点情况

一、第一批改革试点：海南省、青海省、湖北省

（一）海南省

海南省作为中央政法委确定的第一批司法改革试点单位，在全省三级检察院全面铺开检察机关司法责任制改革试点工作，并制定了《海南省检察机关完善司法责任制的实施意见》《海南省检察机关检察官权限指引（2016 年版）》《海南省检察机关关于检察官、检察官助理、书记员职责规范（试行）》《海南省检察机关检察官联席会议制度（试行）》《海南省检察机关司法办案核阅办法（试行）》《海南省检察机关关于案件质量评查工作办法（试行）》《海南省检察机关检察官考评委员会工作规则（试行）》《海南省检察机关检

察官司法档案管理办法（试行）》《海南省检察机关司法办案内部监督制约办法（试行）》《海南省检察机关电子卷宗制作管理规定（试行）》等试点改革配套文件。根据上述改革文件，海南省主要在检察机关办案组织、检察权运行结构、检察官办案监督机制、检察官司法责任机制和检察官保障机制等方面作了积极探索。由于海南省的检察官司法责任机制与中央规定一致，在此不再赘述。

1. 检察机关办案组织

检察机关办案组织是检察权运行的载体，海南省检察机关在办案组织设定上，按照最高人民检察院改革要求，实行独任检察官和检察官办案组两种办案组织形式，并根据履职需要、案件类型及难易程度，分别予以配备。其中，独任检察官实行双向选择，由院党组确定，并配备必要检察辅助人员；检察官办案组则可以固定设置，也可以根据办案需要临时组成，办案组负责人为主任检察官。同时，对于检察办案经验缺乏、工作年限较短的检察官，实行由经验丰富的检察官指导其办理的指导制度。

根据不同类型检察权的，确立不同业务活动中办案组织的配置原则。独任制检察官一般承办司法属性较强的审查逮捕、审查起诉，检察官办案组一般承办行政属性较强的职务犯罪侦查。而对于诉讼监督等监督属性较强的活动，可由独任检察官或检察官办案组承办（见表2-4）。当然这种配置只是表明案件的承办主体，而非最终决定主体。

表2-4　海南省检察机关办案组织配置表❶

案件类型	审查逮捕	审查起诉	职务犯罪侦查	诉讼监督
办案组织	独任检察官为原则，检察官办案组为例外	独任检察官为原则，检察官办案组为例外	检察官办案组为原则，独任检察官为例外	独任检察官或检察官办案组

❶　参见《海南省检察机关完善司法责任制的实施意见》。

2. 检察权运行结构

海南省检察权运行结构表现在静态的权力分配和动态的权力运行。具体而言，就是体现了检察机关的权力清单和运行关系。海南省检察机关权限配置见图 2-1 所示。

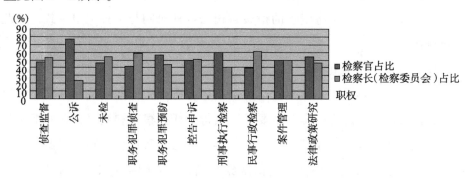

图 2-1　海南省检察机关权限配置图❶

（1）权力清单

海南省检察机关以省级为单位，统一制定了权力清单，对检察长（检察委员会）和检察官的权限划分提出了原则性意见，各级检察机关可以结合工作实际对相关权限进行适当调整，较好地兼顾了不同地区检察机关的业务量和办案能力之间的差异。❷ 在检察长（检察委员会）权限方面，由法律规定和自我保留两部分组成。其中在自我保留部分，主要基于对重大、疑难、复杂案件的处理。在检察官权限方面，则分为法律授权和检察长委托两部分。其中，明确了检察长（检察委员会）委托检察官行使职权的基本原则，即实行兼顾案件属性和权力属性的"两兼顾"原则。在案件属性方面，一般案件的决定权可由检察官行使，重大、疑难、复杂案件的决定权则予以保留；在权力属性方面，对司法属性较强的业务实行充分授权，可以委托部分终结性职权，即决定权；对行政属性和监督属性较强的业务实行限制授权，一般委

---

❶ 参见《海南省检察机关检察官权限指引（2016 年版）》。

❷ 《海南省检察机关检察官办案责任制职权规范指引（试行）》明确指出：各级人民检察院可以结合工作实际对相关权限进行适当调整，并报海南省人民检察院司法体制改革推进领导小组办公室备案。

托非终结性职权，即执行权或建议权。

（2）运行关系

一是检察长与检察官。首先，关于检察长的审核权[1]。检察长有权对独任检察官、检察官办案组承办的案件进行审核。如审核时不同意检察官的处理意见，可以要求检察官复核或提请检察委员会讨论决定，也可以直接作出决定。要求检察官复核的意见、决定应当以书面形式作出，归入案件卷宗。其次，关于检察长的职务转移权。如有当事人举报投诉检察官违法办案，律师申诉、控告检察官阻碍其依法行使诉讼权利，或有迹象表明检察官违法办案的，检察长可以要求检察官报告办案情况。检察长认为确有必要的，可以更换承办案件的检察官，并将相关情况记录在案。最后，关于检察长的文件签发权。在独任检察官或检察官办案组职权范围内办理的案件，如需要以人民检察院名义制发法律文书，则须由检察长（分管副检察长）签发。

二是业务部门负责人与检察官。在此方面，海南省较为突出的特点在于建立起业务部门负责人核阅制度，即对权力清单授权给检察官的重要决定事项，由业务部门负责人通过核阅进行内部监督，同时将核阅制度限于批捕、起诉和刑事申诉案件。如此使得不同业务部门负责人与检察官的关系也不尽相同。首先，体现在业务部门负责人的职务转移建议权。如果业务部门负责人认为检察官不能或不宜办理随机分配的案件，可以报请分管副检察长或检察长指定检察官办理。其次，体现在业务部门负责人的业务监督权。业务部门负责人可以通过召集检察官联席会议，对重大、疑难、复杂案件进行讨论，为承办案件的检察官或检察官办案组提供参考意见。[2] 最后，体现在业务部门负责人的行政管理权。例如，对本部门检察官工作业绩、履职情况提出评价

---

[1]　审核权包括指令权、审阅权、复核权等内容，系复合型权力，这是检察长统一领导人民检察院的重要表现。

[2]　业务部门负责人可对办案情况进行核阅。核阅人在核阅时，主要针对案件事实认定、法律适用、办案程序等提出意见建议，但不改变检察官的处理决定或意见。对检察官承办案件，业务部门负责人对处理决定或意见没有异议的，在统一业务应用系统或相关文书中签"已阅"；有异议的，可以向检察官提出意见建议，也可以向分管副检察长（检察委员会）或检察长（检察委员会）报告，但不得改变检察官的处理决定或意见。参见《海南省检察机关司法办案核阅办法（试行）》。

意见，组织研究涉及本部门业务的法律政策问题等。

三是主任检察官与检察官。首先，关于主任检察官的行政管理权。主任检察官负责办案组承办案件的组织、指挥、协调以及对办案组成员的管理工作，对检察辅助人员在办案中的不当行为，除批评指正外，也可向部门负责人提出更换检察辅助人员的建议。其次，关于办案决定权。主任检察官作为案件承办人，可对其承办的案件在权力清单范围内作出决定或提出处理意见。

四是检察官助理与检察官。检察官助理在检察官的组织领导下协助办案，可以协助检察官办理经检察官授权的各类案件，对外以检察官名义开展工作，工作结果由检察官负责。此外，检察官可以对检察官助理、书记员的履职情况提出考核意见。

3. 检察官办案监督机制

监督机制是检察官办案责任制的重要制约，监督机制可分为内部监督和外部监督两个层次。第一层次方面，内部监督由上级检察机关监督和本院监督两方面组成。在上级检察机关监督方面，基于上下级检察机关的领导关系，上级人民检察院可以指令下级人民检察院纠正错误决定，或依法撤销、变更下级人民检察院对案件的决定。在本级检察机关内部监督方面，包括了检察长（检察委员会）的监督制约、部门负责人的监督制约、案管部门的流程监督、办案组内部的相互监督、案件质量的专项监督等多个方面。第二层次方面，外部监督主要是阳光司法机制的构建和各级人大、政协、社会各界、新闻媒体以及人民监督员的监督。❶ 具体到海南省检察机关而言，探索形成了司法办案核阅制度，即针对检察官权限内签发的决定性或重大性案件文书由部门负责人进行审核，这一核阅制度属于典型的内部监督。

4. 检察官保障机制

从时间上看，海南省检察机关在全国率先完成人财物省级统一管理，这对于检察官的履职保障具有重要意义。在待遇保障上，海南省检察机关实现了绩效考核及奖金发放到位，并且在政策制定上向基层一线检察官倾

---

❶ 参见《海南省检察机关司法办案内部监督制约办法（试行）》。

斜；在行为保障上，海南省检察机关并未出台专门改革文件，基本仅是对中央关于《保护司法人员依法履行法定职责规定》及最高人民检察院相关文件的执行。这在一定程度上体现了地方检察机关在关于检察官保障方面的作用受限性。

（二）青海省

青海省作为全国第一批司法改革试点中唯一的西部省份，被确定为改革试点后，出台了《青海省检察机关司法体制改革试点工作实施方案》《青海省检察机关贯彻落实〈关于完善人民检察院司法责任制的若干意见〉的实施意见》《青海省基层人民检察院主要业务条线检察官权力清单（试行)》《青海省人民检察院主要业务条线检察官权力清单（试行)》等文件，基本形成了独具特色的试点模式。

1. 检察机关办案组织

在青海省，根据改革文件，在检察机关办案组织方面，实行独任检察官或检察官办案组的办案组织形式。对于独任检察官，可配备检察官助理、书记员等检察辅助人员。检察官办案组则由两名以上的检察官组成，配备检察官助理、书记员等检察辅助人员。检察官办案组可设置为固定办案组、临时办案组、临时指派办案组等形式。青海省检察机关办案组织配置见表2－5所示。

表2－5 青海省检察机关办案组织配置表❶

检察权种类	审查逮捕、审查起诉	职务犯罪侦查	诉讼监督
检察机关办案组织	刑事简易程序、速裁程序等比较简单的案件授权独任检察官承办，重大、疑难、复杂案件授权检察官办案组承办	一般由检察官办案组承办，简单案件也可以由独任检察官承办	根据不同情形由独任检察官或者检察官办案组承办

---

❶ 参见《青海省检察机关贯彻落实〈关于完善人民检察院司法责任制的若干意见〉的实施意见》。

2. 检察权运行结构

（1）权力清单

青海省基层检察院权力清单见表2-6所示。

表2-6 青海省基层检察院权力清单❶

序号	业务种类	检察官（项）	检察长（检察委员会）（项）	合计（项）	检察官占比（%）	检察长（检察委员会）占比（%）
1	职务犯罪侦查	16	20	36	44.44	55.56
2	审查逮捕	19	16	35	54.29	45.71
3	公诉	21	18	39	53.85	46.15
4	侦查监督	13	12	25	52.00	48.00
5	刑事审判监督	11	12	23	47.83	52.17
6	刑事执行检察	13	6	19	68.42	31.58
7	民事检察监督	14	17	31	45.16	54.84
8	行政检察监督	15	19	34	44.12	55.88
9	控告申诉检察	7	8	15	46.67	53.33

权力清单旨在规范权力的行使和运行，检察机关主要业务条线检察官权力清单就是检察权的具体表现形式。从职务犯罪侦查种类来看，包括了职务犯罪侦查、审查逮捕、公诉、侦查监督、刑事审判监督等9类。在职权数量上，检察官、检察长（检察委员会）合计分解职权257项，其中检察官129项，检察长（检察委员会）128项。虽然检察官的职权清单数量高于检察长（检察委员会），但是从检察官的职权属性上看，主要为执行权、建议权和部分决定权，❷ 而检察长（检察委员会）则多为决定权。

（2）运行关系

一是检察长与检察官。首先，关于检察长的监督权。检察长（分管副检

---

❶ 参见《青海省基层人民检察院主要业务条线检察官权力清单（试行）》。

❷ 《青海省检察机关贯彻落实〈关于完善人民检察院司法责任制的若干意见〉的实施意见》就检察官在各业务履职中须亲自实施的职权进行了要求，这些职权多为执行权（实施权）。

察长)有权对独任检察官、检察官办案组承办的案件进行审核。如检察长(分管副检察长)不同意检察官处理意见,可以要求检察官复核或提请检察委员会讨论决定。其次,关于检察长的指挥权。检察长可以直接对承办检察官的案件作出决定,但在决定形式上要受到书面方式的限制,并且需要在案件管理系统中运行。最后,关于职务转移权。检察长可以要求检察官报告办案情况,必要时可以更换承办案件的检察官,并将相关情况记录在案。

二是业务部门负责人与检察官。首先,关于业务部门负责人对检察官承办案件的监督权。业务部门负责人通过案件评查、绩效考核等方式,对检察官承办的案件进行监督。而且,还可以召集检察官联席会议讨论重大、疑难、复杂案件,为承办案件的检察官或检察官办案组提供参考意见。其次,关于业务部门负责人的行政管理权。业务部门负责人还负责本部门行政管理工作,对本部门的检察人员考核评价等情况提供意见。

三是主任检察官与检察官。主任检察官负责办案组承办案件的组织、指挥、协调以及对办案组成员的管理工作,并在职权范围内对办案事项作出处理决定或者提出处理意见。

四是检察官与检察官助理。检察官助理是协助检察官履行检察职责的检察辅助人员,在司法办案中介入对案件实质性内容的处理,在诉讼流程中承担部分组织、主持等职能,但没有案件决定权。

3. 检察官办案监督机制

从检察官办案监督机制的来源来看,对检察官办案活动的监督可分为内部监督和外部监督。其中内部监督依据检察一体化原则,可分为上级监督和本级监督。上级监督主要表现为上级人民检察院对下级人民检察院司法办案工作的领导。上级人民检察院对下级人民检察院司法办案工作的指令,应当由检察长决定或由检察委员会讨论决定,以人民检察院的名义作出。在本级监督中,可包括案件管理、案件质量评查、案件承办确定、检察官业绩评价等工作机制的监督。外部监督主要涉及当事人和其他社会主体的监督。其中,深化司法公开是增强外部监督的基础性工作,包括对案件程序性信息查询平台、重要案件信息发布平台、法律文书公开平台、辩护与代理预约平台、新

媒体公开平台的五大平台建设。❶

4. 检察官司法责任机制

检察官司法责任机制包括责任认定、责任类型、责任范围、追责程序等内容。在责任认定上，依据责任产生的原因和决定权的归属，分别由检察官、主任检察官、业务部门负责人、检察长、检察委员会委员承担相应司法责任。司法责任的追究程序包括启动、调查、举证、审议、决定、复议等。当检察官发生故意违反法律法规或者重大过失行为需要追究其司法责任时，人民检察院纪检监察部门应当进行调查活动，调查结果报请检察长决定后，按相关程序移送省检察官惩戒委员会审议。人民检察院纪检监察部门应当就当事检察官故意违反法律法规或重大过失承担举证责任，当事检察官有权进行陈述、辩解、申请复议。

5. 检察官保障机制

对于检察官的履职保障，基于问题的特殊性和复杂性，并非检察机关能够单独予以规范，需要其他党政机关统筹合理解决。对此，最为引人关注的当属待遇保障，在检察官待遇保障方面，有人财物省级统一管理文件，并兑现不同类别检察人员工资待遇，同时，专门出台绩效奖金分配办法，实现公平科学分配。❷ 至于行为保障、人身保障等方面内容，青海省并无具体创新性举措，多是对上级规定的再次重申。

（三）湖北省

作为第一批司法改革试点的中部省份，湖北省出台了《湖北省司法体制改革试点方案》《关于实行检察机关司法责任制的方案》《湖北省检察机关案件承办确定办法（试行）》《湖北省、市、县人民检察院司法办案权限划分的规定（试行）》《湖北省检察机关规范和优化司法办案审批、指挥、指令的规定（试行）》等司法责任制改革文件。由于检察官司法责任机制属于中央统一规定，故对该方面不再重复论述。

---

❶ 参见《青海省检察机关司法体制改革试点工作实施方案》。
❷ 王宥力：《改革的向度——全省司法体制改革综述》，《青海日报》2017 年 3 月 23 日，第 5 版。

1. 检察机关办案组织

在办案组织上，湖北省检察机关也基本遵循独任检察官和检察官办案组二元制办案组织模式。其中，关于独任检察官模式不再赘述，对于检察官办案组的形式，湖北省检察机关进行了有益的探索，并基于办案需要，按照办案分工将办案组分为组合办案组、协同办案组和专案组三种组织形式。同时，根据是否临时或固定，将办案组又分为固定办案组、临时办案组和临时指派办案组三类，并与按办案分工划分的组织形式进行组合，从而出现固定（临时、临时指派）组合办案组、固定（临时、临时指派）协同办案组和固定（临时、临时指派）专案组等9种组织形式。❶

2. 检察权运行结构

（1）权力清单

湖北省基层检察院权力清单见表2-7所示。

表2-7 湖北省基层检察院权力清单❷

序号	业务种类	检察官（项）	检察长（项）	检察委员会（项）	合计（项）	检察官占比（%）	检察长占比（%）	检察委员会占比（%）
1	职务犯罪侦查	13	20	2	35	37.14	57.14	5.72
2	审查逮捕	13	13	3	29	44.83	44.83	10.34
3	公诉	19	16	2	37	51.35	43.24	5.41
4	侦查监督	14	12	2	28	50.00	42.86	7.14
5	刑事审判监督	15	8	2	25	60.00	32.00	8.00
6	民事检察	12	12	3	27	44.44	44.44	11.12
7	行政检察	13	12	3	28	46.43	42.86	10.71
8	刑事执行检察	10	5	1	16	62.50	31.25	6.25
9	控告申诉检察	5	8	4	17	29.41	47.06	23.53
10	未成年人检察业务	11	3	2	16	68.75	18.75	12.50

---

❶ 参见《湖北省人民检察院关于实行检察机关司法责任制的方案》。

❷ 参见《湖北省基层检察院司法办案权限划分的规定（试行）》。

检察官的权力来源：一是法定授权，法律明确规定由检察长（检察委员会）行使的职权，如综合考虑案件性质和影响，可以授予检察官行使；二是灵活授权，即检察长可以根据具体情况，将部分特殊案件的办案决定权授予检察官行使；三是固有权力，检察官对于办案过程中的事务性事项可独立作出决定。

在具体权力分类上，检察官的职权主要由执行权、提议权和决定权构成。譬如，对应当由检察长决定的案件和事项，检察官应当提出处理意见，报请检察长决定。在省市级检察机关司法办案中，检察官的意见应当通过业务部门负责人报送，业务部门负责人对检察官所承办案件有不同意见的，可以提出自己的意见，一并呈报检察长。

（2）运行关系

一是检察长与检察官。检察长在办案中除作为检察官直接办理案件外，还依法行使指挥权、审核权、决定权和文书签发权。检察长在办案中监督、指导检察官工作，可随时要求听取案件办理情况汇报；有权变更、撤销检察官的决定；有权更换办案上述的检察官。对于检察长的决定，检察官应当执行。检察长对检察官司法办案下达的决定和指令应被记录在案。其中的重大决定和指令应当采取书面形式下达，而在紧急或特殊情况下，可以采取口头形式，但事后应当补办书面手续，并应归入案件档案备查。对于检察官在职权范围内作出决定的事项，仍由检察长签发法律文书，但检察长并不因签发法律文书而承担司法责任。❶

二是业务部门负责人与检察官。业务部门负责人除履行检察官职权外，还应当承办司法办案管理和司法行政管理工作。在办案监督方面，业务部门负责人通过行使监督权，确保检察官依法公正履职，至于监督方式，则涵盖了调整分案、检查、评查、协调办案、提议召集检察官会议、审核办案意见等。在司法行政管理方面，业务部门负责人可以对检察官及其辅助人员实行绩效考核、廉洁自律等方面的管理。

---

❶ 参见《湖北省检察机关规范和优化司法办案审批、指挥、指令的规定（试行）》。

三是主任检察官与检察官。主任检察官是办案组的负责人，除依法履行检察官职责外，还负责办案组承办案件的组织、指挥、协调以及对办案组成员的管理工作。主任检察官有权对办案组组成人员提出建议，负责对办案中的检察辅助人员进行执行纪律和规范司法等监督管理，办案组检察官应当服从主任检察官的指挥。

四是检察官与检察官助理。检察官与检察官助理都属于检察人员，实行分类管理，但两者在运行关系上具有紧密性。这种紧密性与其作为办案组织的组合密切相关。首先，检察官助理在检察官的指导下参与案件办理，并在指派的范围内承担责任。其次，检察官对于检察官助理不仅具有指导权，还对其履职情况具有考核奖惩建议权，并对其遵纪守法情况进行监督。

3. 检察官办案监督机制

从监督主体的来源上看，对检察官的监督可分为内部监督和外部监督两个层面。在内部监督方面又可分为办案监督和职业纪律监督。职业纪律监督主要是纪检监察监督，而办案监督则具体分为随机分配的案件承办机制、指定案件办理机制、案件管理机制、纪检监察制约机制等方面的内容。在外部监督方面，包括各级人大代表、人民监督员、党委政法委等权力监督和社会媒体、公众等权利监督。

4. 检察官保障机制

在检察官保障机制方面，湖北省检察机关虽然要求在检察官办理案件时，应当给予其必要的办案条件和保障，但相关保障的开展主要体现在检察官工资制度方面。通过沟通协调，检察机关协助人社部门制定《湖北省检察人员工资制度改革试点方案》，兑现"三类人员，两种待遇"。同时，湖北省检察机关制定了检察官业绩评价办法和绩效奖金分配办法，形成了有效的激励机制。至于行为保障、人身保障等方面，因与检察官保障机制归属司法行政管理权有关，需要党委、政府等协同推进才能取得预期成效。

二、第二批改革试点：江苏省、山东省、内蒙古自治区

（一）江苏省

江苏省作为办案大省，同时也是全国第二批司法改革试点省份，其在司法责任制改革中独具特色。根据中央部署，并经江苏省省委深化改革领导小组审议，江苏省人民检察院制定了《关于深入推进司法责任制改革的实施意见（试行）》，以及《江苏省设区市及基层检察院检察官职权清单》等配套文件。由于江苏省检察官办案监督机制与最高人民检察院规定相同，在此不再赘述。

1. 检察机关办案组织

一是对检察机关办案组织的概念进行了界定。根据《江苏省检察机关办案组织设置办法（试行）》的规定，所谓检察办案组织是指检察机关各业务部门在履行司法办案职责时，根据案件数量、类型及难易程度等情况，采取具体案件承办及司法责任承担的组织形式。也就是说，办案组织只存在于业务部门，这就要求对业务部门和非业务部门进行科学划分。

二是将检察机关办案组织进行二元化划分，即在检察机关业务部门实行独任检察官和检察官办案组的办案组织方式。这种划分方式与最高人民检察院制定的《关于完善人民检察院司法责任制的若干意见》并无任何区别。其中，独任检察官作为办案组织形式，并非单指独任检察官个人，而是以其为中心，配备必要的检察辅助人员。一般而言，一名检察官可由一名检察官助理辅助，可以固定或临时搭配。而检察技术人员、司法警察，则根据办案工作需要，由业务部门负责人指派，临时配备给检察官。检察官办案组则是指有两人以上检察官的办案组织，基于司法专业化及办案需要，可固定设置或临时设置。

三是在过渡期内对于具有检察官身份的检察官助理给予特殊授权。为减少改革阻力，增强改革动力，根据《江苏省检察机关办案组织设置办法（试行）》的规定，在改革过渡期内，依照现行法律，具有检察官身份的检察官助

理，根据检察长的特别授权，可以独立承办事实清楚、证据充分、相对简单的案件。这就意味着，检察官助理除协助检察官履行办案职责外，还可以基于检察长的特别授权，与入额检察官一样承办案件。

2. 检察权运行结构

（1）办案组织配置

在江苏省，检察权的运行机制主要依据检察业务涉及的案件类型进行分别设置。即将检察案件划分为以下五种类型：审查逮捕案件、审查起诉案件、职务犯罪侦查、诉讼监督案件、民事行政公益诉讼案件，并根据履行职能需要、案件类型及案件复杂难易程度配置不同的办案组织模式。其中审查逮捕、审查起诉案件，一般由独任检察官承办，其中的重大、疑难、复杂案件可以由检察官办案组承办。职务犯罪侦查，一般由检察官办案组承办，其中的简单案件可以由独任检察官承办。诉讼监督等其他法律监督案件，可以由独任检察官承办，也可以由检察官办案组承办。民事行政公益诉讼案件，应当由检察官办案组承办。对金融、知识产权、环境资源等领域案件，以及未成年人犯罪、毒品犯罪等类型案件，为提高专业化办案水平，可以指定专门检察官或者检察官办案组办理。江苏省检察机关办案组织分类配置见表2-8所示。

表2-8　江苏省检察机关办案组织分类配置表❶

配置依据	检察职能				
	审查逮捕	审查起诉	职务犯罪侦查	诉讼监督	民事行政公益诉讼
职能需要案件类型案件复杂难易程度	以独任检察官承办为原则	以独任检察官承办为原则	以检察官办案组承办为原则	两者都可以	以检察官办案组为原则

---

❶ 参见《江苏省检察机关办案组织设置办法（试行）》。

（2）职权配置

在职权配置方面，则是以业务种类❶为区分，按照司法属性、行政属性、监督属性相统一的原则，从突出检察官在司法办案中的主体地位、加强办案中的监督制约、提高案件质量和效率出发，结合检察官司法办案实际需要，从而制定权力清单。基于基层检察机关和市级检察机制的职能定位，为更好地进行研究，本书主要关注基层检察机关的权力清单。江苏省基层检察机关权力清单见表2-9所示。

表2-9　江苏省基层检察机关权力清单❷

序号	业务种类	检察官（项）	检察长（检察委员会）（项）	合计（项）	检察官占比（%）	检察长（检察委员会）占比（%）
1	侦查监督	13	17	30	43.33	56.67
2	公诉	20	23	43	46.51	53.49
3	职务犯罪侦查	11	20	31	35.48	64.52
4	职务犯罪预防	7	11	18	38.89	61.11
5	刑事执行检察	11	8	19	57.89	42.11
6	民事行政检察	10	9	19	52.63	47.37
7	控告申诉	31	31	62	50.00	50.00
8	法律政策研究	11	6	17	64.71	35.29
9	案件监督管理	11	4	15	73.33	26.67

江苏省将办案种类限定为侦查监督、公诉等9类，从检察官拥有的权力数量占比来看，主要检察业务中（侦查监督、公诉、职务犯罪侦查）检察官权力数量少于检察长，从检察官拥有的权力内容种类来看，多是提出意见、参与诉讼等内部性、事务性等权力。此外，对于决定性权力，因法律文书签

---

❶　侦查监督、公诉、职务犯罪侦查、职务犯罪预防、刑事执行检察、民事行政检察、控告申诉、法律政策研究和案件监督管理。

❷　参见江苏省人民检察院《关于进一步确认省辖市院及基层院检察官职权的试行意见》。

发权仍属于检察长，所以检察官的权力并不完整。

（3）内部关系

不同类型案件中办案组织实行不同的配置方式，虽然考虑了职能需要、案件类型和案件难易程度等因素，解决了案件承办的一些问题，但是并未改变"检察官—部门负责人—检察长"的组织脉络关系。在此关系中，独任检察官抑或检察官办案组是作为承办人的角色而进行办案的，业务部门负责人除作为检察官也要承办案件外，还要组织研究涉及本部门业务的法律政策问题、指导下级检察机关业务部门办案工作、召集检察官联席会议讨论重大疑难复杂案件、为承办案件的检察官或检察官办案组提供参考意见以及负责本部门行政管理工作。也就是说业务部门负责人仍然参与检察权的运行和决策。至于检察长（分管副检察长）与检察官（检察官办案组）之间是授权与被授权的关系，除法律明确由检察长行使的职权外，可以将部分职权授权给检察官（检察官办案组）行使。

一是检察长与检察官。首先，关于检察长法律文书的签发权。由检察长（分管副检察长）签发以人民检察院名义制发的法律文书。其次，关于检察长的审核权。检察长（分管副检察长）有权对独任检察官、检察官办案组承办的案件进行审核，如不同意检察官处理意见，可以要求检察官复核或提请检察委员会讨论决定，也可以直接作出决定。最后，关于检察官依照法律规定和检察长委托履行的职责，对于证据事实的认定责任应当亲自承担。

二是主任检察官与检察官。主任检察官系检察官办案组负责人，主任检察官与组内检察官的关系主要体现在两个方面。一方面是案件管理，即对办案组承办案件的组织、协调等事务管理。例如，对组内检察官办案开展监督工作，以及就办案组承办案件过程中的不同意见，提请召开检察官联席会议。另一方面是人事管理，即对组内检察官的行政管理。由于主任检察官基于承办案件而担任，具有临时性，所以其对组内检察官的行政管理也应集中在案件方面。

三是业务部门负责人与检察官。业务部门负责人除作为检察官承办案件外，还承担案件管理和行政管理工作。在案件管理方面，包括组织研究涉及本部门业务的法律政策问题、对下办案指导、召集检察官会议、参与案件分配管理、审核司法档案等。在本部门行政管理工作方面，业务部门负责人负责本部门检察官及检察辅助人员的日常管理、行政事项决定等。

四是检察官与检察官助理。检察官助理在检察官的指导下以检察官的名义从事证据调查、草拟文书等工作。检察官助理由本院检察长任命，配备在检察业务部门，按照检察官的交办，还可以代行书记员职责。检察官对于检察官助理的履职情况可进行绩效评价。

3. 检察官办案监督机制

检察官办案的监督机制可分为内部监督和外部监督两个方面。内部监督包括上级院监督和本院监督。其中上级院监督主要体现在上级检察院的具体指令权和审批权。在具体指令权方面，上级检察院可以指令下级检察院纠正错误决定，或依法撤销、变更下级检察院对案件的决定；可以对下级检察院管辖的案件指定异地管辖；可以在辖区内检察院之间调配检察官异地履行职务。上级检察院对下级检察院司法办案工作的指令，应当由检察长决定或由检察委员会讨论决定，以人民检察院的名义作出。在审批权方面，基层检察院办理直接受理立案侦查的案件，需要逮捕犯罪嫌疑人的，应当报上一级检察院审查决定；特别重大的贿赂犯罪案件需要适用指定居所监视居住措施的，应当报上级检察院批准。在检察机关内部监督的本院监督方面，可分为案件分配机制、检察长对检察官办案工作的监督管理、案件管理监督机制、网上流程管理监督机制以及阳光司法机制。在外部监督方面，主要是各级人大和政协、社会各界的监督。检察院应定期向各级人大及其常委会报告检察工作情况。主动邀请同级人大代表、政协委员视察检察机关司法办案工作，认真研究、办理、听取由代表、委员提出的重大案件、重要事项和意见建议，及时进行答复、反馈。积极接受人民监督员对案件的监督评议，自觉接受新闻媒体的舆论监督。

4. 检察官保障机制

检察官的保障机制可分为履职保障、救济保障和薪酬保障三个方面。一是履职保障。其可从两个方面对检察官履职行为进行保障。一方面，无正当理由，检察长、分管副检察长不得撤换案件承办检察官。非因法定事由、非经法定程序，不得将检察官调离、免职、辞退或者作出降级等处分。检察官依法履职行为不受指控和法律追究。另一方面，检察官依法办理案件不受行政机关、社会团体和个人的干涉。检察官对法定职责范围之外的事务有权拒绝执行。二是救济保障。对受到错告、诬告的检察官，检察机关应当及时在一定范围内澄清事实、消除影响，必要时为其恢复名誉。对恐吓威胁、跟踪骚扰、诬告陷害、打击报复检察官及其近亲属的，检察机关会同有关部门依纪依法严肃追究相关人员责任。三是薪酬保障。根据中央有关政策规定，改革后员额内检察官、检察官助理、书记员、检察技术人员、司法行政人员的工资水平，分别按高于当地其他公务员工资收入的一定比例确定。司法警察薪酬按人民警察的工资制度和待遇标准执行。

（二）山东省

作为全国第二批司法改革试点省份，山东省为确保改革，出台了《山东省检察机关司法体制改革试点实施方案》《山东省人民检察院关于检察官办案职权的指导意见（试行）》等改革文件。从改革文件的内容上看，山东省检察机关的改革重点在于检察机关办案组织配置和检察官司法责任的认定。至于检察官办案监督机制、检察官保障机制等内容则关注较少。故此，对于山东省检察机关司法责任制改革的探索也将围绕上述改革文件进行。由于山东省司法责任制改革中检察官办案监督机制和检察官保障机制与最高人民检察院规定相同，在此不再赘述。

1. 检察机关办案组织

在检察机关办案组织设置上，山东省检察机关明确突出检察官的办案主体地位，检察机关承办案件实行独任检察官或者检察官办案组形式。独任检察官形式是指由一名检察官承办案件，检察官办案组形式则是指由两名以上的检察官组成办案组办理案件，其中的主任检察官一般由职务较高的检察官担任，也可以由检察长根据情况进行指定。原则上，一名独任检察官可配备一名检察官助理，两名检察官可配备一名书记员，一个检察官办案组可配备两名以上检察官助理和一名书记员。人数较少的检察院，可以将检察官助理和书记员归口管理，根据办案需要临时指派。对于不同属性和种类的业务，是否配置不同形式的办案组织，山东省检察机关的改革文件并未涉及。

2. 检察权运行结构

（1）权限配置

山东省检察机关权限清单见表2－10所示。

表2－10　山东省检察机关权限清单❶

序号	业务种类	检察官（项）	检察长（项）	合计（项）	检察官占比（%）	检察长占比（%）
1	侦查监督	12	8	20	60.00	40.00
2	公诉	17	10	27	62.96	37.04
3	职务犯罪侦查	15	17	32	46.88	53.12
4	刑事执行检察	12	5	17	70.59	29.41
5	民事行政检察	7	10	17	41.18	58.82
6	未成年人刑事检察	6	6	12	50.00	50.00
7	控告申诉检察	14	10	24	58.33	41.67
8	职务犯罪预防	9	7	16	56.25	43.75
9	法律政策研究	13	8	21	61.90	38.10
10	案件管理	12	4	16	75.00	25.00

山东省检察机关将检察权分解为十大业务权限，细化为202项权力。从整体上看，检察官为117项，占总权限的57.92%；检察长为85项，占总权限的42.08%。从检察官权力来源来看，根据改革文件规定，检察官的职权来自于检察长的授权，检察长统一领导人民检察院工作。从具体业务工作权限配置来看，负责案件管理业务的检察官获得的授权比值最高，负责民事行政检察业务的检察官获得的授权比值最低。从检察官获得授权的性质来看，主要被赋予的是事项决定实施权、事项决定提议权和部分决定终结权。从授权的内容分类来看，主要以内部性职权为主，外部性职权较少。

---

❶ 参见《山东省人民检察院关于检察官办案职权的指导意见（试行）》。

（2）运行关系

一是检察长与检察官。检察长统一负责人民检察院工作，既可以以检察官身份亲自办理案件、行使办案决定权，也可以对检察官的办案过程行使办案审核权、办案监督权和办案决定权（也可统称为指挥监督权），以及职务转移权和职务收取权。检察长有权对独任检察官、检察官办案组承办的案件进行审核。如检察长不同意检察官处理意见，可以要求检察官复核或提请检察委员会讨论决定，也可以直接作出决定。要求复核的意见、作出的决定均应当以书面形式作出，归入案件卷宗。

二是业务部门负责人与检察官。从山东省相关规定来看，业务部门负责人与检察官的关系主要体现在案件管理权和行政管理权两方面，其中案件管理权包括分案调整建议权、案件监督权以及业务管理权；行政管理权则包括变更办案组成员、召集部门检察官联席会议等业务行政管理和人事行政管理。此外，对于检察长行使办案决定权，要先由检察官提出处理意见，由业务部门负责人进行审核，然后报检察长决定。

三是主任检察官与检察官。主任检察官除作为检察官承办案件外，还对本组检察官享有指挥监督权和业务管理权。其中，指挥监督权的内容沿袭最高人民检察院的《关于完善人民检察院司法责任制的若干意见》规定，并未另行规定，而在业务管理权方面，则被具体化。例如，主任检察官可以建议变更检察官办案组成员以及对其他案件进行管理工作。

3. 检察官司法责任机制

检察官司法责任机制包括司法责任的认定和司法责任类型两大部分。在对司法责任的认定和划分部分，山东省检察机关确立了以决定权归属为依据的责任认定和标准划分。例如，独任检察官承办并作出决定的案件，由独任检察官承担责任。在检察官办案组中，如主任检察官与其他检察官意见相同，则由主任检察官与其他检察官共同承担责任；如主任检察官改变检察官办案组其他检察官处理意见，则由主任检察官对改变的决定负责，而其他检察官对承办范围内的案件事实和证据负责，不对改变的决定承担责任。检察长有权对独任检察官、检察官办案组承办的案件进行审核。如检察长直接改变或部分改变检察官决定，检察官对改变的部分不承担责任。在司法责任类型方面，包括故意违反法律法规责任、重大过失责任和监督管理责任。同时，山东省检察机关对上述责任类型的具体情形进行了列举和概括。

（三）内蒙古自治区

内蒙古自治区作为全国第二批司法改革试点，为确保试点改革顺利进行，内蒙古自治区人民检察院改革领导小组出台了《内蒙古自治区人民检察院关于贯彻落实〈关于完善人民检察院司法责任制的若干意见〉的实施意见（试行）》《内蒙古自治区检察机关检察官权力清单（试行）》《内蒙古自治区人民检察院关于检察机关办案组织的设置及运行办法（试行）》《内蒙古自治区检察机关案件承办确定工作规定》等规定性文件，形成独具特色的改革模式。由于内蒙古自治区检察官保障机制改革与最高人民检察院相一致，下文不再专门论述。

1. 检察机关办案组织

在办案组织设置上，内蒙古自治区检察机关实行独任检察官或检察官办案组的办案组织形式，其区分依据在于职能需要、案件类型和案件复杂难易程度。其中，独任检察官只有在承办重大、复杂、疑难案件时才配备检察官助理，办理一般案件则不配备。检察官办案组则是由两名以上检察官组成，履行办案职责，对其配备必要的检察辅助人员。检察官办案组依其履职需要，按照内部分工不同，可划分为专业化办案组、团队制办案组、合议制办案组和专案办案组四种形式。其中，专业化办案组主要适用于刑事检察业务，团队制办案组主要适用于职务犯罪侦查业务，合议制办案组主要适用于诉讼监督业务，而专案办案组由检察长根据特别重大案件办理的需要决定组建。检察官办案组由检察官、检察官助理、书记员等组成，其成员配备的具体数量及要求，根据办案组的类型、办案实际需要和各院实际情况综合确定。内蒙古自治区检察机关办案组织配置见表 2 – 11 所示。

表2-11 内蒙古自治区检察机关办案组织配置表❶

案件类型	审查逮捕、审查起诉（司法属性）	直接受理立案侦查	诉讼监督案件
承办方式	一般由独任检察官承办，重大、疑难、复杂案件也可以由检察官办案组承办	一般由检察官办案组承办，简单案件也可以由独任检察官承办	一般由独任检察官承办，重大、疑难、复杂案件也可以由检察官办案组承办
运行流程	检察官（主任检察官）→检察长	检察官（主任检察官）→部门负责人（审核）→检察长	检察官（主任检察官）→检察长

　　对于司法属性较强的批捕、起诉案件，以独任检察官承办为原则，以检察官办案组承办为例外。在运转流程上，检察官（主任检察官）直接对检察长负责，业务部门负责人不再对案件进行审核、审批。对于行政属性较强的职务犯罪案件，以检察官办案组承办为原则，以独任检察官承办为例外。在运转流程上，业务部门负责人要发挥审核功能。对于监督属性较强的刑事执行检察、民事行政检察等案件，以独任检察官承办为原则，以检察官办案组承办为例外，其运转流程与司法属性较强的案件相同。

　　2. 检察权运行结构

　　（1）权力清单

　　内蒙古自治区检察机关检察官权力清单见表2-12所示。

表2-12 内蒙古自治区检察机关检察官权力清单❷

序号	业务种类	检察官（项）	检察长（检察委员会）（项）	合计（项）	检察官占比（%）	检察长（检察委员会）占比（%）
1	控告申诉检察	27	31	58	46.55	53.45
2	职务犯罪侦查	12	24	36	33.33	66.67
3	职务犯罪预防	11	8	19	57.89	42.11

---

❶ 参见《内蒙古自治区人民检察院关于贯彻落实〈关于完善人民检察院司法责任制的若干意见〉的实施意见（试行）》。

❷ 参见《内蒙古自治区检察机关检察官权力清单（试行）》。

序号	业务种类	检察官（项）	检察长（检察委员会）（项）	合计（项）	检察官占比（%）	检察长（检察委员会）占比（%）
4	侦查监督	15	20	35	42.86	57.14
5	公诉	29	23	52	55.77	44.23
6	未成年人刑事检察	16	11	27	59.26	40.74
7	刑事执行检察	14	8	22	63.64	36.36
8	民事行政检察	12	14	26	46.15	53.85
9	案件管理	28	20	48	58.33	41.67

在权力清单制定上，内蒙古自治区的试点改革明确了权力清单的一般原则，涵盖了检察长、检察委员会、副检察长、专职检委、检察官等职权。在具体权力清单主体上，包括检察长（检察委员会）和检察官两个层级。其中，检察官依照权力清单规定和检察长特别委托履行职责。这里有必要对检察长特别委托予以说明。从权力清单来看，检察官的权力来自于检察长的授权，这是基本原则，但是权力清单上明确由检察长行使的权力是否可以再被赋予检察官，虽然理论上存在争议，但是根据内蒙古自治区检察机关的权力清单，检察长对于法律规定由其行使的权力可以根据案件情况转交委托给检察官行使。对于其委托事项，按照是否要求必须亲历，又可分为亲历事项和其他人员辅助事项。在权力比例结构上，除职务犯罪侦查业务外，检察官职权项比例相对高于检察长（检察委员会），其中刑事执行业务最高，高达63.64%。在权力类型结构上，检察长职权主要由直接办案权、决定权、审核权和签发权构成。上述职权体现了检察长对检察工作的领导和指导。而检察官职权则主要由直接办案权、部分决定权、建议权构成。

（2）运行关系

一是检察长与检察官。内蒙古自治区检察机关在落实司法责任制的具体意见上，将检察长对司法办案的领导权作为改革中遵循的基本原则予以强调，而检察长与检察官的运行关系则是这种司法办案领导权的具体体现。检察长在领导办案中的主要职能在于决定案件、审核案件和签发法律文书，加强对检察工作的业务领导和指导。决定案件以指令权形式体现，审核案件以监督权形式体现，签发法律文书以签发权形式体现。此外，检察长还有权决定召开不同部门间的检察官联席会议，根据案件情况，决定是否更换办案检察官。

二是业务部门负责人与检察官。业务部门负责人主要承担本部门的司法监督管理和行政管理两大职能。在司法监督管理上，主要审核检察官（主任检察官）承办的案件，但不能直接改变其决定。这种审核权只能在职务犯罪侦查部门享有，对于逮捕、起诉等案件则不再具有审核审批权。在行政管理上，则包括检察官辅助人员的配备、人员管理、召开部门内检察官联席会议等事项。除此之外，对于大要案、涉众案等特殊案件，也应由业务部门负责人进行承办。

三是主任检察官与检察官。主任检察官除直接办理案件外，还对其组内检察官办案情况履行监督责任，具体包括案件审核、组织指挥办案或组织讨论合议、在职权范围内行使决定权、管理办案组成员等职责。此外，基于办案组的不同内部结构，主任检察官与检察官的关系也有稍许区别，对于非合议制办案组，主任检察官在其职权范围内具有较大决定权，但应在作出决定之前进行充分的组内讨论。对于合议制办案组，则由组内检察官进行表决，主任检察官根据表决结果作出决定。此外，组内检察官也可以根据授权独自承办案件。

四是检察官与检察官助理。检察官助理作为检察人员的组成部分，先要具备法律职业资格，并实行单独职务序列。其主要职责在于协助检察官工作，除必须由检察官决定和亲历的事项外，检察官在司法办案中的其他职责均可以由检察官助理在检察官的指导下完成。检察官助理是具有法律职业资格的检察人员，其职责是根据检察官指派，依法参与办理案件，并可以自由平等地发表案件意见，但没有办案决定权。检察官是否配备检察官助理并非固定规则，而是基于办案的需要，所以两者之间并非存在固定的人身依附关系。

3. 检察官办案监督机制

根据监督主体的不同，检察官办案监督机制可分为内部监督和外部监督。内部监督主要指自上而下的监督以及内部专门机构的监督。其中，在上级监督方面，主要指以关键程序的审批权、错误决定的指令权等形式开展的监督。

在同级监督机制上，则涵盖了案件管理部门监督机制、案件承办机制等方式的监督。外部监督则包括各级人大、人民监督员等法定监督以及律师、当事人、社会大众等群众监督。

4. 检察官司法责任机制

检察官司法责任机制包括责任类型、归责原则、承担主体等方面的内容。在责任类型上，包括故意违反法律法规责任、重大过失责任和监督管理责任三类。在归责原则上，以决定权的归属来合理区分责任。具体而言，独任检察官承办并作出决定的案件，由独任检察官承担责任。检察官办案组承办的案件，由其负责人和其他检察官共同承担责任。办案组负责人对职权范围内决定的事项承担责任，其他检察官对自己的行为承担责任。对于由检察长（副检察长）或检察委员会决定的事项，检察官对事实和证据负责，检察长（副检察长）或检察委员会对决定事项负责。如检察辅助人员参与司法办案工作，则根据职权和分工承担相应的责任。如检察官有审核把关责任，则应当承担相应的责任。

三、第三批改革试点：北京市、河北省、天津市

（一）北京市

北京市作为第三批改革试点单位，由于其准备充分，施行各项制度的环境成熟，所以其司法责任制改革成效一跃进入第一梯队。由于北京市特殊的政治地位，检察官保障机制改革走在全国前列，不存在保障不足不充分的问题。

1. 检察机关办案组织

在北京市，根据履行职能需要、案件类型及案件复杂难易程度，实行基本办案组、组合或协同办案组、专案组三类办案组织形式。其中，基本办案组是由一名检察官和必要的辅助人员组成，实质等同于独任检察官办案；组合或协同办案组乃至专案组都是检察官办案组形式，只是在内部结构上有所不同。组合或协同办案组涉及范围小，内部关系简单。组合办案组与协同办

案组的区别在于负责人不同，组合办案组由检察院领导担任负责人，而协同办案组则由检察院领导直接指定一名办案组内的检察官担任负责人。专案组则针对重大复杂案件，以跨部门、跨院的形式组建，其适用范围在北京市检察机关相关文件中均有列举。

2. 检察权运行结构

检察权运行结构包括静态的权责配置和动态的运行关系两部分。在静态的权责配置方面，北京市检察机关并未在全市范围内统一规定，而是授权各分院、基层检察院制定本院检察官权力清单。

（1）权责配置

根据检察长统一领导人民检察院工作的宪法原则，检察官的职权来自于检察长的委托，同时确立了委托的三项原则："抓两大、放两小""突出检察官主体地位与检察一体相结合""因地制宜、循序渐进"。其中，"抓两大、放两小"的原则是指重大疑难复杂案件和可能影响其他执法司法机关的案件，仍由检察长或者检察委员会决定，而一般案件的处理决定权，以及非终局性事项、事务性工作的决定权则授予检察官。"突出检察官主体地位与检察一体相结合"的原则是指在赋予检察官相对独立的依法对案件作出处理决定的职权的基础上，加强上级人民检察院、检察委员会、检察长对司法办案工作的领导，做到遵循司法规律和突出检察特点相统一。"因地制宜、循序渐进"的原则是指紧密结合市、区检察工作实际，既充分合理授权，又确保司法办案平稳和检察队伍平稳，并根据形势任务的发展变化及时对授权范围进行调整和完善，确保改革稳步推进、取得实效。

（2）运行关系

一是检察长与检察官。检察长在履职过程中承担着统一领导人民检察院的角色，具体包括审批审核案件，对司法办案和检察监督活动进行指挥指令。由此衍生出三类形态："检察长＋检察官"的共享检察权、"检察长→检察官"的监督检察权、"检察长—检察官"的指挥检察权。在"检察长＋检察官"的共享检察权形态中，检察官在检察长的授权范围内履职，执行法律规定，但是对于批准逮捕、实施公诉等专属检察长的职权，需要由检察长决定。

由此形成检察官建议或执行，最终由检察长决定的模式。在"检察长→检察官"的监督检察权形态中，检察官在授权范围内行使决定权，由检察长通过审核的方式对其进行监督。在"检察长—检察官"的指挥检察权形态中，检察长对检察官的决定有复核和指令权，该指令须以书面形式作出，归入案件卷宗，对于检察长的指令，检察官应当服从。此外，检察长还作为检察官代表，直接履行办案职能。对于检察长履行办案组的形式，既可以是基本办案组形式，也可以是复合办案组形式。

二是业务部门负责人与检察官。业务部门负责人须具有检察官资格，且依法承担司法办案和监督职责。一种是作为监督者的业务部门负责人。并非所有的案件都需要业务部门负责人的监督，只有在必要时其才为检察官的办案行为提供参考意见。例如，针对检察官所办理的案件，主持召开检察官联席会议，为检察官办案提供参考。另一种是作为行政管理者的业务部门负责人。涉及检察官考核、党务乃至行政活动，仍由业务部门负责人负责行政管理。

三是主任检察官与检察官。从权限来看，主任检察官与普通检察官的区别仅限于岗位设置的不同，并且在权力清单中分别予以了列举，从而也对两者的权限进行了明确。从权责内容来看，根据《北京市人民检察院检察官权限清单（试行）》的规定，主任检察官主要从事本组检察官办案的督办、指导、组织、协调工作。也就是说，普通检察官在组合办案中应当接受主任检察官的指导、组织和协调。

四是检察官与检察官助理。根据《北京市检察机关检察官助理、书记员职责规定（试行）》的规定，除了案件决定权和需要检察官亲历性的事项，检察官助理均可行使其他司法办案和检察监督职责。此外，北京市人民检察院还制定了《北京市检察机关检察官亲历清单（征求意见稿）》，明确了不同类型案件中检察官必须亲自承担的事项，从内容上看，主要限于审查证据材料、询问关键证人、讯问犯罪嫌疑人、调查核实证据、出席重要程序活动、制作诉讼文书、向检察委员会汇报案件等涉及事实认定、法律适用等方面内容。在检察官与检察官助理的关系上，检察官对于检察官助理具有领导和指导权。

3. 检察官办案监督机制

北京市试点改革对检察官（检察官小案组）办案的内部监督机制进行了规范，主要体现在检察长（副检察长）的审核审批权（指挥命令权）、业务部门负责人的审核监督权和上下级检察机关之间的案件请示汇报。上述三类程序的建立，标志着检察官办案内部监督机制的逐渐程序化和规范化。此外，在外部监督机制上，虽然相关试点文件没有涉及，但这并不意味着外部监督不存在，相反，从其他辅助资料可知，北京市检察机关在外部建立的阳光监督机制已比较成熟。

4. 检察官司法责任机制

一是明确责任类型。在北京市，将检察官司法责任称为司法过错责任，更加凸显了司法责任追究的正当性根据和主要类型，意味着只有存在一定程度过错，才能追究检察官责任，从而划定了检察官司法责任的范围。司法过错责任包括故意违反法律法规责任、重大过失责任和监督管理责任。

二是在责任范围上进行细化。司法过错责任类型只解决了责任的来源问题，并没有解决责任的范围问题。在这方面，北京市检察机关在权限清单的基础上，制定了追责清单，进一步细化了应当由检察人员负责任的行为表现、责任类型和追责方式等，督促和保障检察官严格司法、公正办案。

三是明确追责程序。对于检察官可能存在的司法过错，如需要追究司法过错责任的，应由本单位纪检监察部门经调查、初核，当认为应当追究检察人员故意违反法律法规责任、重大过失责任或监督管理责任时，应当报请检察长决定，后移送至检察官惩戒委员会审议。检察机关纪检监察部门应当及时向北京市检察官惩戒委员会通报当事检察官故意违反法律法规或重大过失的事实及拟处理建议、依据，并就其故意违反法律法规或重大过失的事实承担举证责任。检察官惩戒委员会根据查明的事实和法律规定作出无责、免责或给予惩戒处分的建议。下属各级检察院应当根据北京市检察官惩戒委员会作出的无责、免责或者给予惩戒处分的建议，作出相关处理决定，制作无责、免责或追究司法过错责任决定书，送达被调查人及其所在单位、部门，并抄送线索移送部门。

(二) 河北省

河北省作为全国第三批司法改革试点之一，河北省人民检察院制定了《关于贯彻落实最高人民检察院〈关于完善人民检察院司法责任制的若干意见〉的实施意见》，河北省人民检察院司法体制改革领导小组会议通过了《河北省检察机关检察官、检察辅助人员岗位职责规范（试行）》《河北省检察机关司法办案权力清单（试行)》《河北省检察机关办案组织设置运行办法（试行)》对司法责任制改革试点进行了具体制度规划和设计。

1. 检察机关办案组织

在检察机关办案组织上，按照最高人民检察院文件精神，河北省检察机关实行独任检察官或者检察官办案组两种办案组织形式。对于独任检察官和检察官办案组并不区分其适用范围，按照规定均可在侦查监督、公诉等方面履行检察职能。此外，《河北省检察机关入额检察官案件办理实施办法（试行）》明确了案件的范围，审查批捕、审查起诉、请示类案件一般由独任检察官承办；职务犯罪侦查一般由检察官办案组承办，简单案件也可以由独任检察官承办；刑事抗诉、民事行政检察等案件可由独任检察官承办，也可由检察官办案组承办；未成年人案件，一般由固定的独任检察官或检察官办案组承办。

2. 检察权运行结构

检察权运行结构包括静态的权力配置和动态的运行关系两个方面。在静态的权力配置方面，主要包括检察委员会、检察长、检察官等主体的权力清单，并明确了检察官的职权来自于检察长的授权。其中授权原则包括法律保留原则、抓大放小原则、分级授权原则和司法亲历性原则。所谓法律保留原则是指法律规定必须由检察长行使的职权，检察长必须保留不能另行授权；对于法律没有规定必须由检察长行使的职权，检察长可以委托普通检察官行使。抓大放小原则是指重大案件要由检察长、检察委员会决定；一般案件的处理决定权以及所有案件的非终局性事项、事务性工作决定权可以被授权给检察官。所谓分级授权原则是指根据省、市、县三级检察机关的职权定位，分类设置权力清单。所谓司法亲历性原则是指对于涉及事实认定、证据审查、法律文书制作或审核等职权的，须由检察官亲自实施和承担，不得另行委托办理。河北省检察机关权力清单见表2-13所示。

表2-13 河北省检察机关权力清单❶

序号	业务种类	检察官（项）	检察长（项）	检察委员会（项）	合计（项）	检察官占比（%）	检察长占比（%）	检察委员会占比（%）
1	职务犯罪侦查	16	17	5	38	42.11	44.74	13.15
2	侦查监督检察	12	8	5	25	48.00	32.00	20.00
3	未成年人刑事检察	9	6	5	20	45.00	30.00	25.00
4	公诉检察	12	10	5	27	44.44	37.04	18.52
5	刑事执行检察	16	5	3	24	66.67	20.83	12.50
6	民事行政检察	7	10	9	26	26.92	38.46	34.62
7	控告申诉检察	14	10	7	31	45.16	32.26	22.58
8	案件管理检察	12	4	3	19	63.16	21.05	15.79
9	人民监督员	8	6	2	16	50.00	37.50	12.50

根据《河北省检察机关司法办案权力清单（试行）》的规定，权力清单共计226项，分别由检察官、检察长、检察委员会作为司法办案主体，承担司法办案职权。同时，在业务种类上，由职务犯罪侦查、侦查监督检察等9种组成。在权力分布上，检察官共有106项，检察长共有76项，检察委员会共有44项。在权力配置上，检察官主要为执行权、建议权和部分决定权，检察长则主要为决定权，检察委员会也为决定权。表2-13中权力为业务比较，而执行决定等是检察长与检察官划分，不具可比性。

在动态的运行关系方面，主要是检察长、业务部门负责人、主任检察官、检察官和检察官助理之间的关系。

一是检察长与检察官。检察长统一领导人民检察院的工作，依照法律和有关规定履行职责；检察官在检察长领导下承办案件。检察长的领导包括业

❶ 参见《河北省检察机关司法办案权力清单（试行）》。

务领导和行政管理两个方面。在业务领导方面，检察长除依法行使部分办案决定权外，还对检察官办案行使监督权和管理权。检察长的办案监督主要通过审核、审批案件等书面方式进行，然而对于职务犯罪侦查案件则先由业务部门负责人审核，再由检察长决定；检察长的办案管理主要通过指定分配案件、职务转移案件等方式进行。另外，行政管理则包括承担人事、财务等方面的管理职责。

二是业务部门负责人与检察官。业务部门负责人除作为检察官承办案件外，还要承担案件监督管理和行政管理工作。例如，对于检察官承办的案件进行审核，或者对于重大、疑难、复杂案件，通过召集检察官联席会议进行讨论，从而为检察官提供参考意见。在行政事务管理上，主要包括会议、培训、专项行动等工作安排。

三是主任检察官与检察官。主任检察官是检察官办案组的负责人，主任检察官应当对组内其他检察官承办的办案事项的处理意见进行审核，审核应当以书面形式明示。主任检察官不同意检察官处理意见的，可以要求检察官复核，而复核的意见、决定应当以书面形式作出，归入案件卷宗。

四是检察官与检察官助理。河北省检察机关将检察官助理的职责归结为：在检察官指导下开展工作，辅助检察官从事办案履职活动。又在所有不同业务职权中明确了检察官助理的职责，从而形成了独具特色的"总—分"职权模式。

3. 检察官办案监督机制

河北省检察机关监督机制改革主要在于对检察官办案的内部监督机制的完善。一是通过案件承办机制建立分案监督机制。将所有进入员额的检察官（包括检察长、副检察长、检察委员会专职委员）全部纳入承办检察官名单中，通过案件管理系统将案件随机分配至独任检察官或者检察官办案组。对于重大、疑难、复杂案件，可以由检察长指定检察官办案组或独任检察官承办。二是通过动态考核评价建立同步监督机制。以常规抽查、重点评查、专项评查等方式对办案质量进行专业评价。三是通过外部公开，建立健全开放、动态、透明、便民的阳光司法机制。

4. 检察官司法责任机制

检察官司法责任机制包括责任认定、责任类型、责任范围、追责程序等内容。在责任认定方面，以决定权的范围来确定责任的范围和大小。对于检察官承办并作出决定的案件或者事项，由检察官承担责任。对于检察官办案组承办的案件或者事项，主任检察官对职权范围内决定的事项承担主体责任，其他检察官对承办的具体办案事项、履行的工作职责承担责任。在责任类型上，分为故意违反法律法规责任、重大过失责任和监督管理责任三类。在责任范围上，以最高人民检察院相关文件为主，并无具体规定。

5. 检察官保障机制

一是建立行为保障机制。非因法定事由、非经法定程序，不得将检察官调离、辞退或者作出免职、降级等处分。二是建立健全对遭受错误追责检察官的补偿救济机制。三是排除权力干扰，保证检察权依法独立公正行使。检察官依法办理案件不受行政机关、社会团体和个人的干涉。检察官对法定职责范围之外的事务有权拒绝执行。四是保障检察官职务和工资待遇，全面落实《法官、检察官单独职务序列改革试点方案》和《法官、检察官工资制度改革试点方案》。

（三）天津市

天津市是第三批司法改革试点之一，经过前期调研和有关准备，在借鉴其他改革试点的基础上，天津市检察机关出台了《天津市人民检察院关于完善司法责任制的实施意见及检察官办案权力清单（试行）》《天津市检察机关办案组织设置及运行办法（试行）》《天津市检察机关院级领导干部直接办理案件规定（试行）》《天津市检察机关检察官联席会议制度（试行）》《天津市员额制检察官退出员额管理暂行办法》等规定，基本确定了改革框架和内容。天津市的检察官办案监督机制与最高人民检察院的规定一致，在此不再赘述。

1. 检察机关办案组织

在办案组织形式上，天津市检察机关根据履行职能需要、案件类型及案件复杂难易程度，实行独任检察官和检察官办案组两种基本办案组织形式。

其中，检察官办案组可以相对固定，也可以根据司法办案需要而临时组成。在人员配备上，无论是独任检察官还是检察官办案组都要根据办案需要灵活配备司法辅助人员。天津市检察机关办案组织配置见表 2 - 14 所示。

表 2 - 14　天津市检察机关办案组织配置表❶

办案组织	业务类型			
	审查逮捕、公诉	职务犯罪侦查	诉讼监督	职务犯罪预防、案件管理
独任检察官	一般由独任检察官承办	简单案件由独任检察官承办	也可以由检察官办案组承办	一般由检察官负责审核或决定
检察官办案组	重大、疑难、复杂案件由检察官办案组承办	一般由检察官办案组承办	可以由独任检察官承办	特殊情况下由检察官办案组审核或决定

天津市检察机关将业务类型依据其不同的属性，在办案组织设置上分别给予不同的配置原则。对于司法属性较强的审查逮捕、审查起诉业务，一般由独任检察官承办，重大、疑难、复杂案件也可以由检察官办案组承办。对于行政属性较强的职务犯罪侦查业务，则一般由检察官办案组承办，简单案件也可以由独任检察官承办。对于监督属性较强的诉讼监督等业务，可以由独任检察官办，也可以由检察官办案组承办。对于职务犯罪预防、案件管理等综合性检察业务，则一般由检察官负责审核或决定。此外，对于办案组织中检察官、检察官助理和书记员的配备并无具体要求，而是依据工作需要等具体情况统筹。

2. 检察权运行结构

（1）权力清单

天津市基层检察机关检察官办案权力清单见表 2 - 15 所示。

---

❶　参见《天津市人民检察院关于完善司法责任制的实施意见及检察官办案权力清单（试行）》。

表2-15　天津市基层检察机关检察官办案权力清单❶

序号	业务种类	检察官			检察长（项）	总计（项）	检察官占比（%）	检察长占比（%）
		决定（项）	决定＋检察长审核（项）	合计（项）				
1	侦查监督	26	0	26	12	38	68.42	31.58
2	公诉	19	7	26	12	38	68.42	31.58
3	未成年人检察	20	13	33	12	45	73.33	26.67
4	职务犯罪侦查	10	19	29	19	48	60.42	39.58
5	职务犯罪预防	5	5	10	5	15	66.67	33.33
6	刑事执行检察	15	0	15	4	19	78.95	21.05
7	民事行政检察	14	0	14	16	30	46.67	53.33
8	控告申诉检察	30	14	44	13	57	77.19	22.81
9	案件管理	10	0	10	7	17	58.82	41.18
10	检察委员会	12	0	12	11	23	52.17	47.83

注：检察官权力包括"检察官决定类""检察官决定＋检察长审核类"以及"检察长决定类"。

　　天津市检察机关检察官办案权力清单分为市院、分院和区县院分类清单，基于基层检察机关在办案中的主体作用，本书主要对天津市基层检察机关检察官办案权力清单展开论述。在权力清单分类上，天津市基层检察机关分为"检察官决定类""检察官决定＋检察长审核类"以及"检察长决定类"三类权力。其中，"检察官决定＋检察长审核类"从根本上属于检察官决定类。在检察权划分上，共细分为330项职权。其中，"检察官决定类"161项，"检察官决定＋检察长审核类"58项，"检察长决定类"111项。在业务种类上，共分为10类，其中，检察官的职权来源包括法律规定和检察长委托。在检察

❶　参见《天津市人民检察院关于完善司法责任制的实施意见及检察官办案权力清单（试行）》。

官授权上，刑事执行检察业务占比最高，高达78.95%，而民事行政检察业务占比最低，仅为46.67%。然而，若是从权力内容上看，无论是占比最高的刑事执行检察还是比例最低的民事行政检察，检察官职权主要包括执行权、建议权和部分决定权。在不同业务种类中，其职权配置比例也不同，在此不再赘述。

（2）运行关系

一是检察长与检察官。检察长在职责范围内，可以通过更换案件承办人、听取汇报等方式加强对检察官司法办案的监督管理。检察长（分管副检察长）发现检察官履职存在问题的，应当责令其整改，也可以决定更换检察官。

二是业务部门负责人与检察官。业务部门负责人应由检察官担任，业务部门负责人对本部门检察官承担司法行政管理和办案监督职责。在办案监督过程中，业务部门负责人如发现检察官不履行或者不正确履行岗位职责，应当督促整改；如相关检察官拒绝整改的，应当以书面形式报告检察长（分管副检察长）。在司法行政管理中，业务部门负责人还可以指派检察官参加职责范围内的会议、培训或者其他工作。

三是主任检察官与检察官。主任检察官除履行检察官职责外，还应当负责办案组承办案件的组织、指挥、协调，以及对办案组成员的管理工作，在职权范围内对办案事项作出处理决定或提出处理意见。

四是检察官与检察官助理。检察官助理在检察官的组织领导下协助办案，工作结果由检察官负责。检察官助理在办案中如有不当行为，检察官应当予以批评纠正。对不服从检察官的工作安排或严重不负责任致使工作出现重大失误的检察官助理，检察官有权向检察长或者业务部门负责人申请更换。

3. 检察官司法责任机制

天津市检察官司法责任机制主要包括司法责任认定程序和司法责任追究程序。在司法责任认定程序上，包括独任检察官、主任检察官、检察长的责任划分。其中，独任检察官承办并作出决定的案件，由独任检察官承担责任。检察官办案组承办的案件，由负责的主任检察官和其他检察官共同承担责任。其中，主任检察官对职权范围内决定的事项承担责任，其他检察官对自己的行为承担责任。属于检察长决定的事项，检察长对其决定事项负责。在司法责任追究程序上，包括受理、调查、审批、移送、审议等。具体来说，就是检察机关纪检监察机构受理对检察人员在司法办案工作中司法过错行为的检举控告，并进行调查核实。认为应当追究检察官故意违反法律法规责任或重大过失责任的，应当报请检察长决定后，呈报至市检察院审批，移送至市检察官惩戒委员会审议。市检察院纪检监察机构应当及时向市检察官惩戒委员会通报当事检察官故意违反法律法规或重大过失事实及拟处理建议、依据，并就其故意违反法律法规或重大过失事实承担举证责任。当事检察官有权进行陈述、辩解、申请复议。市检察官惩戒委员会根据查明的事实和法律规定提出无责、免责或给予惩戒处分的建议。对此建议，检察机关将认真对待、充分尊重；没有采纳建议时，要充分说明理由，并做好沟通工作。

4. 检察官保障机制

一是有限豁免制度。检察官依法履职受法律保护。非因法定事由、非经法定程序，不得将检察官调离、辞退或作出免职、降级等处分。在案件办理阶段，除非确有证据证明检察官存在贪污受贿、徇私舞弊、滥用职权等严重违法行为外，检察官依法履职的行为不得暂停或者终止。二是权利救济制度。检察官因依法履职遭受不实举报、诬告陷害，致使名誉受到损害的，或者经检察官惩戒委员会等组织认定不应追究法律和纪律责任的，检察院纪检监察部门、新闻宣传部门应当在适当范围内以适当形式及时澄清事实，消除不良影响。检察院或者相关部门对检察官作出错误处理的，应当恢复职务和名誉、消除影响，对造成经济损失的依法给予赔偿。三是履职保障制度。依法保护检察官及其近亲属的人身和财产安全。对侵犯检察官人格尊严、泄露依法不能公开的检察官及其亲属隐私、干扰检察官依法履职的，依法追究有关人员责任。

第三节　改革试点的基本特征

一、试点改革参与主体的多元化

所谓参与主体，主要是对检察权运行机制宏观制度的推进者而言，即由谁负责顶层设计、由谁负责实施等。自 2014 年确定检察权运行机制试点改革后，全国检察机关被分为三批分别进行了改革试点推进，并出台了相应改革文件。从这些改革文件的制定主体来看，呈现多元化特征，即改革试点的推动并非由统一的主体进行设计和推进，而是在不同地区由不同性质、不同类别的主体予以主导。从本章第二节探讨的改革试点来看，检察机关党组会、司法体制改革领导小组和检察委员会分别作为三大类主体主导了 2012 年以来的司法体制改革试点的工作。

表 2－16　部分改革试点检察权运行机制改革文件制定主体

制定主体	省（自治区、直辖市）院党组会	省（自治区、直辖市）院检察委员会	省级司法体制改革领导小组
省（自治区、直辖市）	青海省、北京市、河北省	海南省、湖北省、山东省、天津市	江苏省、内蒙古自治区

一是检察委员会。根据《中华人民共和国人民检察院组织法》的相关规定，检察委员会主要讨论决定重大案件和其他重大问题，其中包括审议、决定在检察工作中贯彻执行国家法律、政策和本级人民代表大会及其常务委员会决议的重大问题，以及本地区检察业务、管理等规范性文件。❶ 从改革试点来看，一定数量省份的改革设计都由检察委员会研究通过，具体可包括海南、湖北、山东、天津等省（自治区、直辖市）。由检察委员会设计改革试点方

---

❶ 参见《人民检察院检察委员会组织条例》第 4 条。

案，出台相关改革文件，具有合法性依据。

二是党组会。根据《中国共产党章程》及《中国共产党党组工作条例（试行)》的规定，党组是党在中央和地方国家机关、人民团体及其他组织领导机构中设立的领导机构，❶ 党组在本单位发挥领导核心作用。党组会主要讨论及党的路线、方针、政策的重大问题。❷ 例如，作为第一批改革试点之一的海南省，其有关检察权运行机制的改革文件及配套文件由省检察院检察委员会审议通过，而同为第一批改革试点省份的青海省，其相关改革文件则由省检察院党组会审议通过。

三是司法体制改革领导小组。司法体制改革领导小组是临时设置的跨部门议事协调机构，领导小组为整合政法部门资源，为司法体制改革决策的实施提供了有力的组织保障。江苏省、内蒙古自治区两地有关司法责任制的改革文件均是由省委深化改革领导小组会议通过。

从上述三类主体来看，虽性质不同，各有分工，但都共同参与检察权运行机制改革文件制定。

二、试点改革方案的统一性

司法权属于中央事权，检察权运行机制改革涉及司法资源的重新配置，具有涉及全局性、体制性、协同性的特点，需要中央进行顶层设计，进而保障改革的协调性、推动性和有效性。故此，检察权运行机制试点共同遵循的基本方案，即中央深化改革领导小组 2014 年通过的《关于司法体制改革试点若干问题的框架意见》。尽管该方案截至目前仍没有对外公布，但是从对该方案的解读来看，其明确了检察权运行机制改革的方向、途径和目标，并对改革的具体政策及政策导向作出规定。此外，最高人民检察院 2015 年发布的《关于完善人民检察院司法责任制的若干意见》以及 2017 年发布的《关于完善检察官权力清单的指导意见》则是作为各地改革试点的具体指引和统一要求。

---

❶ 李胜利：《党委会（党组会）会议制度规范化问题研究》，《信访与社会矛盾问题研究》2016 年第 4 期，第 55 - 61 页。
❷ 参见《中国共产党党员权利保障条例》《中国共产党党组工作条例（试行)》等党内法规。

三、试点改革内容的多样化

既然是试点改革，就应当允许运行差异化改革方案，特别是我国幅员辽阔，地区情况差异较大，不能简单套用一种模式。于是，差异化方案也是为下一步改革提供知识供给和经验积累，所以试点改革内容呈现多样化。这主要表现在检察机关办案组织设定的多样化，以及检察权运行结构、检察官办案监督机制、检察官办案责任机制等方面的多样化。

（一）检察机关办案组织的多样化

一是检察机关办案组织的形式多样。检察机关办案组织由独任检察官与检察官办案组组成。其中，关于独任检察官的办案形式较为一致，不再赘述；至于检察官办案组则较为复杂（见表 2 – 17）。有的改革试点对检察官办案组进行了多样化的规范，形成"独任检察官＋多元型检察官办案组"的多样化办案组织形式。例如，湖北省检察机关积极探索基本办案组织以及适应各种办案需要的组合办案、协同办案和专案工作机制。❶ 又如，在内蒙古自治区，检察机关采取专业化办案组、团队制办案组、合议制办案组、专案办案组。

表 2 – 17 多样化的检察官办案组❷

序号	省、自治区、直辖市	检察官办案组类型
1	青海	固定办案组、临时办案组、临时指派办案组
2	湖北	组合办案组、协同办案组、专案组
3	内蒙古	专业化办案组、团队制办案组、合议制办案组、专案办案组
4	北京	基本办案组、组合或协同办案组、专案组

---

❶ 《办案责任制：牵住改革的"牛鼻子"——访湖北省人民检察院检察长王晋》，《人民检察》2016 年第 6 期，第 43 – 48 页。

❷ 参见《青海省检察机关贯彻落实〈关于完善人民检察院司法责任制的若干意见〉的实施意见》《湖北省人民检察院关于实行检察机关司法责任制的方案》《内蒙古自治区人民检察院关于贯彻落实〈关于完善人民检察院司法责任制的若干意见〉的实施意见（试行）》《北京市人民检察院关于进一步加强检察官办案组织建设的工作方案》。

二是检察机关办案组织的组成多样。检察机关办案组织是由检察官和必要的辅助人员组成。但在具体组成表现上也各有区别（见表 2 - 18）。从改革试点来看，对于检察官与检察辅助人员的组织及配备并无统一的模式，无论在数量上还是在是否固定配置上都不一致。例如，海南省采取固定数量比例配置，一般采取"1 + 1 + 0. 5"的模式，即 1 名检察官配 1 名检察官助理，2 名检察官配 1 名书记员。也有的采取根据案件需要，由本单位统一指派，配备比例并不相同。此外，在检察机关办案组的人员配备是否固定上也不一致，有的改革试点采取灵活配备，有的改革试点原则上要求固定配备，还有的改革试点则采取兼顾模式，既可以固定组合，也可以临时组合。

表 2 - 18　检察官办案组的组成规定

序号	省、自治区、直辖市	检察官办案组的组成
1	海　南	原则上 1 名检察官配 1 名检察官助理，2 名检察官配 1 名书记员
2	青　海	独任检察官承办案件，配备检察官助理、书记员等检察辅助人员
3	湖　北	—
4	江　苏	由部门负责人根据办案工作需要、人员结构和案件数量、案件难易程度等统筹安排，提出建议，报分管副检察长批准
5	山　东	原则上 1 名独任检察官可配备 1 名检察官助理，2 名检察官可配备 1 名书记员，1 个办案组可配备 2 名以上检察官助理和 1 名书记员。人数较少的检察院，可以将检察官助理和书记员归口管理，根据办案需要临时指派
6	内蒙古	独任检察官承办重大、疑难、复杂案件，应当配备 1 名以上检察官助理。承办一般案件的，可以不配备检察官助理，但应配备必要的其他检察辅助人员。检察辅助人员的配备，由部门负责人决定
7	北　京	检察辅助人员可以相对固定配备，也可以集中统一管理，根据司法办案需要临时指派，随机组合

序号	省、自治区、直辖市	检察官办案组的组成
8	河北	检察官办理案件配备的检察辅助人员，没有书记员的，由检察官助理履行书记员职责
9	天津	—

三是检察机关办案组织的配置多样。检察机关办案组织的配置是指办案组织与检察职能的结合，不同办案组织与不同检察职能之间的有机结合，也被称为办案组织的适用对象。对于独任检察官而言，其作为基本办案单元，无论是最高人民检察院规定还是各地试点方案，都将其作为一般办案组织，可以在所有检察活动中予以适用。至于检察官办案组，则因其组成方式多样，再加上检察职能的不同，在不同检察职能范围内对其配置的原则有所不同。例如，在审查逮捕、起诉案件中，重大、复杂、疑难案件可以由检察官办案组承办；人民检察院直接立案侦查的案件，一般由检察官办案组承办；诉讼监督等法律监督案件则可以由检察官办案组承办。从上述措辞可以看出，检察官办案组在不同检察职能中的适用原则是不尽一致的，在司法性检察权中作为例外，仅限于重大、复杂、疑难案件；在行政性检察权中作为原则适用；在监督性检察权中也作为例外适用。

（二）检察权运行结构的多样化

在运行结构上，主要是检察官的职权种类及与各主体的运行关系，这些大都体现在检察官权力清单中（当然也有部分地方就检察官、检察官助理与书记员职责作出了概括性规定）。从各试点地区检察官权力清单内容来看，无论是检察官权力内容的划分标准、分类依据、分类内容，还是检察长与检察官之间的运行关系都有所差异，各有特色，呈现多样化态势。

一方面，在检察官权力内容上具有多样性。首先，对检察官业务范围的规定并不一致（见图 2-2）。虽然在司法改革试点中，在公诉、批准逮捕、职务犯罪侦查等多数检察职能上达成了一致认识，设置检察官员额，厘定检察官、检察长、业务部门负责人等职权，但是在案件管理、未成年检察、人民监督员监督工作等多个领域是否设置员额检察官，这些部门的行为是否属于办案行为等方面尚未取得一致认识。多数改革试点对检察官的权限均是从其所在部门而非履行的职责进行规定，但是各地对业务部门的划分和认定并不一致，因此某些部门是否设置员额检察官，如何厘定其职权表现出较大的差异。从目前来看，是否属于业务部门的争议，主要集中在案件管理、人民监督员和法律政策这三个方面。

其次，检察官授权方式也不尽相同。截至 2020 年 11 月，共有 22 个省份的检察机关在本省级辖区内制定了统一的检察官权力清单，8 个省份的检察机关则分别制定了三级院检察官权力清单，部分省份采取"负面清单 + 正面清单"模式，多数省份则是"列举清单 + 概述清单"模式。

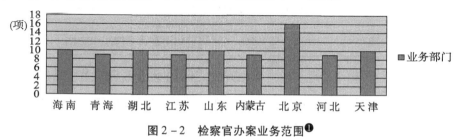

图 2 - 2　检察官办案业务范围❶

另一方面，在检察官运行主体规定上呈现多样性。关于业务部门负责人与主任检察官的关系状况，从 2020 年司法改革试点来看，两者的关系主要有以下三种表现：身份重叠、职责交叉、办案衔接。具体规范文件见表 2 - 19 所示。

表 2 - 19　部分改革试点发布的关于业务部门负责人与主任检察官关系的相关规范文件

序号	省、自治区、直辖市	文件
1	海南	《海南省检察机关完善司法责任制的实施意见》
2	青海	《青海省人民检察院主要业务条线检察官权力清单（试行)》

---

❶　本图绘制依据来源于改革试点发布的检察官办案责任制改革文件。

序号	省、自治区、直辖市	文件
3	湖北	《湖北省基层检察院司法办案权限划分的规定（试行）》
4	江苏	《江苏省检察机关检察官司法办案内部监督工作规定（试行）》
5	山东	《山东省检察机关检察官办案组织设置指导意见（试行)》
6	内蒙古	《内蒙古自治区盟市、旗县试点检察院内设机构改革指导意见（试行)》
7	北京	《北京市人民检察院司法责任制改革试点工作实施意见》
8	河北	《河北省人民检察院检察业务职权划分规定（试行)》
9	天津	《天津市人民检察院关于完善司法责任制的实施意见（试行)》

第一，业务部门负责人与主任检察官之间的身份重叠。无论是作为业务部门内设机构的负责人还是检察官办案组负责人的主任检察官，都必须具有入额检察官资格，并且应当亲自承办案件。同时，业务部门负责人参与普通检察官办案组办案的，优先被指定为主任检察官。由此可知，业务部门负责人与主任检察官都具有检察官资格，都属于检察官序列。

第二，业务部门负责人与主任检察官之间的职责交叉。作为内设机构业务部门负责人与作为检察官办案组的主任检察官虽然岗位不同，但是在职责内容上存在一定的交叉性，都要行使部分司法行政权。从改革试点来看，对于主任检察官的职责内容并未有拓展和突破，而对于业务部门负责人的职责却多有加强——除履行最高人民检察院自身规定外，还承担其他职责。例如，北京市将业务部门负责人职责扩大为"统一同类案件的认定裁量标准及协助检察长（副检察长）开展办案监督工作"。❶ 海南省则拓展为"监督、检查、协调主任检察官、其他检察官及检察辅助人员的司法办案工作"。❷ 也就是说，

---

❶ 参见《北京市人民检察院司法责任制改革试点工作实施意见》。
❷ 参见《海南省检察机关完善司法责任制的实施意见》。

业务部门负责人与主任检察官都对组内（部门内）检察官及辅助人员进行一定的管理工作，而这种管理必然是重叠的、叠加的。又如，天津市将业务部门负责人的职责具体化为"对本部门提出分案调整意见及变更办案组成员"等。❶

第三，业务部门负责人与主任检察官之间的办案衔接。为了改变"三级审批制"的办案模式，2012 年以来司法责任制改革注重扁平化管理，减少审批层次。然而，从改革内容来看，"三级审批制"已演化成为"三级审核制"。虽然这一变化被视为与之前实行的"三级审批制"有本质区别，但是这种区别仅停留在文字表达上。所谓"三级审核制"即检察官承办案件，主任检察官审核、业务部门负责人审核、检察长审核。此外，《关于完善检察官权力清单的指导意见》也明确了业务部门负责人的审核监督权，❷ 这可解释为"考虑到部分地区检察官总体素质或特殊案件要求，出于案件质量方面的考虑，可以保留部分层级人民检察院业务部门负责人的审核权"。❸ 也就是说，对于检察官办案组承办的案件，业务部门负责人及主任检察官都要作为检察权运行监督（行使）主体参与到检察办案之中，两者在办案中存在衔接关系。

检察官与检察官助理的关系不明确。第一，关于内部关系的指导抑或领导。检察权运行机制改革后，检察机关办案组织内部的检察官与检察官助理为指导与被指导关系。虽然独任检察官与其检察官助理之间既可能采取固定搭配方式，也可以采取临时组合方式，但是从实际来看，为了便于

---

❶ 《天津市人民检察院关于完善司法责任制的实施意见（试行）》。

❷ 《关于完善检察官权力清单的指导意见》第 8 条规定，"检察官应当在检察官权力清单确定的职权范围内独立作出决定。省级人民检察院可以根据人民检察院层级及案件类型，在检察官权力清单中明确业务部门负责人是否审核检察官职权范围内作出的决定。基层人民检察院业务部门负责人的审核权原则上应当严格限制并逐步取消。省级人民检察院和地（市）级人民检察院业务部门负责人的审核权可以根据实际情况适当保留"。

❸ 最高人民检察院司法体制改革领导小组办公室：《〈关于完善检察官权力清单的指导意见〉理解与适用（下）》，《检察日报》2017 年 5 月 25 日，第 1 版。

日常工作的开展，固定搭配方式被多数试点单位采用。❶ 这就意味着，独任检察官对其检察官助理不仅具有业务上的指导权，还可向检察官助理交办其他有关事项，并且对其助理的更换以及业绩的评价具有重要建议权。第二，关于职权配置区别化。从职权配置来看，独任检察官在检察长的授权下可以亲自实施或者指导检察官助理实施多项检察职权，并且在事实认定、证据采信方面具有决定权，而检察官助理则多为在检察官的指导下实施证据调查或证据认定，但对于事实认定或法律决定并不具有决定权。此外，检察官与检察官助理两者在权力来源上也不同。检察官的职权来自于法律规定和检察长授权，而检察官助理则并无明确规定，只是在检察官指导下办案。也就是说检察官助理无权独立承办案件，其对外以检察官身份行使职权，但实施办案活动的法律结果归属检察官。

（三）检察官办案监督机制的多样化

从改革试点来看，对检察官办案的监督主要以内部监督为主，基本构建了事前、事中与事后监督体系，并且在监督内容上实现了全面监督与重点监督的结合，在监督主体上坚持内部监督与外部监督相结合。从监督机制方面来看，有的改革试点完全遵循最高人民检察院要求，没有变动；有的改革试点通过互联网平台加大监督制约；有的改革试点则在强化检察长统一领导下，加强了业务部门负责人、主任检察官的监督职责。据不完全统计，除山东省外，其他试点省份均出台了检察官办案内部监督规定或办法。但关于内部监督方式各改革试点认识不一。有的改革试点将上级监督、检察长审批、案管质量评查、业务部门负责人审核等均列为内部监督方式（如河北省、天津市），而有的改革试点则将内部监督限定为案件流程监控和案件质量评查（如江苏省）。虽然外部监督与内部监督构成了检察官办案监督的主体，但改革试点对于外部监督的规定比较少。有些改革试点虽有相关规定，但基本都是对有关制度的重申（如青海省）。

---

❶ 杨平、杜颖：《司法体制改革试点中的检察办案组织研究》，载胡卫列、董桂之、韩大元等主编《人民检察院组织法与检察官法修改——第十二届国家高级检察官论坛论文集》，中国检察出版社，2016 年版，第 668 页。

（四）检察官司法责任机制和检察官保障机制的多样化

在司法责任机制上，只有为数不多的改革试点专门出台了司法责任追究办法，多数改革试点有关司法责任认定和追究的规定则主要参照了最高人民检察院的规定（见表2－20）。同时，即便专门出台司法责任追究制度的改革试点，其关于司法责任认定及追究的规定也基本沿袭最高人民检察院的规定，创新规定较为少见。在检察官保障机制方面，各改革试点也很少进行细致性规定，这既与提升检察官保障的外部阻力有关，也与检察官保障有待其他机关支持有关。当然，这种现象的出现，还与检察官司法责任机制和检察官保障机制的统一性有关。因为这两者都并不是地方检察机关能够解决或规范的事。这需要上级检察院乃至最高人民检察院的顶层设计，甚至要上升至法律层面。

表2－20　部分改革试点发布的关于检察官司法责任机制的有关规定

序号	省、自治区、直辖市	检察官司法责任机制规定
1	海 南	《海南省检察机关完善司法责任制的实施意见》
2	青 海	《青海省检察机关贯彻落实〈关于完善人民检察院司法责任制的若干意见〉的实施意见》
3	湖 北	《湖北省检察机关司法责任认定与追究办法（试行）》
4	江 苏	《江苏省人民检察院关于深入推进司法责任制改革的实施意见（试行）》
5	山 东	—
6	内蒙古	《内蒙古自治区人民检察院关于贯彻落实〈关于完善人民检察院司法责任制的若干意见〉的实施意见（试行）》
7	北 京	《检察官司法过错责任追究办法（试行）》
8	河 北	《河北省关于贯彻落实〈关于完善人民检察院司法责任制的若干意见〉的实施意见》
9	天 津	《天津市人民检察院关于完善司法责任制的实施意见（试行）》

四、检察权运行机制的双轨化

从 2014 年第一批司法改革试点开始实施，在不到三年的时间里，检察权运行机制改革就取得了重大实践效果和制度成果：检察官回归办案主体，优秀人才重新集结于办案一线，一线办案力量增加 20% 左右，85% 以上的主体司法人力资源配置到办案一线。❶ 然而，综观改革试点，虽然在推行新型的检察权运行机制及其配套机制改革，但是在检察办案实践中，仍然是"双轨制"运行，即原有的办案模式及配套机制没有被触动或彻底取消，甚至还在继续运转。

例如，在内设机构改革中，虽然各改革试点按照改革要求实现了大部制改革，但是并未在当地编制管理办公室进行相应核减，而是继续在原有内设机构设置的基础上进行双轨制运转。又如，由于检察业务统一软件尚未配套升级，在案件办理过程中，原本属于检察官的职权，仍需要业务部门负责人的审核批准。还如，办案组织组建以后，由于检察辅助人员的不足，大量的非检察事务仍由检察官自己负责处理。此外，改革试点的成果主要集中在制度文件之中，尚未进行深入落实。这既与原有问题的顽固性有关，也与改革的风险性有关，还与路径的依赖性有关。总之，检察权运行机制改革的全面落实还需要持续推进。

五、检察权运行机制改革的持续性

由于检察权运行机制处于改革之中，所以其本身并未定型，仍处在不断的变动之中。无论是中央政法委，还是最高人民检察院，都就司法责任制改革单独连续多次召开推进会，就司法责任制改革提出新要求、新措施。有关司法责任制改革的具体措施从抽象到具体、从文件到实践不断深化。例如，以书记员为主的检察辅助人员聘用机制仍处于改革进展之中。

---

❶ 王治国：《统一思想增强信心攻坚克难坚定不移推动司法责任制改革全面开展》，《检察日报》2016 年 7 月 20 日，第 1 版。

第三章　检察权运行机制改革
存在的主要矛盾和主要问题

从权力结构的分析框架上看，检察权运行机制改革试点中存在的主要矛盾和主要问题可分为两个方面的矛盾和六个层面的具体问题。其中，两个方面的矛盾立足于检察权运行机制改革的宏观分析，而六个层面的具体问题则立足于微观分析。对于宏观解读而言，旨在建立改革难题的支柱和重点，系抽象的分析；而微观分析则是具体的实施和文本改进。无论是宏观的分析还是微观的解读都折射了这种改革之难、改革之艰。

第一节　检察权运行机制改革面临的主要矛盾

一、检察长"一把手"负责制与检察官责任制要求之间的矛盾

从检察长"一把手"负责制到检察权运行机制改革的冲突与协调，反映了从"旧传统、旧制度、旧模式"到"新改革、新机制、新模式"的转换。❶此种矛盾具体表现为权、责、利等多个方面的冲突，即检察权由检察机关集中行使抑或由检察官个体行使、司法责任由检察长承担抑或由检察官个人负

---

❶ 龙宗智：《司法改革：回顾、检视与前瞻》，《法学》2017年第7期，第11-21页。

担之间的冲突。

一是检察机关集中行使检察权与检察官相对独立地位的冲突。在我国，无论是实务界还是理论界，基本都在关于检察权独立行使上达成了共识，即承认依法独立行使检察权作为检察机关的活动原则。❶ 这一原则得到《宪法》《人民检察院组织法》《检察官法》等法律的保障，对于维护国家法治统一和尊严具有重要意义。然而，2018 年修订后的法律都将独立的主体归结为"检察机关"这一机关法人，从而将"国家机关整体"的独立区别于检察官个体的独立。也就是说，我国检察权独立行使的原则是检察机关的独立，而非检察官个人的相对独立。这不仅是沿袭宪法条文的结果，也与我国立法技术、立法用语有关。从立法沿革来看，无论是审判权还是检察权都由机关而非个人行使，这是我国立法的重要用语习惯。所以，相关法律以至党的文件都没有直接规定"检察官"的相对独立地位。即使近年来的主诉检察官、主办检察官以及人民检察院司法责任制改革都是以"突出检察官办案主体地位"❷作为检察官相对独立的文本表述，从而人为地区分"检察机关"与"检察官"。虽然有学者试图缓和两者之间的矛盾，即将检察官在检察机关内部相对独立作为检察机关独立原则的内在要求和条文价值。❸ 然而，这种调和与解释，并未被实务界认可，反而重申了检察官相对独立的范围主要限于办案决定权。由于检察官的相对独立尚未从法律上予以确立，其职权主要来自检察机关代表人"检察长"的授予，从而很大程度上导致检察官相对独立行使检察权地位的不稳定性，进而制约和限制了检察权运行机制改革的开展和深入。

二是检察长负责制与检察官负责制之间的冲突。由于检察官的司法活动更多的是个体性的判断，所以司法责任也就要求"责任自负"。这也是"谁办案谁负责、谁决定谁负责"的司法责任制改革的目的所在。然而，与司法责任追究的个体性相区别，我国的司法责任则适用"检察长责任制"。在我国，"检察机关首长"既作为党内职务的党组书记，也作为法律职务的检察长而存

---

❶ 孙谦：《检察理论研究综述（1999—2009）》，中国检察出版社，2009 年版，第 85 页。

❷ 参见《关于实善人民检察院司法责任制的若干意见》。

❸ 韩大元：《关于检察机关性质的宪法文本解读》，《人民检察》2005 年第 13 期，第 13 - 16 页。

在。尽管法律赋予了检察机关首长监督管理权，并且仅在其监督管理的职责范围内承担责任，但是我国的检察机关不是完整意义上的"检察长负责制"，而是检察长"一把手负责制"。"检察长负责制"在于检察长作为"检察首长"统一领导检察机关的工作，对检察活动具有最终决定权并负责，主要是一种内部领导体制。检察长"一把手负责制"不仅涵盖了内部领导体制，还包括外部负责机制，既要履行服务地方大局的部门责任，❶ 也要履行从严治检的"主体责任"。❷ 即根据党风廉政责建设任制，检察长代表党组对其所属单位的党员检察官的违法违纪行为承担政治责任。这就意味着检察长作为检察机关的代理人要对其所在检察机关办理的一切案件负责，包括涉诉信访案件、社会恶劣影响案件以及冤假错案等，并且在责任形式上涵盖了法律责任、纪律责任乃至政治责任。这与检察官办案所遵循的责任自负原则悖离。由此可能导致"权力在检察官、压力在检察院、责任在检察长"，从而可能使得检察长不愿授权、不敢授权，进而导致授权不充分、办案受干预。

二、科层集中制模式与检察权运行机制多样化要求之间的矛盾

虽然人民检察院司法责任制改革强调突出检察官主体地位与检察长统一领导相结合，赋予入额检察官在职权范围内作出决定的权力的同时要求检察官要对其决定负责；但是从检察机关办案组织、检察权运行结构、检察官办案监督机制、检察官司法责任机制和检察官保障机制来看，我国检察权运行机制仍呈现科层集中制模式。这种模式既与我国政治背景有关，也与检察机关的定位有关。"党政军民学，东西南北中，党是领导一切的。"❸ 检察机关必然要接受党的领导，而党的民主集中制领导方式必然影响检察权的运行方

---

❶　近十年的最高人民检察院工作报告都在开篇介绍检察机关如何服务经济社会发展大局，并且这种报告编写体例也引导着基层检察机关的工作重心。参见《最高人民检察院工作报告（2007—2017）》。

❷　戴萍：《着力于薄弱环节履行好"主体责任"》，《法律与监督》2014 年第 11 期，第 34 - 36 页。

❸　习近平：《决胜全面建成小康社会 夺取新时代中国特色社会主义伟大胜利——在中国共产党第十九次全国代表大会上的报告》，《人民日报》2017 年 10 月 28 日，第 1 版。

式。这种关系在权力运行上可分为："横向方面以党委为中心的集中体制，纵向方面以上级为中心的总揽体制，检察机关内部以党组领导下的检察长及内设机构负责人为中心。"❶ 这种外部的科层集中制模式决定着、影响着、渗透着检察权运行机制。具体而言，在办案效果上，既要追求法律效果，也要追求政治效果和社会效果。在责任追究上，检察官对具体办案负责，检察长对检察官的办案结果负责，地方党委对检察机关的办案活动负责。此外，检察机关既作为宪法法律上的监督机关，也作为党领导下的国家机关；既承担宪法法律重责，也承担服务大局、中心工作的政治责任。这种集政治性与法律性的定位，使得检察长既要履行党组书记的政治责任，也要履行检察长的法律责任。检察长负责制也成为检察长对地方党委和上级检察领导的负责制。

在人民检察院司法责任制改革之前，我国检察机关办案遵循严格的"三级审批制"，凸显了检察权运行机制中的等级化和一体化，虽然有利于保障检察长对内部检察官决策的监督和管理，确保决策结果的一致性，但是也带来效率低下、责任不清等弊病。于是这也成为司法责任制改革的重要启动缘由。然而，科层集中制模式并非仅仅表现于此，还存在于检察行政管理、检察职权保障等诸方面，并且深嵌于整个科层集中制体制之中。反观我国检察权，不仅具有行政性、监督性，还兼具司法性，在运行过程中，通过监督、审查和追诉等方式履行职责。❷ 对于行政、监督等职权，科层集中制的权力配置和运行体系可以实现运行效果的高效化和统一性，但是司法性职权需要通过审查和追诉等方式进行，这便有赖于检察办案方式的适度司法化。❸ 由此导致科层集中制模式与检察权运行机制多样化要求之间存在矛盾。这种矛盾的存在使得无论何种属性的检察权，无论何种办案职责都依照行政化的方式执行，从而可能侵蚀司法基本规律，甚至影响司法公正。

---

❶ 龙宗智教授将这种体制称为举国体制，参见龙宗智：《如何看待和应对司法改革中遇到的矛盾和问题》，《人民检察》2016 年第 14 期，第 12－13 页。

❷ 敬大力：《关于检察机关基本职责问题的再认识》，《人民检察》2017 年第 11 期，第 21－26 页。

❸ 龙宗智：《检察机关办案方式的适度司法化改革》，《法学研究》2013 年第 1 期，第 169－191 页。

第二节 检察权运行机制改革存在的主要问题

由于检察权运行机制主要包括办案主体、权力清单、监督机制、责任机制、保障机制以及司法配套机制改革等部分，所以对其问题的分析，将围绕上述内容进行。当然，无论是从学界研究，还是从检察改革来看，检察权运行机制的核心是"定人、定权、定责"的"人、权、责"问题，所以下述部分问题分析也将在基本内容的基础上，围绕"定人、定权、定责"展开。具体包括：检察官权力主体地位凸显不足、检察官权力清单配置和运行失范失衡、检察官办案监督存在薄弱环节、检察官司法责任机制不尽合理、检察官保障机制有待全面落实、司法体制综合配套改革支撑不足等问题。

一、检察官权力主体地位凸显不足

检察官权力主体地位凸显不足，包括检察官相对独立地位的保障性不足、检察机关对"案件"界定缺乏明确性、检察办案主体的组织形式缺乏合理性、办案组织内部关系缺乏明确性、办案组织的适用范围缺乏规范性、办案组织的构建模式缺乏推广性、对特殊办案主体直接办案的要求缺乏强制性七个方面。

（一）检察官相对独立地位的保障性不足

从绝大多数改革试点的改革文件来看，检察官权力从来源上被归为受检察长的授权（委托），并试图通过检察长的授权解决检察官行使检察权的正当性，其法律根据则是《宪法》和《人民检察院组织法》。这似乎解决了对我国检察权内部配置无从规定的立法难题。然而，这种授权制的规定，并不符合检察法理和现行法律的规定，并且也会引起诸多法律问题。

一是检察官权力来源的授权制并不符合我国立法精神。自 1954 年以来，我国《宪法》在检察权行使主体上，都以人民检察院作为整体依法独立行使检察权为原则，而对于检察长在检察院的定位，其只是统一领导人民检察院工作。这是民主集中制原则在检察机关的具体体现。也就是说，人民检察院作为一个整体行使检察权，而非检察长个人行使检察权。除此之外，《检察官法》也规定，检察官是依法行使国家检察权的检察人员。这也意味着检察官是事实上的检察权的运行主体。

二是检察官权力来源的授权制并不符合检察惯例。从域外检察制度来看，目前尚无任何国家或地区将检察权的行使主体完全归结为检察长一人。从各国法律文本上看，检察权的主体主要为检察官，即使规定主体为检察院的，也要在检察长和检察官之间进行分别配置。❶ 这样的规定既与国家权力分类有关，也是权力制衡规律的要求。同时，将检察官的职权完全归结为检察长的授权，也无法解释检察委员会作为最高业务决策主体的权力来源问题。

三是将检察官权力来源完全归结为检察长的授权不可行。在司法实践中，虽然法律明确规定由检察长进行审批和监督，但是绝大多数案件都是由副检察长进行审批。有学者据此认为，既然副检察长的职权来自于检察长授权，那么检察官的职权也可以来自检察长的授权。❷ 这样的逻辑演绎，旨在解决检察官职权来源的正当性问题。然而忽视了一个基本前提，那就是检察长对副检察长的授权与检察长对检察官的授权是根本不同的。检察长对副检察长的授权是基于检察业务的领导和管理权，而检察长对检察官的授权则是基于检察官权力的来源性，两者所对应的问题不同。

四是检察官权力来源的授权制存在逻辑悖论。如果将检察官的权力来源完全归结于检察长的授权，那么在检察官与检察长职权之间就应当存在此消彼长的权力关系，即检察长一旦给检察官授予某项职权，其本身就不应继续享有该职权，而只能享有监督管理权。然而，如此规定无论是实践上还是制度上都无法实现。

---

❶ 在英美法系国家，一般实行检察长负责制，检察官虽然作为检察长的代理人，其职权来自于检察长，但是这种代理源自法定，不需要检察长再次授权。

❷ 谢鹏程：《检察官办案责任制改革的三个问题》，《国家检察官学院学报》2014 年第 6 期，第 11 - 19 页。

五是在实际认知上检察官权力并非来自于检察长的授权。在笔者进行的调查问卷中，有高达 62% 的检察官认为，其职权来自于法律的授予；仅有 38% 的检察官认为其职权来自于检察长的授权。❶ 然而，这并非否定检察长对检察官的领导权，高达 90% 以上的检察官认为检察长对入额检察官仍然具有领导权。

（二）检察机关对"案件"界定缺乏明确性

何为检察"办案"？抑或何为检察"案件"？这些问题是检察机关办案组织的逻辑起点。因为只有"案件"存在，作为"案件"办理者的"办案组织"才有构建的必要，也只有厘清"案件"的范围，才能使新的司法办案机制有的放矢。一方面，在理论研究中，很多基础性概念显得含糊。"案件"这一似乎不用甚至无须认真考虑的名词成为如鲠在喉的难题。检察官"办案"是否完全等同于检察权的行使，是否等于法律监督的一切行为，两者是否完全等同？检察官"办案"的核心权力是什么？理论界对这些尚无明确区分，以至于在司法改革试点上，对办案的认识各有不同。另一方面，检察官"办案"的实践认识始终处于变动之中，无论是在刑事执行检察还是侦查监督方面，都存在从简单的过程监督到规范的调查流程。❷ 当前对"案件"的界定分为两个层面，即狭义的办案和广义的办案。

狭义的层面，将"案件"限定为诉讼案件，即等同于法院的案件范围。具体而言，可分为诉讼案件和非诉讼案件。但由于无论是人民检察院组织法，还是诉讼法，都将检察权的运行对象表述为"监督"，包括刑事诉讼监督、民事诉讼监督、行政诉讼监督等。由此，导致"监督"与"办案"之间发生了交叉关系，即有的监督过程以办理"案件"的方式进行，例如，有文号、案卷、程序性后果；有的则是以"办事"的方式进行，以至于在检察权运行机制改革中，部分改革试点对"案件"的范围进行了限定。例如，《河北省检察

---

❶ 笔者曾在河北省 H 市检察院以"检察官权力来源"为题向检察官发放问卷。参与调研的共有 50 名检察官，其中 31 名检察官认为其职权来自法律，19 名则认为来自检察长授权。

❷ 张仁平：《纠违留印　监督有痕　全程预防——福建永春：刑事执行检察从"办事"向"办案"转变》，《检察日报》2016 年 7 月 16 日，第 2 版。

机关入额检察官案件办理实施办法（试行）》将"案件"分为依法定职权办理类、评议评查类以及程序性案件三类，评议评查类及程序性案件虽然也视为"案件"，但却在院领导办案中不作为重点强调。❶ 又如，江苏省检察机关还发布了"案件"清单，明确案件的条件、类型和种类。❷

　　广义层面将"案件"等同于与案件有关的所有业务活动。有的改革试点基于业务部门的划分，将"办案"等同于"业务部门"的检察活动，进而分别进行筛选。由于检察职能多具"监督性"，既不完全等同于检察官"办事"，也不完全等同于法院的"办案"，所以将哪些"监督"纳入"办案"的范围值得引起重视。此外，在办案的外延上，司法办案是否等同于"办案"，案件管理和政策研究等综合性业务工作是否属于司法办案，也值得讨论。有学者将那些与法律监督、司法办案关系密切的业务工作都归入司法办案范畴，这也值得深思。❸

（三）检察办案主体的组织形式缺乏合理性

　　各改革试点关于办案组织形式的规定基本沿袭了最高人民检察院的要求。并且《人民检察院组织法》只规定了"人民检察院办理案件，根据案件情况可以由一名检察官独任办理，也可以由两名以上检察官组成办案组办理"❹，但对于办案组成形式并未明确为临时或固定。部分改革试点进行了创新式改革，例如，湖北省人民检察院在改革中根据办案分工将检察官办案组分为组合办案组、协同办案组和专案组三种形式，而且这三种形式在主任检察官与检察官的关系上均有所不同。内蒙古自治区检察机关则依其履职需要，按照其内部分工不同将检察官办案组划分为专业化办案组、团队制办案组、合议制办案组和专案办案组等四种形式。上述创新式改革旨在结合本地实际，推进改革进程，体现了顶层设计与试点结合的改革思路。

　　❶ 郑青：《对主办检察官办案责任制的几点思考——以湖北省检察机关的改革实践为范本》，《人民检察》2013 年第 23 期，第 36－40 页。

　　❷ 卢志坚、徐红喜：《江苏出台检察机关案件清单》，《检察日报》2017 年 7 月 26 日，第 1 版。

　　❸ 杨承志、刘宇、范思力：《对检察办案运行机制的思考》，《人民检察》2017 年第 12 期，第 14－17 页。

　　❹ 参见《人民检察院组织法》第 28 条。

一是组内检察官独立性不足。从检察官办案组内部的关系上来看，对于固定检察官办案组而言，主任检察官对组内检察官承担指挥、组织、协调、管理等工作，具有较强的支配性和决定权，而组内检察官对主任检察官具有较强的依附，独立性不足。这与域外国家（地区）普遍将独任检察官作为基本办案形式，而检察官办案组作为辅助或者补充的要求存在差距。❶ 从检察官办案组外部的关系上看，有的地方在试点改革中，针对检察官办案组承办的职务犯罪侦查案件，形成了"检察官承办—主任检察官审核—业务部门负责人监督—检察长审批"的四级审批制，相比原先的"三级审批制"更加低效。这与旨在提升诉讼效率、优化办案方式的检察权运行机制改革的要求完全相悖。

二是履行检察业务最高决策功能的检察委员会并未被当作办案组织予以对待。目前有关检察委员会的规定，主要由一个条例和三个文件组成。❷ 检察委员会的设立，不仅可以防止检察长的独断专行，也可以发挥群体决策的优势。检察委员会作为重大案件的决策主体，其与亲历性、中立性等司法原则相悖而招致众多学者的批评，❸ 但是并未改变其事实上的特殊办案组织定位，尤其是其对于诸多案件具有事实上的最终决定权。然而，几乎所有的改革试点都对检察委员会的办案组织定位进行了技术性回避，这不能不说是种遗憾。

三是检察官办案组的设定存在诸多问题。从改革试点来看，设置固定的检察官办案组的原则并不一致。有的改革试点倾向于以固定设置为原则、以临时组合为例外，❹ 有的试点则并不设置原则，即根据办案需要而决定，也就是说设置固定的检察官办案组与临时的检察官办案组都是办案需要，但是由

---

❶ 龙宗智：《检察官办案责任制相关问题研究》，《中国法学》2015 年第 1 期，第 84－100 页。

❷ 一个条例是指《人民检察院检察委员会条例》，三个文件是指最高人民检察院关于规范检察委员会而发布的相关文件，具体是指《关于改进和加强检察委员会工作的通知》《关于最高人民检察院检察委员会审议民事行政抗诉案件范围的规定》《人民检察院检察委员会议题标准（试行）》。

❸ 检察委员会作为一种特殊的办案组织，本质上是集体决策。集体决策一般适用于间接合议制度，而不适用于直接合议的司法决策。

❹ 参见《上海检察机关检察办案组织设置办法（试行）》。

于两种形式的检察官办案组在组内关系、主任检察官产生机制❶等方面不同，所以探究设置固定的检察官办案组的影响因素很有必要——具备哪些需要、条件、因素时会考虑设置固定的检察官办案组。只对固定的检察官办案组的设置在不同业务种类抑或在整个检察机关内部的比例范围是否需要限定？特别是对固定的检察官办案组的办案数量应该如何计算、如何统计、如何评比？对这些问题的探讨均处于空白状态。此外，依据检察权属性的不同而分别配置办案组织适用原则，是否就意味着在独任检察官与检察官办案组的两类办案组织形式中，检察官的独立性地位和办案方式完全不同？该问题也值得一并思考。

（四）办案组织内部关系缺乏明确性

一是检察官助理与检察官之间的衔接性不够。从改革试点来看，虽然试图将检察官助理的职责限定为辅助性工作，即协助检察官从事法律性工作或者在检察官指导下从事非核心性业务工作。无论是协助还是非核心限定，都意味着检察官助理几乎拥有所有的检察官职权，两者之间只是在对外名义上有所区别。这样的职责关系存在一定的混淆性。由此是否意味着检察官成为新的一级审批主体或者要事事亲力亲为。一方面，办案组织内部结构紊乱。员额制改革是检察权运行机制改革的前提，虽然根据改革要求，检察官指导检察官助理办理案件，两者之间是明确的指导关系，但是这种指导应当建立在权力等级体系下，否则很难发挥其功能。然而，由于受原有行政化的科层制人事管理体制影响，新的"主辅制"办案组织模式可能受到很大冲击。特别是对于刚刚入额的年轻检察官，配备工作经验丰富但未入额的"科处长"助理，如果仅仅赋予检察官办案的指导职责，而不赋予一定的管理职责，"主辅制"办案组织模式就很难有效运行。另一方面，办案组织成员职权配置交叉。依据检察权运行机制改革要求，基本确立了检察官、检察官助理以及书记员的职责分工。但是从最高人民检察院公布的《关于完善人民检察院司法

---

❶ 2018 年修订的《人民检察院组织法》，将检察官办案组负责人的法定称呼定为"主办检察官"。

责任制的若干意见》来看，有关检察官与检察官助理、检察官助理与书记员的职权存在一定程度上的混同。检察官与检察官助理的职权对比见表3-1所示。

表3-1　检察官与检察官助理职权对比 ❶

序号	检察官（亲自承担）职权	检察官助理职权
1	询问关键证人和对诉讼活动具有重要影响的其他诉讼参与人	讯问犯罪嫌疑人、被告人，询问证人和其他诉讼参与人；接待律师及案件相关人员
2	对重大案件组织现场勘验、检查，组织实施搜查，组织实施查封、扣押物证、书证，决定鉴定	现场勘验、检查，实施搜查，实施查封、扣押物证、书证
3	组织收集、调取、审核证据	收集、调取、核实证据
4	主持公开审查、宣布处理决定；代表检察机关当面提出监督意见	草拟案件审查报告，草拟法律文件
5	出席法庭	协助检察官出席法庭
6	其他应当由检察官亲自承担的事项	完成检察官交办的其他事项

　　检察官依据法律规定和受检察长委托行使职权，而检察官助理则受检察官指导办理案件，但是由于并未从理论上对检察官是否必须亲自办理事项进行界定和区分，从而形成"检察官"与"检察辅助人员"共享检察办案权模式，使得两者在具体职责方面存在大量的交叉，以至于检察官与其助理的职权区别仅限于来源和裁量权大小，而这种区别与检察官相对独立性的改革目的相悖。此外，正如一些学者的担心：在具体司法办案过程中，诸如阅卷、提讯、法律文书制作、出庭支持公诉等工作，究竟由检察官承担还是由辅助人员承担？如果这个问题处理不好，很容易导致检察官成为变相的业务部门负责人，令司法亲历性无法实现，致使办案组织在职能运行上出现异化。❷

---

❶ 参见《关于完善人民检察院司法责任制的若干意见》。
❷ 尹伊君等：《检察机关办案组织内部职权配置研究》，《人民检察》2016年第5期，第5-12页。

二是检察官助理与书记员之间的界限不明。虽然根据 2013 年《人民检察院工作人员分类管理制度改革意见》的规定，书记员承担的职责较为明确。但是，多数改革试点囿于书记员人数不足，不仅未能划定两者之间的界线，而且直接明确规定，"当没有书记员的，则由检察官助理履行书记员的职责"❶，这使得检察官助理与书记员的职责更难以区分。笔者在河南省 Z 市检察院实地调研发现，部分改革试点的检察官助理与书记员之间出现了工作上相互推诿的现象，协作效率不高。

（五）办案组织的适用范围缺乏规范性

1. 办案组织与案件类型之间的配置原则不太明确

从改革文件来看，独任检察官和检察官办案组分别针对不同办案部门或者同一办案部门的不同案件类型配置。从改革实践来看，对于司法属性强的办案活动，一般以配备独任检察官为原则，以检察官办案组为例外；对于行政属性强的办案活动，一般以检察官办案组为原则，以独任检察官为例外；对于监督属性强的办案活动，检察官办案组和独任检察官均可配备。也就是说，上述主要基于案件活动所体现的检察权属性不同而进行的配置。然而，司法属性、行政属性、监督属性是否泾渭分明、是否有明确界限，现有改革并未作出有效回应。

2. 办案组织与案件类型之间的配置依据较为随意

从改革来看，独任检察官与检察官办案组适用案件范围界限并非泾渭分明，而是处于伸缩状态，从而使得检察官办案组适用范围富于弹性。无论是最高人民检察院的改革意见，还是各改革试点方案，在描述独任检察官与检察官办案组的适用界限时多采用"可以""也可以""一般"等模糊词语，以至于从文本解释来看，几乎所有的案件既可以由独任检察官承办，也可以由检察官办案组承办。此外，对于检察权的运行而言，办案组织的配置是确定承办方式和随机分案的基础，所以宽泛的配置规定，在给予改革试点灵活性的同时，也带来了办案组织配置的随意性，这种随意性可能会引发某些领导

---

❶ 参见 2017 年《江苏省人民检察院关于检察辅助人员工作职责的规定》。

干部干预司法办案活动的隐患。

3. 办案组织与案件类型之间的配置内容较为多变

所谓适用范围富于多变性是指影响检察官办案组适用范围的因素是多样化的。从组织行为学原理来看，影响结构的重要因素是规模。❶ 根据改革方案，对于检察官办案组而言，则包括案件结构与检察职能双重维度的影响。❷ 从案件结构上来看，分为重大、疑难、复杂等案件，而检察职能则分为行政性职能、司法性职能和司法监督职能。在这种双重维度的影响下，检察官办案组的适用对象更多样。特别对重大、疑难、复杂案件的解释，到底属于客观解释，还是由检察官结合自身理解进行的主观解释，其划定对于检察权的运行、监督、责任认定等方面影响重大。因为如果任由检察官为规避风险作主观解释，有可能使以"放权"为主要内容的检察权运行机制改革落空。

4. 办案组织与专业化案件类型的配置要求有待规范

随着《民事诉讼法》和《行政诉讼法》的修订，检察机关新增了提起公益诉讼的职能，包括诉前程序和起诉程序。公益诉讼职能的增加是检察官公共利益代表人的法律化，必将丰富中国特色检察制度理论。然而，相比于传统的检察办案，公益诉讼中具有代表性的食品药品安全、生态环境和资源保护等案件具有较强的专业性和技术性，需要检察官除具备法律知识外，还需要具备相应专业知识。这就使得以案件影响度为区分标准的传统办案组织承办机制失去正当性。从改革来看，有采取公益诉讼办案组方式的，例如最高人民检察院；也有限于检察官数量而采取独任检察官方式的。上述配置要求并不一致，但能直接决定公益诉讼能否实现专业化办案。此外，近年来网络犯罪、金融犯罪等新型犯罪的频发，也给检察机关办案组织的设置带来了新挑战。对于上述新型犯罪，如何配备办案组织及调整运行关系，将直接影响检察办案的效果和质量。

（六）办案组织的构建模式缺乏推广性

从司法改革试点来看，关于办案组织限于独任检察官和检察官办案组形

---

❶　斯蒂芬·P. 罗宾斯、蒂莫西 A. 贾奇：《组织行为学（第12版）》，李原、孙健敏译，中国人民大学出版社，2008年版，第266页。

❷　尹伊君等：《检察机关办案组织内部职权配置研究》，《人民检察》2016年第5期，第5–12页。

式，这已是共识，具有唯一性、法定性。而办案组织构建模式则是办案组织的具体表现，应当根据办案需要灵活结合，具有多样性、灵活性。从改革试点来看，无论是检察官办案组还是独任检察官办案组织形式，在办案组织设置上，虽然强调根据办案需要配置必要检察辅助人员，但基于管理机制和办案需要，检察官助理和书记员仍然以固定搭配模式被编排于办案组织之中。按照单一"1+1+N"❶的模式配备检察辅助人员和书记员，并未考虑岗位需求及适配度。同时，在现有国家政法编制内，按照检察官人数所占比例设置办案组织模式也不可行。从目前改革来看，书记员乃至检察辅助人员短缺已经成为检察权运行机制的主要问题之一，在各地向地方人大进行汇报的文件中均有提起。❷ 2017年的《聘用制书记员管理制度改革试点方案》旨在通过政府购买社会服务等方式，解决书记员短缺问题。虽然在部分地区的检察机关采取聘用制书记员，以政府购买服务的方式逐步解决书记员短缺问题，但由于人员编制、地方财政等因素影响较大，不具有推广可能。

（七）对特殊办案主体直接办案的要求缺乏强制性

检察机关院领导既是入额检察官，发挥办案主体作用，又是检察业务工作的领导者，履行监督管理职责。如何确保领导干部直接办案对实现办案力量向一线倾斜、检察机关办案力量绝对增加、防止办案走形式等至关重要。尽管改革试点明确入额院领导直接办案的要求，并围绕重点办理案件的范围、数量进行了具体规定，但囿于案件承办权与办案决定权的分离、"办案"性质的界定不明确、"办案"数量的量化考核和对"办案"环境的保障不力，❸ 一些入额院领导办案"走形式、走过场"，从而加剧了案多人少的矛盾，使得司法责任制运行效果大打折扣。部分改革试点有关领导干部直接办案规定见表3-2所示。

---

❶ 一般而言，对于独任检察官采取"1+1+N"配备检察辅助人员，即一名检察官配备一名检察官助理，再配备若干名书记员；检察官办案组则采取两名检察官+N名检察辅助人员+N名书记员的模式。对于检察技术人员和司法警察则采取根据需要统一调配方式。

❷ 邓铁军：《增强检辅人员和行政人员改革获得感》，《检察日报》2020年5月18日，第6版。

❸ 笔者在调研中发现，很多入额院领导具有较高的办案热情，但是苦于各种行政事务、会议及公务性活动，其办案时间受到很大的制约，甚至在办案过程中被各种事务工作打断。

表3-2 部分改革试点有关领导干部直接办案规定

序号	省、自治区、直辖市	规定
1	海南	《海南省检察机关案件承办确定工作管理规定》
2	青海	《青海省检察机关领导干部直接办案管理办法》
3	湖北	《湖北省检察机关领导干部直接办案管理办法》
4	江苏	《江苏省人民检察院关于检察长（副检察长）直接办理案件的规定（试行）》
5	山东	《山东省检察机关领导干部直接办理案件暂行规定（试行）》
6	内蒙古	《内蒙古自治区人民检察院关于检察长、副检察长直接办理案件的规定（试行）》
7	北京	《北京市检察机关检察官领导干部办案工作规定（试行）》
8	河北	《河北省检察机关入额检察官案件办理实施办法（试行）》
9	天津	《天津市检察机关院级领导干部直接办理案件规定（试行）》

第一，入额院领导直接办案注重案件参与，但缺乏亲自直接办案范围的界定。相比于人民法院案件范围的明确性，检察机关职责多元，涉及"案件"范围多样。最高人民检察院曾发布专门文件，将入额院领导直接办理案件的范围限定于"在职务犯罪侦查、审查逮捕、审查起诉、诉讼监督和控告申诉检察等环节"的案件，在办案方式上包括"领办、主办、督办"等方式。❶司法责任制改革以来，各改革试点对领导干部直接办案的认识并不一致。例如，《内蒙古自治区人民检察院关于检察长、副检察长直接办理案件的规定（试行）》并未界定"案件"的范围，仅概括了入额院领导需要办理"案件"的特点，例如，重大、疑难、复杂、新型等案件，将"直接办案"解释为"亲自办案"。又如，《天津市检察机关院级领导干部直接办理案件规定（试行）》将入额院领导办案的范围限定于侦查监督、公诉、职务犯罪侦查预防、刑事执行检察、民事行政检察、控告申诉检察、未成年人刑事检察案件或监督事项，并以具体列举的方式将领导干部组织、领导办案，研究、审核案件，或

---

❶ 2007年最高人民检察院《关于各级人民检察院检察长、副检察长直接办理案件的意见》。

者主持、参加检察委员会讨论决定重大、疑难案件不作为直接办理案件的范围。由于"案件"范围的界定不一，导致入额院领导直接办案的范畴有别，甚至直接关系到入额院领导能否真正增加办案力量，能否发挥引导、示范效果。

第二，入额院领导直接办案注重数量，缺乏典型引导。入额院领导不等同于普通检察官，虽然作为入额检察官应当同其他检察官一同直接办理案件，但由于其又履行一定的司法行政权，承担政治、法律乃至社会多重角色，所以对其直接办案的要求，不应与普通检察官完全一致。根据中央政法委的要求，各地确定了入额院领导办案数量的比例。各改革试点结合本地实际，在确定的区间范围内进行了具体量化。例如，青海省规定，基层检察长办案量不少于人均办案数的 30%，副职不少于 40%；市级检察长办案量不少于人均办案数的 20%，副职不少于 30%；省级检察长办案不少于人均办案数的 10%，副职不少于 20%。❶ 又如，《天津市检察机关院级领导干部直接办理案件规定（试行）》对不同层级领导干部直接办理案件的数量作出具体规定。总的来说，改革试点都对入额院领导直接办案明确了数量要求，多数改革试点以比例方式，个别改革试点以具体数值方式明确了要求。在关于入额院领导具体办案类型上，多数单位强调入额院领导应当办理重大、疑难、复杂、新型等案件，并以兜底条款进行约束。然而，如果明确入额院领导办案类型，则必与随机分案机制相悖。倘若没有明确，又可能导致院领导办案的随意性，进而造成制度运行中的两难。

第三，入额院领导直接办案注重正向激励，缺乏反向惩戒。从改革试点来看，对于入额院领导办案考核考评采取与普通入额检察官相区别的机制，即由上一级检察院进行案件数量考评，辅之入额院领导办案定期通报制度，就入额院领导办案数量、类型等绩效进行公开通报，对于不达标、不办案、委托办案等情况分别给予处理。不可否认，上述机制对于推动入额院领导直接办案具有很强的制度激励，但是从整体上看，相关惩戒性机制尚不健全，

---

❶ 邢世伟：《青海创新员额制：法检两院院长"后进"》，《新京报》2015 年 7 月 27 日，第 A18 版。

特别是具体惩戒机制还有待细化。

第四，入额院领导直接办案注重内部倡导，缺乏外部保障。对于入额院领导直接办案这一制度价值的正当性、意义的重大性毋庸赘言，但是，入额院领导直接办案的实现不仅需要制度支撑，还有赖于外部保障。从调研访谈来看，检察机关入额院领导承载了过多的司法行政事务以及社会事务，对于直接办案构成时间上的威胁。虽然中共中央办公厅、国务院办公厅在 2016 年印发了《保护司法人员依法履行法定职责规定》的通知，明确任何单位或者个人不得要求检察官从事超出法定职责范围的事务，并且人民检察院有权拒绝任何单位或个人安排检察官从事超出法定职责范围事务的要求。这对于普通检察官形成了有力的保障，但是对于检察机关入额院领导却很难实施。

二、检察官权力清单配置和运行失范失衡

检察官权力清单集中反映了检察官与检察长的职权划分，以及检察官、检察长、业务部门负责人和主任检察官之间的权力关系。根据表现形式，可分为静态的配置清单和动态的运行清单。从当前改革试点的检察官权力清单规定来看，主要存在静态配置上的失范和动态运行失衡问题，具体可分为在性质上定位不明、在制定时放权不足、运行关系欠缺规范性、运行机制缺乏差异性四个方面。

（一）检察官权力清单在性质上定位不明

虽然检察官权力清单的称谓不同，并具有多样化。但是，无论从最高人民检察院的改革文件，还是从地方改革试点来看，检察官权力清单都存在性质上的定位不明。

一是对检察官权力清单的性质认识存在争议性。检察官权力清单从其来源来看，源自行政权力清单制度，❶ 旨在划定权力的外部边界和内部分配，明确责

---

❶ 2013 年《中共中央关于全面深化改革若干重大问题的决定》第一次正式提出权力清单制度，并要求地方各级政府及其工作部门积极地推进权力清单制度。

任的范围，同时也是政务公开的一种重要表现方式，从而便于社会大众进行监督。然而，对于检察官权力清单而言，对其文件属性并无规定，只是最高人民检察院在其制定的《关于完善检察官权力清单的指导意见》中，将检察官权力清单定位于"过渡性"文件。同时认为，有关检察官、检察长的职权最终需要通过修改法律予以明确。由此，导致检察官权力清单有其制定主体、制定程序和规范内容，但是在性质定位上存在不明确性，而且在是否对外公开以及违反权力清单的后果如何等方面都存在争议性。就检察机关权力清单而言，其到底属于司法解释、规范性文件，抑或检务公开规定，目前尚不明确，由此对权力清单制度的作用发挥产生较大影响。

二是对检察官权力清单的规范形式缺乏强制性。虽然各改革试点都制定了检察官权力清单，而且其可视为放权于检察官的直接成果。但是在权力清单内容上，并无相关强制性的要求，也无保障权力清单实施的监督机制，从而导致"线上放权，线下收权"，检察权运行结构并未发生本质改变。从根本上看，权力清单的授权制与"一把手"政治结构下的负责制存在内部冲突，这也是权力清单难以实施的根本原因。❶ 此外，对于检察官超越权力清单的诉讼行为，当事人是否可诉、相关人员是否需要承担相应责任，从目前来看都不得而知，从而容易使得权力清单成为制度化的"摆设"。

三是不同层级检察机关检察官权力清单呈现同一制。从当前改革试点来看，当前检察官权力分类呈现同一制模式。所谓同一制是指在检察官权力清单划分上，全省上下遵循共同的权力清单分类，而不考虑省、市级和基层检察院的检察官之间的权力配置的特殊需求。❷ 也就是说，检察官权力清单"上下一般大，左右一般粗"。此外，由于权力清单自上而下制定，致使基层检察院的权力清单与上级权力清单高度重合，难以体现本地特殊性。权力清单的一体制简单明了，有助于遵循适用，却使得不同主体之间难以厘清关系，不同层级之间难以以一

---

❶ 傅郁林：《解读司法责任制不可断章取义》，《人民论坛》2016 年第 16 期，第 82 − 83 页。

❷ 在 2017 年最高人民检察院《关于完善检察官权力清单的指导意见》出台前，全国 20 个省级检察院统一为三级检察院制定了权力清单，8 个省级检察院制定了三级检察院检察官权力清单，同时允许辖区内各级检察院对权力清单进行相应调整，1 个省级院制定了市级检察院和基层检察院检察官权力清单，但没有制定省级检察院权力清单。

体化规范运行。

四是检察官权力清单划分标准呈现多样性。《立法法》第 8 条规定，有关检察院的职权规定只能由法律进行设置，由此确定了职权法定原则。关于检察职权的规定，主要由《宪法》《检察官法》《人民检察院组织法》《刑事诉讼法》《民事诉讼法》和《行政诉讼法》等法律规定。检察机关职能的丰富性、权属的多元性、内容的多样性，使得检察官权力清单划分的标准呈现多样性。并且，对检察官的权力配置认识也不一样。前文分析的 9 个改革试点对检察官权力划分的总数并不一致。例如，作为第一批改革试点的海南省将检察职权划分为 241 项，而湖北省则为 258 项，青海省则为 257 项；作为第二批改革试点的江苏省，则为 254 项，内蒙古自治区为 323 项，山东省为 202 项；作为第三批改革试点的北京市，则为 499 项，河北省为 226 项，天津市为 330 项。此外，上述权力清单标准划分在不同的业务部门行使，而有关业务部门的界定也不相同，有的省份将未成年人刑事检察业务单列，有的则将法律政策、案件管理等工作作为检察权运行的范围。检察官权力清单划分标准的多样性有助于适应改革试点的本土实际，也是基于顶层设计与试点推进的改革思路的表现形式。然而，多样性的特点并不意味着这种划分依据完全正当。一方面，划分依据存在恣意性问题。例如，有的改革试点，在检察官权力划分上并没有完全按照职权法定原则进行配置，而是基于办案活动的开展，将活动中各主体的参与权限作为权力划分依据，以至于在权力清单范围内囊括了大量的程序性事项、非检察业务乃至司法责任。❶ 另一方面，划分标准存在多重性。有的试点从权力类型进行划分；有的则是从权力运行轨迹进行划分；还有的从权力运行的关键节点进行划分，进而在划分的标准上呈现标准不一，令人无所适从。此外，划分的种类不明晰，权力执行存在杂糅性问题。由于标准不一、依据恣意，导致在检察官权力清单中

---

❶ 例如，有学者通过考察检察机关统一业务应用系统发现：分管副检察长拥有的文书审批权限数量最多，为 451 项；部门负责人次之，为 352 项；承办人最少，为 213 项。但承办人作为审批权主体的情形相对较为简单，虽有权决定的文书数量仅次于检察长和部门正职，但其办理的主要为事务性文书。参见吕天奇、曾杰：《检察机关内部各层级职权配置现状分析及启示》，《人民检察》2016 年第 14 期，第 50 - 52 页。

有关权力存在业务权力与非业务权力杂糅、❶执行权力与决定权力杂糅、领导权力与监督权力杂糅等现象。例如，社区检察、法律政策研究、案件管理等检察工作到底属于业务部门抑或非业务部门，是否需要在权力清单内进行划定，标准均不一致。

（二）检察官权力清单在制定时放权不足

从改革试点的权力清单来看，虽然检察官依照"抓两大，放两小"原则❷或者"可以保留消极性检察权，把积极性检察权下放"等原则被授予大量职权，但是其在办案事项决定权的范围上仍然呈现限定性的特征。❸检察官权力清单在横向权力配置上集中于检察长，检察官的决定权范围有限。改革试点省份检察官与检察长（检察委员会）权力分布见图3-1所示。

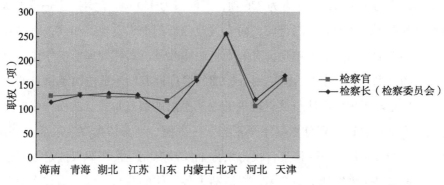

图3-1　改革试点省份检察官与检察长（检察委员会）权力分布❹

1. 检察官权力数量有限

从权力数量上看，检察长（检察委员会）具有权力的数量仍然占压倒性

---

❶　检察机关内部权力可分为检察权和检察行政管理权，有的地方在权力清单制定中，将上述权力一起开列，较为复杂。当然，也有学者将此分为党务工作权、行政工作权和检察权。参见孙静：《符合检察特点的检察官权力清单研究》，载胡卫列、董桂之、韩大元等主编《人民检察院组织法与检察官法修改——第十二届国家高级检察官论坛论文集》，中国检察出版社，2016年版，第450页。

❷　"两大"即重大复杂疑难案件和可能决定其他执法司法机关的判决、裁定和决定案件；"两小"即一般案件以及所有案件的非终局性、事务性工作。

❸　全国29个省级检察院采用正面清单列举检察官权力，只有2个省级检察院采用负面清单形式，可见检察官权力的限定性较为普遍。

❹　图中数据来自海南、青海等省（自治区、直辖市）司法责任制改革文件。

比例，而检察官的权力数量所占比例较小。当然，在不同业务类型上，检察长与检察官之间的权力比例并不一致。在某些业务类型中，检察官权力占据了较高的比例，比如案件管理业务，检察长的权力数量反而普遍较少，即检察官的权力比重普遍较高。但是，这只是在个别业务类型中的情况，从整体上看，仍是检察长的权力比例居高。这种整体上的比例特征，足以表明对检察官的授权尚不充分，仍然存在提升空间。

2. 检察官决定权比例不高

从权力内容的横向分配上看。检察权可分为案件承办权和办案事项决定权。检察长（检察委员会）所拥有的职权多为办案事项决定权，所针对的事项多是终局性、外部性、实体性的，而检察官所拥有的职权则多为案件的执行权、建议权、承办权，以及少量的办案事项决定权，所针对的事项多为程序性、操作性、事务性和内部性的。这种权力横向分配的不均衡，导致执行权与决定权分离，有可能违背司法亲历性原则。❶

3. 检察官办案权与文书签发权分离

由于放权不到位，办案决定权与案件承办权、办案决定权与文书签发权被人为分离，从而出现作为决定者的检察官没有签发法律文书的权力，进而令权力运行分为两条线。检察官实施具体诉讼行为，检察长决定诉讼结果，人为地将办案实施权与决定权进行了分离，从而使得"检察官"意指从事某种诉讼行为的资格而非职务。由此造成不同地区检察机关检察官的权限差异过大，难以统一制度标准，更难以明确司法责任。

4. 检察官部分权力与现行法律相悖

根据现行《刑事诉讼法》的规定，审查批准逮捕等部分权力应当由检察长决定。此外，2019 年《人民检察院刑事诉讼规则》中有 93 处涉及检察长的决定或批准。上述检察长决定的事项都体现了对权力行使的审慎性要求，也体现了检察长统一领导人民检察院的原则。然而，部分改革试点的权力清单不仅将批准逮捕决定的权力授予检察官行使，还将大量限制人身自由、限

---

❶ 朱孝清、张智辉：《检察学》，中国检察出版社，2010 年版，第 319 页。

制财产等本应由检察长或检察委员会行使的权力，委托给检察官行使，只有重大疑难复杂案件才由检察长审批。❶ 这虽然有利于缩短审批流程，但办案决定权归属主体的改变应当遵循现行的法律规定，不能使改革"于法无据"，而且这与权力行使的审慎性原则相悖离，极易造成权力的滥用，并且在监督制约机制尚未同步完善的情况下，容易造成"一放就乱，一管就死"的两难局面。

（三）检察机关内部运行关系欠缺规范性

虽然检察权运行的行政化已经招致诸多学者的批评，并且检察办案活动的适度司法化已成为司法改革的趋势。❷ 但是，从改革试点情况来看，检察机关内部不同主体的运行关系仍然存在一定的失范。从整体来看，这种失范是检察长负责制与检察权运行机制的冲突与对抗导致的，具体而言表现在以下方面：检察权运行主体重复叠加、检察权运行内容极其模糊。

1. 检察权运行主体重复叠加

检察权运行机制的改革目标在于改变"三级审批制"的低效、责任不明以及司法亲历性欠缺的状况。检察权运行机制改革更是明确要求突出检察官的办案主体地位，进而实现"谁办案谁负责，谁决定谁负责"。然而，从改革试点来看，这种改革效果尚不明显，而且没有合理协调检察长负责制与检察权运行机制的关系，甚至出现审批层次增加迹象，从现行改革试点来看，具体表现在以下方面。

一是对于检察官办案组承办案件。原先的办案模式遵循"检察官承办—部门负责人审核—检察长审批"的"三级审批制"，也就是说在检察机关内部案件运行主体上仅限于检察官、部门负责人和检察长这三类主体。改革试点中，除了上述三类主体，又因为几乎所有检察官办案组均为固定办案组，从

---

❶ 例如，北京市人民检察院制定了《关于进一步完善司法责任制的意见（试行）》，在全国率先将一般案件的不批准逮捕、不起诉、未成年人刑事案件附条件不起诉的决定权下放给检察官。又如，湖北省全省县级院75%以上的审查逮捕、审查起诉案件由检察官自行决定。后例参见郭清君等：《书写荆楚检察新篇章》，《检察日报》2017年10月20日第5版。

❷ 龙宗智：《检察机关办案方式的适度司法化改革》，《法学研究》2013年第1期，第169 - 191页。

而使主任检察官成为业务部门之下的常设"主体",由此进一步强化了检察机关内部的行政化。虽然该主体的主要职责为对所办案件的组织、指挥、协调和管理,并且当组内检察官承办案件时不行使决定权和审核权;但是,在部分试点改革中却将检察官办案组负责人——主任检察官作为承办案件的基本组织,组内检察官的意见需要先经其审批,再报业务部门负责人审核,最终由检察长审核。❶

二是独任检察官承办案件。独任检察官虽然具有一定的独立性,但是其仍然属于某一业务部门,而业务部门负责人对其办案具有一定的监督管理权。一般而言,由独任检察官承办的案件,其在职权范围内的事项应直接报检察长(副检察长)审核或决定,但是对于职务犯罪案件,仍然受业务部门负责人审核和监督。此外,部分重大疑难复杂等特殊案件仍然需要业务部门负责人的核阅。由此,业务部门负责人从审批角色转为"核阅"角色。虽然这一角色转变"从根本上"改变了"三级审批制",但是否所有的办案文书都需要被核阅,这值得思考。如果"核阅权"不限定范围和种类,必将导致业务部门负责人的监督权的膨胀。这不仅导致业务部门负责人工作量"猛增",还会形成事实上的"审批制"。

2. 检察权运行内容极其模糊

检察权运行机制改革改变了以往"三级审批制"的办案模式,确定了以检察机关办案组织作为办案单元的办案模式。这必将影响检察机关办案组织内部原有的利益关系和格局。如果检察机关办案组织内部各主体之间的组合原则不明确、组合方式不畅通、职责关系不规范,势必会影响检察机关办案组织的运行效率和功能。对此,无论是最高人民检察院的改革意见还是各改革试点的改革文件都明确了检察机关各类人员的岗位职责和权力权限。然而,由于这些职责权限的描述具有高度概括性,使得检察权运行机制的运行内容

---

❶ 例如,在内蒙古自治区,对于行政属性较强的职务犯罪侦查业务,主要由检察官办案组作为办案组织承办案件。在运转流程上,先由检察官办案组检察官提出意见,然后依次由主任检察官、业务部门负责人、检察长审核(决定)。参见《内蒙古自治区人民检察院关于贯彻落实〈关于完善人民检察院司法责任制的若干意见〉的实施意见(试行)》。

中存在大量的"模糊地带",从而造成各办案主体之间权责不明,以致产生"放权即放任、有权即任性、用权无监督"等问题。

一是检察长指挥监督权实现方式具在模糊性。根据《宪法》及《人民检察院组织法》规定的检察长统一领导人民检察院的工作原则,确立了检察长的指挥监督权。从最高人民检察院《关于完善检察官权力清单的指导意见》来看,检察长的指挥监督权应当从纵向和横向两个角度来理解。从纵向来看,主要分为检察指令权(领导权)和监督管理权;从横向来看,则是与检察官并列的办案事项决定权。然而,该权力的实现方式、内容及程序则存在模糊性,可能带来指挥监督权的"黑箱作业"。❶ 例如,争议较大的就是,有学者将检察长的直接办案分为指挥审核和决定本身,即检察长在办案中依法行使指挥权、审核权和决定权,以及检察长以其本来的职务身份直接参与办理重大、疑难、复杂案件,承担侦查、询问、出庭等具体办案活动。这是亲自办案还是行使指挥监督权存在较大争议。此外,对监督管理权的内涵,"监督"与"管理"有无区别,两者在权力运行中的表现方式、适用范围及对象如何界定等内容也不明确。

二是业务部门负责人的监督管理权与主办检察官的监督管理权难以区分。在部分改革试点,业务部门负责人必须具有检察官资格,他们除了作为检察官承办案件,还对部门内检察官办理的案件具有监督管理职责。例如,审核检察官办案、决定召开检察官联席会议等。然而,与此同时,检察官办案组的主办检察官也对本组检察官办案活动具有监督管理权,包括办案事项决定权和审核权。这两种权力的配置是否科学,应相同还是类似值得斟酌。首先,关于业务部门负责人的身份界定。作为内设机构业务部门的负责人,其角色定位存在一定的争议。业务部门负责人作为当然的检察官,在行使办案事项决定权的同时,还要承担业务部门的管理工作。这就意味着不仅要按照中共中央制定的《法官、检察官单独职务序列改革试点方案》要求,确定其职级及工资待遇,还要按照检察官行政职级,履行必要的组织程序。此外,在管

---

❶ 林朝荣:《检察制度民主化之研究》,文笙书局,2007年版,第355页。

理、考核、任免职等方面也不应等同于普通检察官。因此，如何处理业务部门负责人在作为办案的检察官与作为管理者的司法行政官之间的身份冲突至关重要。其次，业务部门负责人与主办检察官职责重叠，加剧了行政化管理。从改革内容来看，业务部门负责人与主办检察官除履行办案职责外，都要承担一定的管理工作。例如，他们都要对本组内（本部门内）检察官行使管理职责。这种管理既包括办案管理，也包括行政管理。这就意味着，对检察官的管理并未减少管理层次，也未确保其办案主体地位，而仍然采取行政化管理。再次，两者的监督职责存在重合。对于重大、疑难、复杂等特殊案件，业务部门负责人与主办检察官都可能参与其中，这虽然有利于加强对检察官办案的监督，但事实上增加了办案负担。尽管这种监督主要以"审核"或者"核阅"等并非直接改变办案决定的柔性方式进行，但是基于司法行政监督的惯性，这种柔性监督管理方式具有较强的规范效力，最终并未改变"三级审批制"的弊端。

三是主办检察官与检察官之间的协同性不够。虽然最高人民检察院《关于完善人民检察院司法责任制的若干意见》以及《人民检察院组织法》将主办检察官的职权概括为"办案事项"加"人事管理"两方面。只有当组内检察官作为独任检察官承办案件时，主办检察官才既不行使办案事项决定权，也不行使审核权。尽管如此，检察官办案组仍多是以独立的组织形式承办案件。具体可分为以下两种模式：第一，集中领导型，即主办检察官与组内检察官之间属于领导关系，例如海南省、湖北省等；第二，松散指导型，即主办检察官与组内检察官属于指导关系，例如山东省、河北省等。不过，整体而言，主办检察官与检察官职权之间的关系错置，因为无论是领导关系还是指导关系都违背了司法亲历性原则，与域外普遍将检察官作为办案主体的规定相悖。特别在司法责任制的压力之下，主办检察官必然会强化对组内检察官的管理和监督，这样一来使得检察官办案决定权的空间被大大压缩。

（四）检察权运行机制缺乏差异性

1. 检察权运行规范存在不足

检察权的属性、类别乃至职责的不同，决定了检察权运行机制的多元化。虽然最高人民检察院在《关于完善人民检察院司法责任制的若干意见》以及《关于完善检察官权力清单的指导意见》中都从基本原则、具体规定方面，试图对不同类别、性质的检察权运行机制进行区别。但是从改革内容来看，仍存在标准不一、分类不同等问题。一是标准不一。关于检察权的属性、性质、类别等属于检察理论研究范畴，虽然在国家监察体制改革前，对于检察权的运行属性基本达成一致意见，即分为行政属性检察权、监督属性检察权和诉讼属性检察权，但是对于上述属性检察权包括哪些具体职责，具体办案范围等事项并未作出规定。特别是随着国家监察体制改革的进行，是否意味着行政属性检察权不复存在，在法律上也未有定论。二是分类不同。当前，对检察权运行机制改革进行指导的仅有《关于完善人民检察院司法责任制的若干意见》《关于完善检察官权力清单的指导意见》两个规范性文件，但是两者在对检察权分类的表述上有所不同。《关于完善人民检察院司法责任制的若干意见》在健全办案组织及运行机制方面，通过对履行职能需要、案件类型等的表述，区分检察权的表述，并且还将检察权细分为"审查逮捕、审查起诉案件""直接受理立案侦查案件""诉讼监督等法律监督案件"三类，并区别配备办案组织，实行不同的运行机制。《关于完善检察官权力清单的指导意见》则以"不同业务类别的性质和特点"为依据，对检察权进行区分，将其分为"一般刑事诉讼案件"和"诉讼监督案件"两类，进而实行不同的运行机制。由此，造成检察权划分标准不一，分类不明，很难在具体职责及办案中适用。

2. 不同类型检察权运行同质化

由于《关于完善人民检察院司法责任制的若干意见》和《关于完善检察官权力清单的指导意见》对检察权分类不一，令其中具体包含的职责不明，所以在改革试点中，出现不同类型检察权存在同质化运行的现象，即无论是办案组织配置，还是具体运行机制设置都存在同一化、混乱化。首先，改革试点对业务部门设置的范围和划分的标准并不完全一致，有的将业务管理、法律政策等部门的工作也作为办案部门的工作进行设置，有的将办案限定在公诉、批捕等部门。由此导致上述部门是否配备办案组织以及是否适用检察权运行机制存在争议。其次，即使在共有的业务部门，例如公诉、批捕等业务部门，只是在办案组织配置上有所区别，而在权力运行机制上没有进行区分，又难以体现不同属性的检察权的特殊运行要求。再次，在纵向权力运行上，虽然依据不同业务属性，检察权在不同业务部门实行不同的运行关系，但是在检察官、主任检察官、业务部门负责人和检察长之间，检察长具有一定的不受制约的指挥监督权，上述主体之间的关系尚未规范理顺。由此导致检察官权力清单在实际效果上极易回到改革前的窠臼。

三、检察官办案监督存在薄弱环节

任何权力都有泛滥失控的可能，检察权也不例外。特别是检察权在由集体享有到个体行使的转变过程中，更加凸显放权、监督的矛盾，面临"放权不够和监督不够"的双重矛盾。故此，对检察官办案活动开展监督，进而构建有效的监督机制，成为司法体制改革决策的重要考虑方面。特别是随着检察权运行机制改革的推进，检察官从原先的案件承办者逐渐成为集案件承办、案件建议和案件决定于一体的权力享有者，对其进行有效监督实属必要。从改革试点来看，已构建从分案到结案、从内部到外部、从上级到下级全过程的监督机制。❶ 这些机制在某种程度上确保了检察官能依法履行职权，降低了其违法办案的可能性。然而，从近年公布的检察官违法办案的典型案例来看，监督机制仍然无法满足检察权运行机制改革的需要，即相对于"有限的放权"，"无限的监督"有可能是无效的。这种无效主要基于两个方面的判断。一方面，"无限的监督"主要是事后监督，而检察官的办案活动是基于内心确信的裁量性判断，从而造成监督者与被监督者事实上的信息不对称，如此就

---

❶ 当然，也有学者将检察官办案的监督分为对"事"和对"人"的监督两个方面。参见徐日丹：《落实检察权运行机制，让人民群众有更多获得感》，《检察日报》2017 年 9 月 30 日，第 2 版。然而笔者认为，不能完全割裂对人和事的监督。因为对人和对事是很难分开的，两者是交织的。

很难对被监督者内心确信情况进行探究。故此，域外国家（地区）多是对检察官在任职前设置严格条件，任后则进行宽松的监督。另一方面，"无限的监督"增加了监督的层级和成本，容易造成有过多的司法外主体干预检察官的办案活动，从而使以权力制约为目的的监督机制成为新的需要监督的对象。检察官办案监督薄弱的具体表现为：监督主体由内部构成、监督对象较为片面、监督方式较为单一、监督手段实效性不足、监督程序之间衔接不畅五个方面。

（一）监督主体由内部构成

最高人民检察院《关于完善人民检察院司法责任制的若干意见》全文共48条，其中，第22—31条共计10个条文对检察官办案活动的监督机制进行了浓墨重彩的表述，占据整个意见条文比例的25%以上，由此可见监督机制的重要性。然而，从这10个条文的表述来看，其中8个条文主要是内部监督机制的建立，包括基于检察一体化原则下要求的上级监督和本院监督，以及从案件分案、办案过程监控，再到办理效果的反馈等涵盖了检察官整个办案过程。而对于人民监督员、新闻媒体、社会大众等监督机制的规定仅为第30条和第31条。综观当前改革试点，检察官办案责任监督机制的构建基本遵循了上述要求。当然，仅仅凭借对比监督条文的数量就说监督机制存在某种程度的问题也不科学。然而，检察官办案内部监督机制的强化并非完全没有理由，而是基于权力运作的历史形成。

一是科层制下的内部型监督。在我国，检察权虽然作为司法权而被赋予多种权能，并与行政权有所区分。然而这种区分只是对权力属性的区分，在权力运行上上级检察机关或检察院领导都要遵循科层制权力运行背景，上级组织或者本级领导在权力运行轨道上起决定性作用。为了防止权力被滥用，内部监督机制的强化必不可少。然而，基于检察一体而构建的内部监督机制也存在难以克服的不足。此外，不断增加内部监督主体，也可能影响检察权运行的有效性和公正性。

二是有限开放的外部监督。与当前高度内部性的监督机制相比，外部监督必然有限。虽然随着开放、动态、透明、便民的阳光检察机制的建设，案件程序性信息、办案流程和案件法律文书等信息的公布和查询，为社会大众监督检察办案活动提供了载体和便利，但是上述机制中的有些信息可能是被外部形式化的案件信息，一定程度上提高了社会大众查询和获知的"便捷性"，至于对一些说理性信息则仍可能存在公开不足等情况，会影响社会大众的有效监督。

三是国家监察体制改革背景下人民监督员制度面临正当性难题。近年来，人民监督员制度始终作为检察改革的重要内容被予以关注，并且针对其选任主体、范围等问题进行了不断改革，特别是为了提高公信力，人民监督员改由司法行政机关进行选任和管理，并在具体监督案件时随机产生。然而，随着国家监察体制改革试点的全面推开，旨在对检察机关职务犯罪进行有效监督制约的人民监督员制度，却因检察机关职务犯罪侦查职能划转而面临设置目的缺失、监督对象缺失、制度规范失效等根本性问题。如何重新激发人民监督员制度的活力，实现人民监督员制度转型的问题亟待破解。

（二）监督对象较为片面

在监督对象方面，无论是内部监督还是外部监督都呈现出高度的集中性，即主要针对检察官的执行权开展监督。从监督内容来看，无论是案件管理机制，还是案件质量评查，乃至案件承办确定机制和检察官业绩评价机制等监督机制，所针对的对象都是检察官，这样似乎有助于集中监督重点，实现监督目的。但是，这样的监督机制却没有考虑检察权运行机制要实现的目的——"谁办案谁负责，谁决定谁负责"。因为检察官作为案件的承办人是司法办案流程中一员，但也仅是检察权运行机制上的一环。在其之外，还有主任检察官、业务部门负责人，乃至分管副检察长等监督主体和决定主体，他们的意见和看法对于办案决定的形成在一定程度上发挥了重要作用。故此，对于检察官办案活动的集中监督与对于其他主体的有限监督，都可能影响监督机制的作用发挥。

（三）监督方式较为单一

监督方式是监督机制有效运行的载体，也是实现监督目的的重要保证。

根据上述试点改革状况来看，当前检察权运行机制改革中，对于检察官办案活动的监督方式呈现高度的单一性。

一是上级监督的单一性。上级检察院对下级检察院的监督在监督方式上较为刚性，表现为指令撤销或改变，而在监督范围上主要限于办案事项。由于上下级检察机关的定位不同，对于上级检察机关变更下级的决定，应当一分为二地看待，不能当然地认为上级变更下级决定具有先天正当性。其实，在事实认定、证据采信方面，作为办案一线的下级检察官更有发言权，这也是司法亲历性原则的内在要求。

二是本院监督的单一性。一方面表现为检察长监督的单一性。在本院监督方面，检察长的监督可谓重中之重，检察长的监督方式主要包括行使指令权、审核权、指定办案权等权力。然而，从改革试点来看，检察长多以行使指令权和审核权等刚性的监督方式来直接改变检察官的决定，而对于职务转移、协商、谈判等柔性的监督方式的使用则较为有限。另一方面表现为业务部门负责人监督的有限性。对于承担部门行政管理和案件业务监督职能的业务部门负责人，其对检察官的监督制约作用是明显的，但是对于其如何监督、以何种方式监督、是否需要公开记录等方面并无规定。最后，主任检察官对组内检察官的监督也存在不足。主任检察官是临时或固定配置在检察官办案组中，承担案件的组织、指挥、协调以及对办案组成员的管理工作，对检察权运行机制的影响也十分巨大。然而，在主任检察官对检察官的监督程序方面也存在内容缺失、方式不明、效力待定等问题，从整体上呈现出高度的封闭性。

（四）监督手段实效性不足

随着现代科技与检察办案的深度融合，检察官办案呈现出动态性和即时性，但依据目前的监督方式，在检察官办案的动态监督和即时监督中存在不到位的现象。当前的监督手段主要是"人对案"的监督，缺乏技术性监督手段，对检察官办案的实时监督不够，尚未实现全程留痕。根据经济学的基本原理，决定监督有效性的关键在于信息对称，然而由于监督方与被监督方信息获取的方式并不相同，导致两者在监督方面的信息不对称。由于检察办案活动体现了独立性、亲历性和自主性判断，监督主体与被监督案件之间的信息不对称更加凸显。虽然全国检察机关统一业务系统的开发和运行有助于减少两者之间的信息不对称，但是这并未从根本上解决问题。现行的监督手段主要是监督者基于书面的、局部的、有限的卷宗和笔录等文字材料，对办案过程进行评价、判断。然而，大量办案数据呈现的片段化、重复性，增加了这种监督手段的难度，难以满足监督者的监督需求。

（五）监督程序之间衔接不畅

从改革试点来看，对于员额检察官的监督，既有本单位案件管理部门通过案件质量评查对"案件"的监督，也有纪检监察部门通过线索调查对"办案人"的监督，还有监督管理者通过审核审批案件对"权力"规范化与否的监督，更有地方党委政法委对案件的执法检查监督。这种从"案件"到"办案人"、从"权力"到"执法检查"的监督构建了立体化的监督格局。然而，每一种监督方式所要求的程序内容并不相同，如何在上述不同监督程序内实现有序、有效、合理的对接，值得关注。否则，多层次监督将成为无序监督、重复监督，进而产生限制监督的后果，也可能导致被监督者在实际工作中徘徊不前，难以独立判断，进而造成放权后的弃权。

四、检察官司法责任机制存在不足

检察官司法责任旨在对检察官办案中的违法违纪行为进行责任认定和追究，是约束检察官办案行为、规范检察权运行的重要保障。从改革情况来看，检察官司法责任机制仍然不尽合理，具体问题表现在司法责任实体层面和司法责任程序层面两个方面。在司法责任实体层面表现为：司法责任追责依据划分标准与表现形式混淆、司法责任范围具体表现与入门标准错置、司法责任主体认定不尽公平与合理、司法责任免责范围仍然有限。在司法责任程序层面则表现为：检察官惩戒委员会的职能定位欠缺明确性、检察官责任追究程序行政化较为明显。我国检察官纪律惩戒主要规范性文件见表 3-3 所示。

表3-3　我国检察官纪律惩戒主要规范文件

序号	规范文件
1	《检察人员纪律（试行）》（1989）
2	《人民检察院错案责任追究条例（试行）》（1998）
3	《廉洁从检十项纪律》（2000）
4	《人民检察院监察工作条例》（2000）
5	《检察人员纪律处分条例（试行）》（2004）
6	《最高人民检察院检务督察工作暂行规定》（2007）
7	《检察官职业道德基本准则（试行）》（2009）
8	《检察官职业行为基本规范（试行）》（2010）
9	《检察人员八小时外行为禁令》（2014）
10	《关于建立法官、检察官惩戒制度的意见（试行）》（2016）

（一）司法责任实体层面存在的不足

1. 司法责任追责依据划分标准与表现形式混淆

周延性既是概念界定的重要标准，也是划分内容的逻辑依据所在。尽管最高人民检察院在关于司法责任制改革意见中拓展了司法责任的形态范围，但是故意违反法律法规责任、重大过失责任和监督管理责任三种司法责任形态之间，并未遵循一致的划分标准，从而导致划分内容不周延。故意违反法律法规责任与重大过失责任都属于主观过错，但两者是依据主观过错所表现出的不同认识和意志因素进行区分。监督管理责任并非与主观过错责任并列，从司法责任追究的正当性来看，它应当属于过错责任原则的一部分，只是基于不同权力主体地位应承担不同的司法责任。简单来说，监督管理责任是司法责任在不同检察权运行主体之间的具体表现形态，而故意违反法律法规责任或重大过失责任则是其划分依据，两者是性质不同的责任形式。倘若将三种责任形态予以并列，则使司法责任在不同检察权主体之间产生混淆和交叉，❶ 从而容易忽视监督管理责任作为过错责任制度的本质。

2. 司法责任范围具体表现与入门标准错置

《人民检察院错案责任追究条例（试行）》和《检察人员执法过错责任追究条例》都试图对"错案"和"过错"进行概括性界定并加以具体列举，❷ 本意在于解决司法责任追责的入门标准问题。《关于完善人民检察院司法责任制的若干意见》也采取了这种列举加概括的表述方式，具体表现在故意违反法律法规责任上有 10 种表现情形，外加兜底条款，重大过失责任则有 7 种具体情形，外加兜底条款。❸ 当然从《关于完善人民检察院司法责任制的若干意见》对司法责任具体表现的表述来看，其都随着对司法改革认识的深入而有所增减，这本身就表明对司法责任范围的科学认识。然而，任何试图囊括司法责任范围的表述都注定因其成文法固有缺陷而失败，由于这种表述的有限性和不明确性，导致在改革试点中部分检察办案骨干患上"责任制恐慌症"，甚至主动放弃入额机会、自愿选择担任助理。❹ 其实，这种对于具体表现形式

---

❶ 朱孝清：《试论"监督管理责任"》，《人民检察》2016 年第 12－13 期合刊，第 10－17 页。

❷ 黄常明：《检察机关执法过错责任追究制度反思与重构》，《人民检察》2009 年第 20 期，第 11－14 页。

❸ 故意违法责任见《关于完善人民检察院司法责任制的若干意见》第 34 条："检察人员在司法办案工作中，故意实施下列行为之一的，应当承担司法责任：（一）包庇、放纵被举报人、犯罪嫌疑人、被告人，或使无罪的人受到刑事追究的；（二）毁灭、伪造、变造或隐匿证据的；（三）刑讯逼供、暴力取证或以其他非法方法获取证据的；（四）违反规定剥夺、限制当事人、证人人身自由的；（五）违反规定限制诉讼参与人行使诉讼权利，造成严重后果或恶劣影响的；（六）超越刑事案件管辖范围初查、立案的；（七）非法搜查或损毁当事人财物的；（八）违法违规查封、扣押、冻结、保管、处理涉案财物的；（九）对已经决定给予刑事赔偿的案件拒不赔偿或拖延赔偿的；（十）违法违规使用武器、警械的；（十一）其他违反诉讼程序或司法办案规定，造成严重后果或恶劣影响的。"7 种重大过失责任见《关于完善人民检察院司法责任制的若干意见》第 35 条："检察人员在司法办案工作中有重大过失，怠于履行或不正确履行职责，造成下列后果之一的，应当承担司法责任：（一）认定事实、适用法律出现重大错误，或案件被错误处理的；（二）遗漏重要犯罪嫌疑人或重大罪行的；（三）错误羁押或超期羁押犯罪嫌疑人、被告人的；（四）涉案人员自杀、自伤、行凶的；（五）犯罪嫌疑人、被告人串供、毁证、逃跑的；（六）举报控告材料或其他案件材料、扣押财物遗失、严重损毁的；（七）举报控告材料内容或其他案件秘密泄露的；（八）其他严重后果或恶劣影响的。阻障、侵扰，不正当干预或不合理地承担民事、刑事或其他责任的情况下履行其专业职责。"

❹ 王玄伟：《检察机关司法责任制之规范分析》，《国家检察官学院学报》2017 年第 1 期，第 70 页。

的表述与《刑法》中关于司法人员所涉嫌的刑讯逼供罪、暴力取证罪、泄露不应公开的案件信息罪；故意泄露国家秘密罪、非法搜查罪、非法侵入住宅罪、徇私枉法罪、私放在押人员罪；失职致使在押人员脱逃罪，徇私舞弊减刑、假释、暂予监外执行罪，妨害作证罪；帮助毁灭、伪造证据罪等罪状表述基本一致，甚至可以称为条文移植。由此可见，对于司法责任范围采取"列举加概括"的方式，与单纯"概括"或者"列举"一样，都无法解决司法责任范围的入门标准。在司法实践中，如何对故意违反法律法规和重大过失两种心理状态进行责任认定，其标准也不相同。此外，部分改革试点还单列了检察官的责任清单，将风险防控、参与社会治安综合治理、法律适用研究等作为检察官的岗位职责，要求"法定职权必须为"，这也增加了检察官的责任忧虑。

3. 司法责任主体认定不尽公平与合理

从最高人民检察院的改革意见来看，司法责任的主体包括作为办案组织的独任检察官和检察官办案组，以及承担监督管理职责的检察长和检察委员会。此外，对上述各主体之间的司法责任划分和归属进行了明确。有的改革试点专门制定了责任清单，试图对检察权运行各主体的责任进行列举和区别。然而，由于检察官缺乏相对独立性，检察权缺乏科学划分，以至于各主体在司法责任认定方面不尽合理和公平。特别是承办权、执行权、决定权、文书签发权、指令权等不同权力在司法责任认定方面有可能被混乱使用。例如，独任检察官的司法责任要求其承办案件并决定事项，这里涉及承办和决定两个要件。而对于检察官办案组，办案组负责人要对自身决定事项负责，而检察官则对其自身行为事项负责。根据权力清单，检察长也要参与案件办理，由此导致较难对上述主体的司法责任进行区分。此外，检察官办案组责任认定存在简单化。相比于独任检察官而言，检察官办案组的司法责任认定本应更为复杂，因为检察官办案组的内部主体呈现多元性，不仅有检察官，还有检察辅助人员，以及作为组长的主办检察官；适用的范围是多样性的，既包括疑难、复杂、重大案件，又涉及审查、监督和诉讼职能，特殊的内部结构和外部环境，必将引起司法责任认定和追究的难题。❶ 然而，综观当前司法改革试点，虽然对于检察官办案组内部责任基于其角色进行了划分，但仍然存在简单化处理的问题。

首先，主办检察官司法责任的认定取决于与组内检察官的意见是否相同，如果意见一致，由主办检察官承担；如果意见不同，则由承办检察官负责。例如，山东省检察机关规定，主办检察官与其他检察官意见相同的，由主办检察官与其他检察官共同承担责任；主办检察官改变办案组其他检察官处理意见的，对改变的决定负责，其他检察官对承办范围内的案件事实和证据负责，不对改变的决定承担责任。❷

其次，检察官的责任认定主要依据其行为责任进行，从而人为地割裂了"决定责任"与"行为责任"。例如，内蒙古自治区检察机关规定，办案组负责人对职权范围内决定的事项承担责任，其他检察官对自己的行为承担责任。❸

再次，检察官与检察官助理职责不清，导致检察官与检察官助理之间的责任区分和认定较为困难。特别是不同改革试点对需要检察官亲自办理事项和检察官助理辅助办理事项之间的界限区分不明，两者对于责任追究的范围认定是否一致存在争议，从而造成检察办案组织内部责任的认定困难。

4. 司法责任免责范围仍然较为有限

虽然当前司法责任制改革明确了检察官司法责任的免责范围。但是，在办案质量终身负责制下，检察官司法责任免责的范围仍然有限。根据《国家赔偿法》的规定，检察官的民事责任并不豁免。这与《联合国关于检察官作用的准则》第 4 条所要求的"应当确保检察官没有不合理地承担民事、刑事或其他责任的情况下履行其专业职责"相违背。同时，在正式文件规定之外，还有大量的隐形司法责任存在。例如，在检察机关内部存在的"口头劝说退

---

❶　龙宗智：《司法责任制与办案组织建设中的矛盾及应对》，《人民检察》2016 年第 11 期，第 9 - 10 页。

❷　参见《山东省人民检察院关于检察人员司法责任认定的指导意见（试行）》。

❸　参见《内蒙古自治区人民检察院关于贯彻落实〈关于完善人民检察院司法责任制的若干意见〉的实施意见（试行）》。

出员额""晋升选升的资格受限"等。又如，对于司法瑕疵，现行制度要求依照"相关纪律"规定处理，那么"相关纪律"到底是指什么纪律？目前都尚未明确。此外，对于司法责任的免除事由，除了最高人民检察院统一规定，是否还允许地方检察机关进行限缩或扩大。这些都值得进一步讨论。

（二）司法责任程序层面存在的不足❶

1. 检察官惩戒委员会职能定位欠缺明确性

一是决定效力不明。对于检察官惩戒委员会作出的建议，检察机关是否必须遵守还是仅用于参考？根据《检察官法》第 49 条的规定："最高人民检察院和省、自治区、直辖市设立检察官惩戒委员会，负责从专业角度审查认定检察官是否存在本法第四十七条第四项、第五项规定的违反检察职责的行为，提出构成故意违反职责、存在重大过失、存在一般过失或者没有违反职责等审查意见。检察官惩戒委员会提出审查意见后，人民检察院依照有关规定作出是否予以惩戒的决定，并给予相应处理。"此外，从部分试点来看，检察官惩戒委员会的决定仅具建议性。例如，《海南省检察机关完善司法责任制的实施意见》规定："检察机关对惩戒委员会关于当事检察官无责、免责或给予惩戒处分的建议，要认真对待、充分尊重；对没有采纳惩戒委员会建议的，要充分说明理由，并做好沟通工作。"二是审议的范围不明。从当前的国家监察体制改革试点来看，国家监察委员会对检察官行使职权的行为进行监督，从而有可能在部分处理决定上与检察官惩戒委员会的职能相同。由此，是否针对检察官办案责任的所有处分都要经过检察官惩戒委员会的审议，也存在不明情况。三是缺乏足够的实践评判。从各省级检察官惩戒委员会成立到目前，运行该制度缺乏相应的案例积累和实践，难以就其成效进行科学评估。

2. 检察官责任追究程序行政化较为明显

首先，由非专业人士进行责任追究。当发生冤假错案而需要责任倒查时，由作为外行的纪检监察机构而非司法者同行进行案件质量评查，是否能够科

---

❶ 张永进：《从内部行政型到外部司法型：检察官办案责任追究机制研究》，《法治论坛》2017年第 2 期，第 217-228 页。

学确认、合理区分司法责任，这值得进一步探究。其次，对于检察官的处分决定程序尚未明确。改革意见规定人民检察院纪检监察机构就检察官故意违反法律法规或重大过失承担举证责任。当事检察官有权进行陈述、辩解、申请复议。然而，并未对检察官惩戒委员会的审议方式、审议方式的公开与否、是否允许委托代理人参与等内容作出规定。再次，在司法实践中，出现诸如"不得入额""不得晋升"等游离在法定范围之外的惩戒措施，虽然这些难以被纳入责任追究程序的范围之内，但是对于检察官影响重大。

五、检察官保障机制有待全面落实

（一）检察官工资待遇尚未完全落实到位

司法体制改革不仅关涉检察权运行机制改革，还涉及对检察人员切身利益的调整。在我国，虽然《宪法》确立了以检察机关与法院构成的司法机关"二元化"司法模式，并且最高权力机关颁布了专门的《检察官法》❶ 予以规范，但是在检察官的保障方面很大程度上仍然采取与行政机关相同的标准，难以体现检察官的司法化属性。❷ 虽然现有改革文件对检察官待遇履职保障有所涉及，❸ 并且对于检察机关人财物省级统管的地方而言，保障水平确实有所提高，但由于司法机关受制于"同级政府财政管理"模式，在检察官工资待遇落实方面存在很大不确定性。从统计来看只有 16 个省（市、自治区）实现了省以下财物统一管理，而有一半以上地区尚未实现。❹ 这些地方的检察官的

---

❶　2019 年修订的《检察官法》第 7 章中专门规定了检察官的职业保障，共涉及 14 个条文，即第 53—66 条。分别从设立检察官权益保障委员会、不得随意调离检察岗位、不从事超出法定职责范围的事、人身安全获得保障、防止名誉受损、特定人身保护措施、单独工资制度、定期增资制度、福利待遇制度、优抚优待制度、退休养老制度等。

❷　例如，我国将检察官列入党政干部范围，并按照《党政领导干部选拔任用工作条例》实行管理、考核、晋升和工资保障。

❸　参见《关于完善人民检察院司法责任制的若干意见》《法官、检察官和司法辅助人员工资制度改革试点实施办法》。

❹　参见《最高人民检察院关于人民检察院全面深化司法改革情况的报告》（2017 年）。

待遇保障主要依赖地方党委和政府的主动支持和保障,● 而且由于并无相关惩戒性机制和后果,所以对于司法人员履职保障的规定存在开"空头支票"的现象,❷ 部分地区检察官的合理经济待遇尚未落实到位。此外,针对职业保障政策落实不到位问题的处理,多是通过自上而下的专项督查方式,进而推动落实相关政策,但是并不具备长效制度保障。

(二) 检察官职务序列配套待遇有待完善

检察官及其辅助人员单独职务序列的建立对于提升检察官和检察辅助人员待遇,推进检察官及其辅助人员的职业化、专业化建设意义重大,是检察机关"想了很多年、讲了很多年但没有做成的改革"❸,但是我们不得不承认,当前整个社会都呈现出行政化标准。检察系统单独职务序列的建立必然与行政化标准相分离、相冲突。如何协调好两者关系,做好有效对接,成为摆在当前的一大难题。除了工资待遇,无论是行政公务员还是司法人员均享受相应级别的政治及生活待遇保障。在改革之前,检察官与行政公务员一起套用同一的行政级别,从而享受统一的政治、生活待遇。但是改革之后,检察官实行单独职务序列制度,这就意味着无论政治、生活待遇都不能直接参照行政级别进行,然而,由于目前尚无相关配套政策,以至于检察官虽然能够按时晋升或选升,但是政治、生活待遇仍旧留在职务套改之时,这就与检察官的职业保障要求相悖。例如,检察官生活津补贴由其行政级别决定,这就意味着检察官的工资收入整体上由职务序列和行政序列两部分构成。职务序列自不待言,而对于行政序列则尚无配套政策。

(三) 检察官履职保障措施落实尚不到位

为了保障检察官依法履职,减少其后顾之忧,最高人民检察院出台了

● 例如,在云南省,虽然改革试点检察院的检察人员工资已经由省财政统发,办公办案等公用经费已经由省财政作出保障,但对于州、县两级检察院原来由地方财政保障的政府性考核奖金、合同制书记员薪酬、民族自治地方津贴等项目,仍然由地方政府予以保障,因而检察人员的一部分待遇仍然依靠地方支持。参见王玄玮:《检察机关司法责任制之规范分析》,《国家检察官学院学报》2017年第1期。

❷ 邓思清:《检察权研究》,北京大学出版社,2007年版,第112页。

❸ 李卫:《习近平:以提高司法公信力为根本尺度 坚定不移深化司法体制改革》,《长安》2015年第4期,第4-5页。

《关于完善人民检察院司法责任制的若干意见》《关于加强法官检察官正规化专业化职业化建设　全面落实司法责任制的意见》等综合性履职保障规定，以及《保护司法人员依法履行法定职责规定》等专门的履职保障规定。但是，从实地调研来看，对于检察官独立办案、人身保护等保障措施，落实还不够到位，领导干部干预司法的活动还存在。❶ 比如，关于防止干预检察办案规定而言，缺乏检察机关主动抵制干预、拒绝职责外事务的程序、保障和监督方式，以至于上述规定成为"软规定"。检察官承担房屋拆迁、信访化解等非检务活动占据大量时间，❷ 部分地区还比较严重。❸ 一旦主动予以拒绝，反而可能产生不利后果。

（四）检察官绩效考核制度有待科学设计

为了科学评价检察官的工作业绩，同时也为了公平分配检察官绩效奖金，各地检察机关围绕"履职情况、办案数量、办案质效、司法技能、外部评价等内容"分别建立健全了检察官考核制度，以适应司法责任制改革要求。然而，综观改革试点，在检察官绩效考核设置原则、操作程序和具体要求方面虽不尽一致，但存在以下共性问题：一是检察官绩效考核的实施主体仍由政治工作部门等司法行政人员负责制定和实施，检察官参与自身评价的机会有限；二是在具体内容设置上，侧重点各有不同，即办案数量、办案质效、外部评价和司法技能所占分值各有不同，至于上述不同分值设定的依据是什么，并未作出说明；三是部分绩效数据的采集一般来自于案件管理、案件研究等综合业务部门，而对于检察官承担的部分司法行政职责关注不够；四是作为特殊办案主体的入额院领导，其与普通检察官虽遵循不同的司法绩效考核规则，但实际适用同一晋职晋级标准，是否合理妥当，特别是很多改革试点将

---

❶ 广东省纪委课题组：《领导干部干预司法办案问题的调查》，《中国纪检检察》2014 年第 22 期，第 34 - 35 页。

❷ 刘昊：《徐州创建文明城市，检察院拒绝上街执勤》，《南方周末》2016 年 8 月 28 日，时局版。

❸ 咸阳市人大常委会内务司法工作委员会：《关于全市法院、检察院司法责任制改革工作情况的调研报告》，咸阳市人大常委会网站，http://www.xysrd.gov.cn/jdsc/gzdy/457838.htm，访问日期：2018 年 2 月 10 日。

院领导的范围拓展到业务部门负责人，这在无形中加剧了检察机关内部的官僚化。

六、司法体制综合配套改革支撑不足

当前检察权运行机制改革虽由中央深化改革领导小组审议通过，但是在具体内容上仍由最高人民检察院主导，从而出现了检察权运行配套机制的不足。从改革试点来看，主要包括以下方面：检察人员分类管理不够完善、员额制改革统筹不够、内设机构改革较为滞后、涉诉信访改革有待破解。党的十九大报告指出，"深化司法体制综合配套改革，全面落实司法责任制，努力让人民群众在每一个司法案件中感受到公平正义"。[1] 由此可见，司法体制综合配套改革必须兼顾局部性问题和整体性要求协调推进。

（一）检察人员分类管理不够完善

除了中央层面出台的相关文件，部分改革试点也根据要求进行了改革，并分别形成了以检察人员种类划分为主的小改模式、以科长（主任）负责制为主的中改模式、以强调检察官独立的大改模式。[2] 从改革试点来看，虽然都实现了检察人员的基本分类，但人员分类管理改革范围不一、幅度不同、内容有别。而且这种试点改革并未上升为普遍模式，也没有改变现有人事管理体制，也没有使得检察官责、权、利相统一，同时，试点改革后上下级之间也面临衔接困难，上述因素使得改革试点先后陷入改革困境。[3]

1. 司法辅助人员数量短缺和职业稳定性不足

一是司法辅助人员数量短缺。司法辅助人员包括检察官助理、书记员等，其主要问题是书记员的数量短缺、检察官助理的出口不畅。从 2013 年发布的《人民检察院工作人员分类管理制度改革意见》来看，检察辅助人员的比例为

---

[1] 《党的十九大报告学习辅导百问》，党建读物出版社，2017 年版，第 31 页。

[2] 张庆立：《检察人员分类管理制度改革探析》，《上海政法学院学报（法治论丛）》2014 年第 4 期，第 14－19 页。

[3] 陈宝富等：《检察人员分类管理实证考察》，《人民检察》2014 年第 22 期，第 38－40 页。

46%，但是检察官组建办案组织基本遵循"1∶1模式"，由此导致改革后书记员数量缺口较大，特别是受政法编制限制，书记员的数量难以在短期内补充。对于检察官助理，存在的问题主要表现为出口不畅。从改革文件来看，检察官主要由基层遴选产生，这就使得检察官助理虽有单独职务序列，但是未来发展的方向不明，究竟是在本序列内继续发展还是可以在检察官与检察官助理之间进行转换，目前也暂时没有相关规定。

二是司法辅助人员职业稳定性不足。在检察人员分类管制之前，因为所有的检察官都是公务员身份，并且他们都参与案件的办理，分享检察权的行使，在具体办案过程中，除了参与角色的区别，并没有任何待遇上的差异。而改革后，入额检察官和未入额检察官在待遇、荣誉、发展空间等方面都会产生极大差距，并且入额检察官与未入额检察官的办案身份也会发生变化。这种变化将加剧入额检察官与未入额检察官之间发生摩擦的空间。此外，因为员额制的设定，检察辅助人员可转化为检察官的大门将被永久性关闭。如何建立检察辅助人员、检察行政人员的职务序列以及与检察官的职责关系等配套机制，● 将直接影响检察官员额制改革的成效。

2. 司法行政人员数量短缺和职业发展空间有限

从相关省级检察院给地方人大的司法改革报告来看，司法行政人员不超过15%的设定比例过低，● 令人员缺口较大。这不仅严重制约了检察机关司法行政工作的开展，而且已经上升为关系司法改革成败的重要问题。● 首先是司法行政人员数量上的短缺。随着司法改革的深入，作为被改革主体，司法行政的工作量不仅没有减少而且激增，从而整体上使得司法行政事务压力增加，由改革前的人人分担，变为由司法行政人员承担，从而造成司法行政人员事实上的短缺。其次是司法行政人员职业发展空间有限。实行分类管理后，

● 马永平：《员额制改革应处理好十大关系》，《法制日报》2015年7月22日，第3版。

● 2018年，中央政法工作会议要求，严格执行司法行政人员比例不超过15%，这为全国检察机关司法行政人员的数量和比例划定了红线。参见王芳：《聚焦中央政法工作会议 看2018司法体制改革风向标》，《法制日报》2018年1月24日，第1版。

● 于天敏：《关于全省检察机关司法体制改革情况的报告——2017年11月28日在辽宁省第十二届人民代表大会常务委员会第三十八次会议上》，《辽宁日报》2018年1月5日，第4版。

司法行政人员参照综合管理类公务员进行管理，但由于事实上领导职数的限制和与其他行政机关横向交流的不畅，导致司法行政人员容易产生发展无望的想法，从而带来队伍的不稳定性。

（二）检察官员额制改革统筹不够

对于检察官员额制改革，呈现出实务界高度敏感，而理论界关注较少的差异局面。实务界之所以高度敏感，在于检察官员额制改革与检察官的职位、待遇和保障等切身相关，直接影响检察队伍的稳定，所以在改革中慎之又慎。笔者通过中国知网进行检索，有关检察官员额制改革的研究虽有200多篇论文，但伴随检察官员额制改革中的一些问题仍然值得持续关注和思考。

一是关于检察官员额制的比例设定问题。根据中央部署，在全国范围内将检察官员额制比例限定为中央政法编制数的39%以下，并且作为底线和红线，不能触碰和超越。[1] 对于39%的员额制比例设定是否科学，虽然经过中央测算，基本符合我国实际，[2] 但是仍然有学者提出了质疑，指出大陆法系国家、前社会主义国家以及社会主义国家的检察官人口比均比我国高，再加上我国检察官履行法律监督职能、职责多样、程序分流效果有限等因素，现行的39%的检察官员额固定比例偏低，不符合实际，应当予以提高。[3] 2011—2013年世界主要国家（地区）检察官人口比例见表3-4所示。

对于检察官员额制的比例测算，从域外情况来看，并无一致性的测算公式或标准，而是结合经济发展程度、历史传统因素、人口情况以及办案数量等综合因素确定。具体的检察官员额比例所反映的是一个基本趋向和合理范围值，而非精准度较高的科学数据。此外，从中央有关司法体制改革文件传达的精神来看，39%的比例限制在于对应现有编制范围内一名检察官配有一名检察辅助人员的比例要求，从而确保办案质量和效率，提高司法公信力。然而，由于员

---

[1] 桂田田：《孟建柱："员额制"关系到司法体制改革成败》，《北京青年报》2015年4月18日，第1版。

[2] 贺小荣、何帆：《贯彻实施〈关于全面深化人民法院改革的意见〉应当把握的几个主要关系和问题》，《人民法院报》2015年3月18日，第5版。

[3] 陈永生、白冰：《法官、检察官员额制改革的限度》，《比较法研究》2016年第2期，第21-48页。

额比例的计算主要根据中央政法编制数量，并未考虑不同地区的实际案件数量，由此可能导致各地闲忙不均，特别是使经济发达地区案多人少的矛盾更加突出。

表 3 - 4　2011—2013 年世界主要国家（地区）检察官人口比❶

排序	国家/地区	每 10 万人口检察官数（人）	排序	国家/地区	每 10 万人口检察官数（人）
1	巴拿马	80.6	22	英国（苏格兰）	9.9
2	巴拉圭	66.3	23	美国	9.4
3	立陶宛	25.3	24	瑞典	9.4
4	爱尔兰	24.6	25	斯洛文尼亚	9.2
5	拉脱尼亚	22.1	26	波斯尼亚和黑塞哥维纳	8.3
6	保加利亚	20.1	27	佛得角	7.8
7	匈牙利	18.1	28	科索沃	7.6
8	吉尔吉斯斯坦	15.4	29	塞尔维亚	7.5
9	波兰	15.2	30	墨西哥	6.8
10	哥斯达黎加	14.4	31	芬兰	6.7
11	克罗地亚	14.3	32	中国澳门特别行政区	6.6
12	爱沙尼亚	13.2	33	德国	6.3
13	葡萄牙	13.1	34	安道尔	6.1
14	丹麦	12.4	35	新加坡	5.2
15	黑山	12.2	36	希腊	5.0
16	捷克	11.6	37	奥地利	4.4
17	中国（不含港澳台地区）	11.2	38	意大利	3.1
18	罗马尼亚	11.2	39	中国香港特别行政区	3.0
19	亚美尼亚	10.7	40	日本	2.1
20	瑞士	10.5	41	菲律宾	1.9
21	英国（北爱尔兰）	10.1	42	圭亚那	1.5

---

❶　表中"拉脱尼亚"或为"拉脱维亚"。表 3 - 4 参见陈永生、白冰：《法官、检察官员额制改革的限度》，《比较法研究》2016 年第 2 期，第 28 页。

二是关于检察官员额的管理问题。员额制改革的基础是基于原先的中央政法专项编制，即依据户籍人口数量，并参考办案数量等因素，❶ 在各行政地域内均衡分布。然而，随着社会经济的快速发展，原先的中央政法专项编制设置原则与检察案件的分布不均衡之间的矛盾凸显。首先，同一比例的员额分配与实际需求不符。当前检察官员额制改革是以省级为单位推进，为确保改革的推进，省、市、县都遵循同一的入额比例，没有充分考虑不同区域间的办案数量及经济发展情况而平均分配检察官员额，从而造成检察官员额需求与实际供给不匹配、不平衡。部分改革试点虽然建立了省级同一调配机制，但是对于如何测算、如何进行程序分配并不公开。其次，检察官员额退出、增补机制有待完善。从员额制改革要求来看，员额制检察官并非"铁饭碗"，但由于无同一规范，所以在具体的退出、增补条件上各地均有不同，呈现出多元化特征。由于员额退出关切检察官的职业保障和履职公正，甚至影响检察官的职业发展，所以内部规范有待商榷。

三是关于检察官员额制改革与办案的均衡问题。从部分员额制改革统计数据❷来看，院领导和业务部门负责人占据员额很大比例，虽然部分地方确定了院领导及业务部门负责人的办案比例，但是随着员额制改革的推进，检察官不仅在整体数量上被压缩，而且内部比例也发生较大变化。如果对入额检察官的办案数量、办案类型要求不一致，员额制改革可能会加剧办案不均衡，使得"案多人少"的矛盾更加突出。

四是关于检察官员额制改革与检察官职业环境的关系问题。检察官员额制改革的目标在于通过改变检察人员组成结构，确保一线办案力量，激发检察官活力，进而在一定程度上缓解"案多人少"的矛盾。然而，倘若检察机关承担的法定外职责和任务没有改变，例如仍然参与地方维稳、内部评比、横向协调等大量非检务活动，入额检察官是否能够不受外部干扰专职办案，

---

❶ 《中央机构编制委员会关于地方各级党政机构设置的意见》（中编〔1993〕4号）1993年8月28日。

❷ 丁国锋：《江苏建立新检察权力运行机制确保改革不走样不变形不悬空》，《法制日报》2017年3月20日，第1版。

可能无法得以保障。特别是检察机关中的检察权和检察行政管理权没有被适当分离，检察行政事务没有得以精简和压缩，在这种情况下如何让优秀的入额检察官不做其他事务只参与办案，将是一个大问题。同时，在信访压力下，入额检察官的办案质量终身负责制将成为悬在检察官头顶上的达摩克利斯之剑，让其承担过于严苛的责任。❶ 这也可能成为检察官规避、推卸责任的动因。

（三）检察机关业务部门内设机构改革较为滞后

1. 检察机关业务部门内设机构功能错位

检察机关业务部门内设机构的功能是什么？在"检察院—内设机构—检察官"三层级中的定位是什么？这在许多理论研究中并未被深入反思，而是先天性地将检察机关内设机构作为"具体检察职能实现的组织载体，也是检察权内部配置和管理的表现形式"。❷ 在这种理论定位下，检察机关内设机构就是检察权在检察机关内部的二次分配，❸ 是为确保检察职权的实现而设立的。也就是说，将检察机关业务部门内设机构视为检察权实现的组织载体，即办案组织和单元。这种理论假定和实践操作，无论在理论方面还是在立法方面都缺乏依据。一是检察官而非检察机关业务部门内设机构才是检察职权的运行载体。根据《检察官法》第 2 条的规定，检察官是依法行使国家检察权的检察人员。也就是说检察权的运行载体并非检察机关内设机构。二是将检察机关业务部门内设机构作为检察权运行载体和实现方式将加剧检察机关的行政化程度，这与检察权的运行规律相背反。一旦将检察机关业务部门内设机构作为检察权的行使者，将使得检察权的行使集体化和复合化，从而使检察权的运行方式缺乏独立性。三是将业务部门内设机构作为检察权组织载

---

❶ 陈晓聪：《员额制改革背景下的法官约束与激励机制》，《华东政法大学学报》2016 年第 3 期，第 178－183 页。

❷ 何江波、付文亮：《基层检察机关内设机构研究》，《中国刑事法杂志》2011 年第 12 期，第 108－113 页；孔璋、程相鹏：《检察机关内设机构设置改革问题研究》，《西南政法大学学报》2014 年第 6 期，第 96－106 页。

❸ 张智辉：《立足司法体制改革　检察学应重点研究四个问题》，《人民检察》2013 年第 9 期，第 41－42 页。

体缺乏相关法律依据。根据我国《人民检察院组织法》和《检察官法》的相关规定，业务部门内设机构负责人并非法律职务，无须人大任命，而是由检察院根据干部任免权限报送相关组织部门批准产生。这就意味着内设机构负责人并非检察权的享有者和组织者，也就无法享有检察官相应的待遇保障。四是业务部门内设机构设置标准的多元化，导致了检察权行使的"自缚性"。例如，对于公诉、批捕而言，其设置的依据在诉讼阶段，而刑事执行检察是依据其运行的场所，控告申诉则依据其行为的对象。多元化的设置标准，使得检察权在运行中难以释放法律文本规定的作用，从而产生内部的自我受限性。

2. 检察机关业务部门内设机构运行越位

一旦将检察机关业务部门内设机构作为检察权的运行主体和基本办案组织，那么不仅存在理论上的难题，还会造成实践中的越位。主要表现为检察机关业务部门内设机构设置与办案组织高度重合、检察机关业务部门内设机关管理与办案活动高度交叉、检察机关业务部门内设机构职责与办案职权混同三个方面。

一是检察机关业务部门内设机构设置与办案组织高度重合。检察机关业务部门内设机构依据办案需求而设置并作为办案组织而运行，将使得检察机关业务部门内设机构在运行中随着职责分工的细化而不断自我膨胀，最终导致"一人科室"的现象。此外，检察机关业务部门内设机构负责人作为办案组织的负责人将加剧"三级审批制"的行政化办案过程，使得扁平化管理无所适从。

二是检察机关业务部门内设机构管理与办案活动高度交叉。在域外，设置检察机关业务部门内设机构的目的主要在于为检察官办案提供组织保障和行政管理，而非实施具体的办案活动。❶ 在办案过程中，检察机关业务部门内设机构负责人与检察官并非法律上的领导关系，而是行政上的审核和管理关系。例如，日本检察机关业务部门实际上是为实现检察机关高效及专业地履

---

❶ 万毅：《日韩检察机关内设机构设置注重专业化》，《检察日报》2015年6月16日，第3版。

行诉讼职能而设置。❶ 然而在我国，检察机关业务部门内设机构负责人不仅要承担本部门的行政事务，还要参与具体的办案活动，对于所在部门的承办检察官具有绝对领导权。

三是检察机关业务部门内设机构职责与办案职权混同。无论是最高人民检察院"三定方案"，还是地方检察机关的"三定方案"，都将部门职权与办案职权赋予其内设机构，使得检察机关业务部门内设机构不仅拥有检察行政管理权，还有具体的检察权，从而造成检察机关业务部门内设机构的职责混同。❷

3. 检察机关业务部门内设机构管理缺位

检察机关业务部门内设机构是检察职责划分的组织载体，在检察资源调配和检察职权运行管理中发挥重要作用。然而，在我国由于检察机关业务部门内设机构定位错误、运行错位，导致检察职权运行管理职责缺位。

一是检察机关业务部门内设机构重设置不注重管理。在检察机关业务部门内设机构设置方面没有遵循精简、效能的设置原则，而是作为具体检察权能的运行载体，由此导致检察机关业务部门内设机构设置繁多、壁垒林立，造成资源分散，不利于人员管理。

二是检察机关业务部门内设机构重办案不注重管理。由于检察机关业务部门内设机构职责定位错误，进而在日常活动中，检察机关业务部门内设机构负责人主要作为"三级审批制"中的一个层级出现在办案活动中，至于对检察机关业务部门内设机构的日常管理、人员管理和办案管理则较为缺乏。

三是检察机关业务部门内设机构重职级而轻管理。按照我国编制管理相关规定，检察机关业务部门内设机构作为行政机构设置，检察机关业务部门内设机构负责人作为行政机构负责人履职。这就导致检察机关业务部门内设

---

❶ 万毅：《台湾地区检察机关内设机构各司其职》，《检察日报》2015 年 7 月 7 日，第 3 版。

❷ 例如，在最高人民检察院有关"侦查监督厅"的职责介绍中：侦查监督厅负责对全国刑事犯罪案件（包括人民检察院直接受理侦查的贪污贿赂、国家工作人员渎职等犯罪案件）犯罪嫌疑人的审查批捕、决定逮捕和立案监督、侦查活动监督工作的指导；承办应当由最高人民检察院办理的审查批捕、决定逮捕案件；承办下级人民检察院审查批捕检察部门工作中疑难问题的请示；指导未成年人涉嫌犯罪的审查批捕工作；研究审查批捕业务规范化建设，制定有关规定。

机构的设置和发展主要是为了解决干警的职级待遇问题，而非内部管理问题，从而造成检察机关业务部门内设机构在设置上追求大、多、全。

（四）涉检信访机制有待改革破解

尽管检察机关涉法涉诉信访已经引起最高人民检察院长期重视，并给予了持续的政策治理，例如，将涉法涉诉信访纳入法治轨道，确保合理的诉求能够得到合理的解决，再如，建立健全涉法涉诉信访终结机制，尊重和保障司法的确定力，还如，推进开展国家司法救助工作，深化律师参与检察机关涉法涉诉信访代理，等等。上述措施虽能从整体上提升工作成效，但是并未从根本上解决问题，特别涉检涉法信访关系到地方稳定、社会和谐，在政治、经济、社会敏感节点更易引起党委、政府的关切。由于涉检信访的责任主体在于检察长乃至一级检察机关党组，所以在涉检信访的处置上，需要检察长乃至一级检察机关党组协调各方力量、运用各种方式、统筹各种资源才能取得较为良好的社会效果和政治效果。"三级审批制"等原有办案机制由于办案链条较长、办案环节复杂，也抵消了乃至降低了案件承办人员的信访压力。然而，在外部涉检信访环境没有根本改变、司法效率逐渐提升的背景下，检察权运行机制的实施必将检察官推向处置涉检信访第一线，从而使得"谁办案、谁负责"演化为"谁办案、谁处置信访"，无形中增加了大量的办案压力。面对可能增大的涉检信访压力，单个检察官所拥有以及可供协调的党政资源较为有限，❶ 再加上其并未直接承担涉检信访的政治责任和法律责任，从而加剧了这种冲突。

---

❶ 关于党政资源的论述，童之伟教授将此称为分享党的资源和从宪法、法律获得的资源综合。参见童之伟：《国家监察立法预案仍须着力完善》，《政治与法律》2017年第10期，第66－76页。

第四章　我国检察权运行机制的完善

第一节　检察权运行机制主要矛盾的转化

一、从检察长负责制到检察官责任制

成文法国家对于权力结构的调整，最为直接传统的办法是通过法律规则的修改进行制度调整和安排。从检察长负责制到检察官责任制的变革也不例外。2019 年修订后的《检察官法》和《人民检察院组织法》都在一定程度上吸收了改革试点经验，试图对改革试点的成果予以法律化的固定。然而，从现行法律描述来看，这次修改遵循了《宪法》的基本原则和要求，同时把"检察长统一领导检察院工作"进行了一分为三的变革，即明确了检察机关实行权责统一的司法责任制、检察长只保留重大事项决定权、检察长负责本院全面工作三个方面。这一变化预示着从检察长负责制到检察官负责制的重大变革。然而这种变革只是框架性的、整体上的，尚待通过具体制度予以落实保障。

一是确定了检察官为行使检察权的主体。检察官作为检察权的主体是基本检察规律，尽管从《宪法》《人民检察院组织法》等法律文本来看，检察权的行使主体仍被表述为"人民检察院"这一集体机构。但是，在《宪法》

等法律没有修改之前，并不意味着检察官负责制不能在此框架内实行。对此，可从以下三个方面予以转化：首先，明确检察官为人民检察院的组成人员，司法辅助人员作为非组成人员通过单独职务序列等方式明确其职责、权限。笔者建议，对于司法行政人员可以在《公务员法》中增加一部分，即人民法院和人民检察院司法行政人员适用公务员法有关规定，从而实现技术上的话语转化。其次，在检察机关办案组织中，明确检察官的基础性地位，无论是作为检察官办案组负责人的主任检察官，抑或作为业务部门负责人的副检察长，其与检察官的关系均是法定化的监督、管理关系，从而使检察官成为事实上的检察权主体。再次，将检察权运行机制作为各级人民检察院的基本原则，从而形成责权利一致的新型检察权运行机制。

二是确保检察长与检察官直接管理关系的相对隔离。正是由于检察长与检察官关系的行政化，在考核、奖惩、履职等方面，检察官都处于从属性地位，检察长处在对检察官的绝对性主导地位，因此检察官"放权不敢用，用权无监督"。对此，可从四个方面予以完善，从而确保检察长与检察官直接管理关系的相对隔离，给予检察官负责制以自由空间。第一，健全检察官遴选委员会制度，确保检察官入额遴选的公正性和客观性，从而分散检察长对检察官入额的人事决定权，实现检察官的身份自由；第二，健全检察官业绩考评委员会制度，能充分反映检察官办案数量、办案效果、社会评价等综合业绩，防止对检察官的奖励单独凭借主观印象进行评判的现象发生，实现检察官的责权利统一，进而实现检察官合理行为的自由；第三，健全检察官惩戒委员会制度，从专业化的角度对检察官的惩戒事由、范围、内容进行把关，从而防止对检察官的惩戒由管理者自由决定，实现检察官合理意志的自由；第四，健全检察官权益保障委员会制度，进而对于权利受到侵害的检察官，由明确具体的组织、措施和机制予以救济和帮助，从而改变检察官的维权困境，实现检察官合理权利的自由。

三是确保检察长责任的限定化。检察长责任的泛化会直接导致其授权的不充分，也会导致出现"放权在检察官、责任在检察长"的双重困局。对此，笔者建议要进一步限定检察长的责任，进而降低检察长的"忧虑"风险，实现检察长责权利的统一。当然，这里的检察长责任的限定化包括对检察官与检察长办案责任的科学划分，以及对检察长外部责任的合理限定两个层面。一方面，对检察官与检察长办案责任的科学划分。对此可从检察官权力清单的正面，划定检察官与检察长办案事项决定权的界限，进而为实现以"办案事项决定权"为依据的办案责任划分奠定基础。此外，还应当制定检察官责任清单，从而区别办案质量瑕疵与办案责任，从反面限定责任的范围。另一方面，对检察长外部责任的合理限定。对检察长外部责任的限定，并非就责任而限定责任，而是应当切断其外部责任来源。具体而言就是对检察机关从事超出其法定职权范围的事务应当予以制止；非经法定程序、非因法定事由不得对检察官抑或检察机关进行办案质量、检察业绩等具有强制性的评价，从而降低外部责任风险。

二、从权力运行单一制到检察权运行多样化

随着国家监察体制改革的深入，检察机关面临新的挑战和发展机遇。其中对检察权的重新定位、科学划分及其分类运行至关重要。因为这不仅关涉检察权运行机制改革的成败，还对检察权未来的运行发展影响巨大。

一是对检察机关的重新定位。从国家监察体制改革内容来看，检察机关原先的职务犯罪侦查、预防等职权将转移到新成立的监察委员会，进而国家机关在设置上由原来的"一府两院"变为"一府一委两院"。这是我国重要变革之一，从性质上可归结为国家政治体制改革。这一改革对检察机关、检察权及检察人员形成了巨大的冲击。我国提出了"检察官作为公共利益的代表，肩负着重要责任"❶ 这一新的论断，赋予检察机关新的监督职责。从法律上看，我国《宪法》并未对检察机关作为法律监督机关的定位进行更改，所调整的只是法律监督机关的职责权限。这说明最高权力机关对法律监督机关

---

❶ 习近平总书记在致第二十二届国际检察官联合会年会暨会员代表大会的贺信中指出，检察官作为公共利益的代表，肩负着重要责任。参见《习近平致信祝贺第二十二届国际检察官联合会年会暨会员代表大会召开》，《人民日报》2017 年 9 月 12 日，第 1 版。

的认识更加深化，也更具有中国特色。从法理上看，对检察机关的法律监督者定位，不仅在政治体制上，还在国家体制上，是人民代表大会制度与社会主义制度双重层面的制度定位。这就使得检察机关作为法律监督者的身份，并不会因为职权的调整而有所动摇。

二是对检察权的科学划分。在国家监察体制改革之前，在检察权的分类中多将职务犯罪侦查权作为典型的行政属性职权对待，进而将检察权划分为司法属性检察权、行政属性检察权和监督属性检察权。并且这种划分直接指引着检察权运行机制的权力分类和运行机制构建。然而，随着国家监察体制改革的进行，对于检察权的分类产生了新的认识，即并非仅仅将行政属性检察权予以直接删去，只保留司法属性检察权和监督属性检察权，而是将检察权分为检察监督职能、司法审查职能和诉讼职能三种职能。❶ 这是检察权属性划分之后的再次职能划分。第一，检察监督职能。检察监督职能包括三大诉讼监督职能以及 2017 年新增的公益诉讼监督职能，即民事诉讼监督、刑事诉讼监督和行政诉讼监督职能。检察监督具有单向性、救济性、主动性、程序性的特点。❷ 第二，司法审查职能。司法审查是检察机关在履职过程中对案件决定性事项的审核和查明，具有司法属性，主要包括批准逮捕审查、羁押必要性审查、职务犯罪调查审查等，具有中立性、亲历性和程序性的特征。第三，诉讼职能。诉讼职能是检察机关作为国家和社会公共利益的代表人提起诉讼程序的职能，包括刑事公诉、民事公诉以及行政公诉，具有当事人的特征。

三是对检察权的分类运行。虽然检察权的分类为其多元化运行奠定了基础，但是从《监察法》的内容来看，监察委员会的权力运行基本遵循科层集中型权力运行机制，这必将对检察机关的权力运行机制造成影响。故此，应当充分考虑在不同检察权属性及不同职能特点的基础上，设定不同的运行机制。这种运行机制应当包括办案组织的选择、权力的配置、运行关系、监督制约、责任划分和认定等方面的内容。

---

❶ 陈瑞华：《论检察机关的法律职能》，《政法论坛》2018 年第 1 期，第 3 - 17 页。
❷ 敬大力：《关于检察机关基本职责问题的再认识》，《人民检察》2017 年第 11 期，第 21 - 26 页。

第二节　检察权运行机制具体制度的完善

一、突出检察官主体地位

（一）明确检察官相对独立地位

检察官相对独立地位的定位是检察机关办案组织个体性的基础，也是检察官从缺乏自主性的"办案工具"转变为独立性"办案主体"的关键。只有明确检察官作为检察权的运行主体和诉讼主体的地位，才能使得独任检察官成为办案主体和责任承担主体，进而以检察官为基础组建办案组织。由此，独任检察官、检察官办案组、检察委员会作为办案组织才具有合法性和实践性。只有明确检察官的相对独立地位才能从职权配置的角度回答"由谁办案"的问题，才能从司法责任公平认定和追究的角度回答"由谁负责"的问题。

1. 检察官相对独立的法理依据

（1）关于检察官属性的争论旨在解决检察官的独立性问题

司法独立原则是现代国家基本法律制度和法律原则之一，是指司法权由司法机关独立行使，不受任何机关和任何人干涉。❶ 从检察官的创设来看，其作为法律守护人既要保护被告免予法官的擅断，又要保护其免予警察的恣意，实现国家权力的双重控制。❷ 国际检察官协会 1999 年制定的《检察官基本义务和权利的职业标准》第 2 条第 1 款，对检察官的独立性作了明确概括：检察官自由裁量权的使用，在被认为是特殊司法权的情形下，其应当独立行使并排除政治干涉。❸

虽然域外关于检察官行政官、司法官乃至双重属性的定位争论是基于三

---

❶ 孙国华：《中华法学大辞典·法理学卷》，中国检察出版社，2002 年版，第 518 页。
❷ 林钰雄：《检察官论》，法律出版社，2008 年版，第 9 页。
❸ 陈光中：《比较法视野下的中国特色司法独立原则》，《比较法研究》2013 年第 2 期，第 1－12 页。

权分立的权力结构背景，且尚未达成一致性的共识，但是这种属性定位的争论并非就属性而划分，其实质在于解决检察独立与检察一体的关系问题，即是否给予检察官在职权行使、身份待遇、职务升迁等方面类似于法官的独立性保障。❶反观我国，部分学者仍然沿袭域外模式，继续讨论检察权的属性问题，并在其权力属性上着墨甚多。❷然而，这种讨论并未深思属性讨论的目的之所在。从作为我国根本大法的《宪法》规定来看，人民检察院依照法律规定独立行使检察权，不受行政机关、社会团体和个人的干涉。这一独立行使职权的原则，意味着借助检察权的属性之争来实现检察权独立的理论路径已然无效。因为，我国事实上已经确立了中国特色的司法独立原则，即"二元"司法原则。这为检察官相对独立地位的确定奠定了法理基础。虽然在三大诉讼法中，人民检察院是诉讼法上的权力主体，但这只是民主集中制政治原则下的技术规定，并未涉及检察官的相对独立定位。

（2）我国检察权的具体内容设计要求检察官具有相对独立地位

检察权是国家权力的重要组成部分，是指为了实现检察职能，国家法律赋予检察机关的各项职权的总称。❸有关我国检察权的规定，散见于《宪法》、宪法性法律、诉讼法等法律之中。我国检察权从权力内容上看，囊括了司法审查、追诉和诉讼监督等活动；从权力运行上看，可分为执行权、建议权和决定权；从权力属性上看，可分为公诉权、批准逮捕权、诉讼监督权和侦查权。❹其中，公诉权和批准逮捕权都属于判断性权力，诉讼监督权则体现监督性权力，侦查权则表现为追诉性权力。

---

❶ 万毅：《检察权若干基本理论问题研究——返回检察理论研究的始点》，《政法论坛》2008 年第 3 期，第 91 - 106 页。

❷ 检察权的属性问题研究，作为检察权的基础理论研究，很多学者发表多篇文章，但都各持观点，一直原地徘徊而无法取得共识。参见孙谦：《中国的检察改革》，《法学研究》2003 年第 6 期，第 3 - 25 页。

❸ 朱孝清、张智辉：《检察学》，中国检察出版社，2010 年版，第 319 页。

❹ 也有学者认为，可分为批捕权、公诉权和诉讼监督权，参见宋英辉、林琳：《司法改革中检察权的内部运行机制思考》，《北京联合大学学报（人文社会科学版）》2016 年第 1 期，第 94 - 99 页。还有学者认为，我国检察机关不仅拥有批捕权（判断性法律监督）、公诉权（制约性法律监督）、侦查权（追诉性法律监督），还有诉讼监督权（矫正性法律监督）、司法救济权（救济性法律监督），参见汪建成、王一鸣：《检察职能与检察机关内设机构改革》，《国家检察官学院学报》2015 年第 1 期，第 43 - 59 页。

公诉权是指检察机关运用公权力对违反刑事法律构成犯罪的人诉请国家审判机关依法追究其刑事责任的权力，包括提起公诉权、决定不起诉权、变更起诉权、出席公诉权以及上诉权等权力内容。❶ 然而，无论是提起公诉还是决定不起诉，关键在于对案件证据材料的客观审查和有效判断。这需要依赖检察官个人的知识、经验，由检察官不受干涉地作出判断和选择。这是个体判断的优势所在，需要检察官作为相对独立的主体行使公权力。

批准逮捕权是指检察机关依照正当程序，对于犯罪嫌疑人所采取的限制人身自由的最为严厉的强制措施。由于逮捕后，司法机关可以对犯罪嫌疑人进行长期羁押，由此可能造成对公民人身自由最大程度的侵害，所以逮捕权应当而且必须归属于司法性权力，接受正当程序的约束和调整，这就要求逮捕权的行使者应当具有相对的独立地位，客观公正地作出批准逮捕与否的决定，而其组织保障即在于检察官的相对独立地位。

在我国，检察机关还享有部分侦查权，包括对职务犯罪活动的直接立案侦查权、对一般犯罪活动的补充侦查权以及间接侦查权。对于检察机关侦查权的性质，学界虽然多有争论，❷ 但基本承认检察侦查权是国家出于保持国家安定之目的、代表国家进行追诉活动的权力，是一种政府行为的体现，从本质上讲应当是行政权。❸ 然而，检察侦查权不同于一般侦查权，它与法律监督的主旨具有高度的契合性。这就要求检察官在开展侦查活动时要注重客观公正义务的履行，保持相对独立性，不能仅限于搜查罪证和打击犯罪。此外，伴随着国家监察体制的改革，作为行政属性，检察权的职

---

❶ 张智辉：《公诉权论》，《中国法学》2006 年第 6 期，第 109－121 页。

❷ 田凯：《论检察机关行使职务犯罪侦查权的正当性》，《中国刑事法杂志》2010 年第 8 期，第 79－83 页。

❸ 章晓洪：《试论检察机关侦查权——兼谈检察引导侦查的法理渊源》，《浙江社会科学》2005 年第 5 期，第 66－70 页。

务犯罪侦查权将归属于新成立的国家监察委员会。● 与此同时，补充侦查权将主要发挥对国家监察委员会调查职权的制约功能，其客观公正属性被更加凸显。❷

诉讼监督是检察权的重要组成部分，是指检察机关依照法律规定对诉讼活动实行监督，发现和纠正违法的权力，❸ 包括刑事监督、民事监督、行政监督，以及提起民事诉讼监督、公益诉讼监督等新增职权。从诉讼监督权的运行来看，包括发现、核实和纠正等三个重要环节。❹ 然而，无论是发现，还是核实，诉讼监督权的运行都需要在诉讼职能中开展。也就是说，我国检察机关诉讼监督职能与诉讼职能高度契合，这种契合为诉讼监督权的运行提供了线索、空间和可能。由于诉讼监督职能旨在纠正诉讼过程中其他机关的违法诉讼行为，且在诉讼职能中进行，所以就要求诉讼监督职能的享有者——检察官，保持适度独立的地位。这样才能对被监督单位提出具有针对性、相当性的监督意见。

● 2016 年 12 月 25 日全国人民代表大会常务委员会《关于在北京市、山西省、浙江省开展国家监察体制改革试点工作的决定》规定：试点地区监察委员会按照管理权限，对本地区所有行使公权力的公职人员依法实施监察；履行监督、调查、处置职责，监督检查公职人员依法履职、秉公用权、廉洁从政以及道德操守情况，调查涉嫌贪污贿赂、滥用职权、玩忽职守、权力寻租、利益输送、徇私舞弊以及浪费国家资财等职务违法和职务犯罪行为并作出处置决定，对涉嫌职务犯罪的，移送检察机关依法提起公诉。为履行上述职权，监察委员会可以采取谈话、讯问、询问、查询、冻结、调取、查封、扣押、搜查、勘验检查、鉴定、留置等措施。同时，在北京市、山西省、浙江省暂时调整或者暂时停止适用《中华人民共和国刑事诉讼法》第 3 条、第 18 条、第 148 条以及第 2 编第 2 章第 11 节关于检察机关对直接受理的案件进行侦查的有关规定，《中华人民共和国人民检察院组织法》第 5 条第 2 项，《中华人民共和国检察官法》第 6 条第 3 项的规定。参见：《全国人大常委会关于在北京市、山西省、浙江省开展国家监察体制改革试点工作的决定》，《人民日报》2016 年 12 月 26 日，第 4 版。

❷ 根据全国人大常委会《关于〈中华人民共和国人民检察院组织法（修订草案）〉的说明》，拟将现行《人民检察院组织法》规定的"对于直接受理的刑事案件行使侦查权"，修改为"对依照法律规定由其办理的刑事案件行使侦查权"。由此可见，即使国家监察体制改革后，人民检察院仍有部分侦查权。

❸ 朱孝清、张智辉：《检察学》，中国检察出版社，2010 年版，第 398 页。

❹ 蒋剑伟、杜建国：《诉讼监督权内部运行机制研究》，《人民检察》2012 年第 7 期，第 18 - 22 页。

（3）我国检察官相对独立地位的法理要求❶

一是检察官的相对独立是检察机关整体独立的基础。我国《宪法》明确了检察机关的整体独立地位，并且深化司法改革的主题之一便是确保检察权的独立行使。然而，检察权的独立行使并非仅仅针对检察机关这一整体进行保障就足够，还必须赋予检察权运行主体的相对独立地位，才能使检察官排除非法干预，客观公正地履行职责。也就是说，检察机关的整体独立必须以检察官个体相对独立为基础。

二是检察官的相对独立是实现检察机关职能定位的保障。在我国，检察机关是法律监督机关，是法治的守护人，以其专有的监督方式和职权，保障国家法律的统一、严谨和正确实施，从而维护社会的公平正义。这就要求检察官在履职过程中要严守客观公正义务，不偏不倚，超越诉讼当事人定位，保持相对独立。

三是检察官的相对独立是权责明确原则的内在要求。根据产权经济学的观点，产权清晰是降低交易成本、防止公共产品发生悲剧的保障。检察办案活动具有公共性，当其"产品"的产权边界界定不清时，就没有人会对其错误产品埋单，也难以避免冤假错案的发生。只有检察办案活动的产权清晰、权责明确，司法产品的质量才能得以保证，司法公正才有可能得以实现。

2. 检察官相对独立地位的制度设计

检察官相对独立地位包括独立程度、身份独立、职权独立三个方面。其中，独立程度厘定了检察官独立的限度和范围，只有在一定范围内实现独立才符合检察规律。身份独立和职权独立则是独立地位的两大支柱。因此可从以下三方面进行一定改造和变革。

一是要明确检察官相对独立地位所遵循的原则。检察官的相对独立应当

---

❶　朱孝清在《检察官相对独立论》一文中从检察官相对独立是检察院整体独立的基础、"检察一体"的前提和防止"检察一体"弊端的重要措施、检察官法律地位、活动原则、司法规律以及深化司法体制改革的必然要求等四个方面对检察官相对独立地位的必要性和必然性进行论述。参见朱孝清：《检察官相对独立论》，《法学研究》2015 年第 1 期，第 137 – 153 页。

遵循上级领导下级、检察长统一领导人民检察院的宪法原则，即检察一体化原则。这是检察官相对独立的边界所在。这就需要重新衡定检察长负责人与检察权运行机制之间的关系，确保相对独立与检察一体的统一。同时，检察官相对独立是依法独立，需要遵循法治原则，其对于上级的违法指令可以拒绝服从，并且可免于追责。对此，笔者建议可在《人民检察院组织法》中明确，检察官相对独立地位作为检察工作的基本原则。

二是要确立检察官的办案主体身份。这就要求在三大诉讼法中有关检察权的运行主体部分还应进一步明确规定由检察官这一个体行使，而非检察院这一集体行使，进而确保检察官作为检察权的享有者，成为法律上的办案主体，进而为检察官相对独立地位提供程序法保障。此外，确立检察官的办案主体地位也意味着检察官不再是没有自己意志的"承办人"，而是具有独立人格和意志的"主体人"。❶

三是要赋予检察官相对独立的职权和自由。承认检察官相对独立的地位，就必然要承认其固有职权和固有自由。这就需要明确其职权来自于法律授权，而非检察长的委托，明确其对于案件事实认定、证据采纳等领域具有专属权限，任何外部主体不得对检察官职权进行干预和变更，进而实现检察官办案执行权和决定权的结合。❷ 具体理由为：第一，委托授权理论无法实现"谁办案谁负责，谁决定谁负责"的目的。因为委托授权理论将检察长作为"法定代表人"，而检察官只是行使检察权的"工具"，检察官的权力需要检察长这一代表人的授权。然而，既然是委托授权就应当遵循委托授权的基本原理，即被委托人行使权力的后果应当由委托人承担，而这一要求与检察官在办案职权内应负责的要求相背离。第二，检察长委托授权理论也违背了权力法定原理。权力法定原理是公权力运行的基本原则，

---

❶ 对于检察官主体地位的确立，有学者认为应从三个方面进行：以检察官独立判断为主，以检察委员会集体决策为辅；以检察官代表国家履职为主，以检察长管理检察工作为辅；以检察官独立办案为主，以业务部门负责人监督指导为辅。参见谢鹏程：《论检察官主体地位》，《国家检察官学院学报》2017 年第 4 期，第 77 – 87 页。

❷ 张永进：《从有限放权到相对独立：主任检察官制度改革评析》，《甘肃政法学院学报》2015 年第 4 期，第 116 – 125 页。

要求公权力的行使者所享有的权力由法律明确规定，而委托授权理论则将检察官的权力来源归结为检察长，这与权力法定原理相悖。第三，检察长委托授权理论虽然是对现有法律规定的直接反映，但是违反了检察权运行规律，压缩了检察官的相对独立性空间，否认了检察官的相对独立地位，不利于检察权被独立客观公正地行使。第四，检察长委托授权理论意味着检察长可以将其授权进行撤回或取消，这突破了职务转移权和职务收取权的界限，意味着检察官权力的行使难以得到充分保障。第五，检察长委托授权检察官的理论意味着检察官的职权行为是代表检察长，而非检察机关，这与对检察官的国家性、客观性的要求相悖。

（二）科学界定检察机关"案件"范围

案件是诉讼化的表达，是检察机关法律监督职能履行的载体，明确的案件范围是司法责任制改革的题中之义。

1. 要明确检察机关办理"案件"的内涵和外延

《现代汉语词典》将办案通常解释为"办理案件"，《法律文书大词典》则将"办案"限定为"审理案件"，都属于动词，具有具体指向性，集程序性与实体性为一体。法律监督则是指检察机关依据法定权限和法定程序对法律实施的合法性进行监督，涵盖了检察机关所有的业务活动，具有法定性等特征。它不仅以办案方式体现，有时还以办事方式进行。由此，体现了"办案"与"法律监督"的交叉性。在法律监督过程中，例如公诉、批捕等与诉讼法对应的、由争议性和违法性事由形成的事件，可被称为"办案"，但至于"评查审核案件、向上级请示、起草业务性文稿"等行为是否也可以被单独称为"办案"，则有待商榷。至于检察机关履行服务本地经济社会发展的其他职责，则更难以用"办案"来概括，从而导致"办案"范围与"法律监督"范围的交叉、分离和叠加。

检察机关办案行为与检察人员法律监督行为、检察人员行为的关系如图4-1所示。

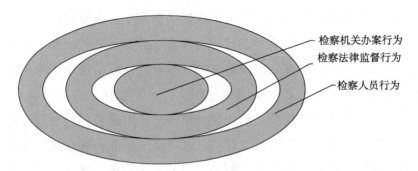

检察机关办案行为

检察法律监督行为

检察人员行为

图4-1　检察机关办案行为与检察人员法律监督行为、检察人员行为的关系

对此，为限定检察机关办案组织适用范围，科学厘定检察官的"办案"职权、数量，应对"办案"的内涵和外延进行解释和限定。

首先，在"办案"内涵确定上应当严格采取文义解释，对"办案"的解释可以进行广义的扩大解释，也可以进行狭义的缩小解释，但无论广义还是狭义，对"办案"的界定都不能超出"办案"这一文义上的基本含义。否则，"办案"责任制改革将再次回到之前的轨道。例如，提出修改法律法规的意见、遴选指导性案例等可以被纳入"办事"范畴，但无论如何解释，都不能将此纳入"办案"范围。可以依据检察权的运行阶段将办案分为查明事实的办案和责任追究的办案。其中，查明事实的办案包括侦查、调查和审查办案等；责任追究的办案则包括公诉、抗诉和不起诉等。

其次，只有具备一定形式要件的法律监督行为才能称为"办案"，即能够启动对某种实体问题的诉讼程序，具有法定性、外部性、独立性、强制性、复合性特征，❶能够产生一定的诉讼效果的诉讼行为。这就意味着办案与法律监督非一一对应关系，也不是所有的法律监督都依据办案的方式进行。此外，在部分改革试点，将"办案"分为程序性办案、实体性办案和指导性办案，

---

❶ 有的学者明确了检察机关办案包括四个方面的基本要素：法律、责任、程序、形式等要素，并分别予以限定。参见刘慧、李盼盼：《检察机关办案问题研究》，《检察改革与发展研究参考》（北京市人民检察院内刊）2017年9月13日，第1页。

这就体现了办案的多义性。❶ 检察办案是检察机关履行法律监督职能的主要方式，但并非唯一方式。除了办案行为，还可以以检察建议、预防职务犯罪报告等非办案方式履职。司法办案行为需要由法定的程序予以规定，并要求适格的主体予以实施。这种实施应当对外进行，并接受法律的独立评价，对其他主体的权利义务产生实质性影响。司法办案行为具有复合性特征，是一系列法律监督行为的组合，也只有这种行为才有"资格"担起"办案责任"的评价。故此，应当将"审查批捕、审查起诉、刑事抗诉、职务犯罪侦查、刑事执行检察、民事检察、行政检察、刑事申诉和国家赔偿等"较为明显体现"办案"性质的案件纳入检察官办案的范围，这对于统一"办案"的范围，厘定"办案""数量"具有重要意义。

再次，可将请示案件、批准延长羁押案件、减刑假释案件、人民监督员评议案件以及各种涉及检察职权行使的程序性案件，在一定条件下视同为"办案"。对此可从两个方面把握。其一，是否属于明确"办案"的延伸范围。例如，职务犯罪侦查时向上级的请示、审查起诉时的指定管辖，如果属于"办案"的延伸范围则属于相关"办案"的附属程序，不再作为单独的个案评价。其二，如果不属于"办案"的延伸范围，则可以单独视为"办案"，但是这种被视为的"办案"，要综合衡量其数量、类型以及是否由专人办理，再以固定的比例进行折算。无论是入额检察官办案，还是院领导办案都宜办理属于"办案"范围内的案件，至于可视为的"办案"则在此基础上进行办理。

最后，部分检察权存在以"办事"方式行使，缺乏办案的程序性、时限性等形式要素，但却赋予一定的责任承担，此时的"办事"是实质上的"办案"，对此应当列入办案的范围，并对上述"办事"予以办案化改造。例如，刑事执行监督检查呈现出办事模式，程序化不足。

---

❶ 根据《江苏省检察机关案件清单（试行）》的规定，将案件分为实体性办案、程序性办案和指导性办案。实体性办案主要是指检察官经过讯问、询问、会见律师、认定事实、适用法律之后，对案件提出处理意见，或直接作出处理决定，办案周期体现阶段性、过程性；程序性办案是指对案件内容进行程序性审查，办案周期阶段性不明显；指导性办案是指具有对下业务指导职能，通过对个案进行程序和实体把关，提出具体意见。

2. 要明确重大、疑难、复杂案件的范围

无论是在《刑事诉讼法》等基本法律规范中，还是在《关于完善人民检察院司法责任制的若干意见》以及《关于完善检察官权力清单的指导意见》等文件中，"重大、疑难、复杂"案件被反复提及。这种对案件属性的分类，对于检察官权力清单的范围、检察官承办案件的类型、诉讼程序的推进等方面意义重大。然而，在试点改革中却并未对"重大、疑难、复杂"案件进行解释和限定。当然，这一情况既与规范性文件的立法技术水平有关，也受限于刑事诉讼司法过程的复杂性和多样性，很难对其进行全面的列举和概括。然而，正因对"重大、疑难、复杂"案件无明确解释，以至于有的检察官为规避风险，将所办理的案件全部解释为"重大、疑难、复杂"案件，从而进行层层请示，试图减轻甚至规避自身责任。也有的领导为了主动干预案件，人为地将部分案件解释为"重大、疑难、复杂"案件，从而达到干预办案的目的。鉴于"重大、疑难、复杂"案件在司法责任制改革中的重要地位，特别是它是很多程序适用的分水岭，故此，笔者认为应对其以列举和概括的方式进行界定，并且从程序上进行规制。在具体列举上，可参照审级管辖制度，将中级人民法院管辖的案件纳入其中。此外，应遵循检察一体原则，将上级检察院交办、检察长决定的案件纳入其中，最后以"重大影响、可能造成重大舆情风险等"进行概括性限定。在程序方面，应当充分发挥检察官联席会议对检察官办案质量的把关作用，进而对其适用进行限制。

（三）以独任检察官为基础重塑办案组织

1. 办案组织的一元化

检察权运行机制改革试点的重要成果之一就是对检察办案组织的积极探索。所以，要在总结试点改革的基础上，通过立法巩固办案组织的改革成果，使"办案主体"这一事实称谓转化为"办案组织"这一法律规范表述，进而使得检察机关办案组织法定化、规范化和明确化，推动落实"谁办案谁负责"的要求。

（1）明确将独任检察官作为基本办案组织单元

一是将独任检察官作为检察办案组织的基本形式。明确独任检察官作为办案主体承办案件，同时根据其办案需要配备必要的检察辅助人员，厘清检察官与检察辅助人员的职责权限关系，突出检察官在办案活动中的主体作用，使其在证据判断、事实认定方面发挥决定性作用。当然，将"独任检察官"作为检察办案组织的基本单元，并不会令独任检察官本人排斥听取他人的意见。相反，在遇到疑难问题时，其仍然可以通过检察官联席会议等方式听取其他检察官的意见，从而有利于作出科学决策。二是赋予独任检察官相对完整的检察权。改革试点中的权力清单制度对检察权的内容和种类进行了明确列举，并将不同的检察权分别赋予检察官和检察长（检察委员会）。这种赋权，对于突出检察官办案主体地位意义重大。然而，综观检察官被赋予的检察权，其中多为执行权和建议权，少有决定权。从这一情况来看，检察官所享有的检察权是不完整的。为确保"独任检察官"作为基本办案单元，需要赋予独任检察官相对完整的检察权。这也是将执行权、建议权和决定权合一的效率化要求，同时是提高检察官职业化、专业化水平的需要。

（2）检察官办案组作为基本办案组织单元的补充形式

随着现代社会的发展，犯罪活动日益呈现组织化、复杂化和多样化特征，单一的独任检察官办案形式已经难以满足司法办案的需要。对此，团队式、协助式的检察官办案组开始出现，并成为有效治理犯罪，促进法治进程的重要保障。因为相对于个体决策的逻辑推理优势而言，组织（群体）决策更能在多个选项中作出较为合理的选择。具体在检察办案中，检察官办案组可以更好地适用法律，也可以实现组内的内部监督。故此，检察官办案组作为一种办案组织形式有其存在的必要性。然而，即便如此，检察官办案组仍然是在独任检察官基础上成立的协作办案组织，其成立和发展并未改变这一基础。这就要求检察官办案组应当作为独任检察官办案组织形式的有益补充，确定其合理适用范围。关于检察官办案组的形式，可分为领导型和指导型两类。

第一，领导型检察官办案组。所谓领导型检察官办案组是指由主办检察官领导指挥组内检察官办案，主办检察官对于组内检察官提出的意见可以进行审批和改变。在组织规模上，领导型检察官案组根据办案需要不限制检察官的人数，并且可跨部门、跨地域、跨层级组建。在适用范围上，领导型检察官办案组遵循检察一体化原则组建，主要适用于职务犯罪侦查等具有追诉色彩的和"重大、疑难、复杂"案件的办案活动。随着国家监察体制的改革，原先检察机关的职务犯罪侦查职能划转给各级监察部门。这就使得专案、协同办案组的使用逐渐减少，但为了便于检察机关与监察机关的工作对接，仍有必要予以保留适用。

第二，指导型检察官办案组。即主办检察官与组内检察官之间是组织、协调关系，在案件办理上仍然由组内检察官承办，❶ 主任检察官则主要监督组内检察官办案，并审阅组内检察官的办案意见。当其不同意承办检察官意见时，只能将意见上报，而不能直接改变。此类办案组织将作为针对"重大、疑难、复杂"检察案件的常态办案组织形式，适用于批捕、起诉等具有审查、监督属性的办案活动。当然，无论是领导型办案组还是指导型办案组都应当是临时性组织，因案而结，案完而散。

（3）限缩检察委员会作为办案组织的司法功能

由于检察委员会作为办案组织存在欠缺亲历性、追究责任难，以及群体决策模式在司法办案中不足等问题，虽然当前的检察委员会与检察权运行机制改革并不冲突，并且现有规定已经限缩了检察委员会在案件决策中的范围，但是检察委员会仍属于事实上的办案组织。❷ 司法实践中，根据调研显示，检察委员会讨论范围中案件议题也呈逐渐递减甚至消亡趋势。例如，笔者在贵州省 G 市对检察官的调研中发现，2018 年以来，检察委员会办案决定相比之前下降了 3% 以上。然而，笔者认为，在检察权运行机制改革中，除限制检察委员会的个案决定的范围外，还应进一步规范个案决策的程序、方式及责任追究机制，即只限于检察官与检察长意见不一致的个案，同时个案决定主要进行法律适用上的评论，对于事实证据部分不作决定；在责任追究上应当遵循主客观相一致原则，注重对其履职的评价和考核。这就要完善检察委员会

---

❶ 龙宗智：《检察官办案责任制相关问题研究》，《中国法学》2015 年第 1 期，第 84 – 100 页。
❷ 龙宗智：《检察制度教程》，中国检察出版社，2006 年版，第 133 页。

会议记录机制，通过会议记录明确责任链，做到责任到人，追责有效。❶ 未来检察委员会定位还是应当从目前的决策、咨议和监督三大功能逐渐调整为指导、咨议和监督新的三大功能，即将个案决策调整为个案咨议，取消其拥有的个案决定权。❷ 此外，在程序上还应实行被动启动，限制检察长随意启动。具体理由如下：一是检察委员会作为民主集中制原则下的产物，其在检察决策中担当集体把关的智慧角色。然而，随着检察权运行机制的改革，检察官的职业化、专业化水平的提升，检察委员会集体决策的优势逐渐消失。二是随着检察官权力清单的制定，特别是对检察长权力的限定，使得检察委员会对检察长监督功能的必要性不复存在。三是随着司法责任认定体系的科学构建，检察委员会作为个案决策主体"难以追责"的弊端凸显。❸ 四是检察委员会的案件监督功能已被替代。检察官联席会议不仅能为检察官提供参考意见，还对检察官或检察官办案组的办案行为发挥制约作用，在一定程度上可以过滤部分案件，进而替代检察委员会集体智慧的功能，从而限缩检察委员会的决策空间。

（4）明确办案组织的业务属性

检察权运行机制改革是检察办案组织的自我变革，符合世界检察办案组织发展潮流。对此，应在试点改革的基础上，积极探索与规范新型检察办案组织的内部关系，明确其办案属性，从而防止办案组织成为新的"行政机构"。对此，应在以下四个方面进行完善。

一是明确检察官与检察官助理的法律关系，突出检察官的办案主体地位，科学界定两者的职能区分，使检察官助理成为辅助检察官办案的有力助手，并接受检察官的指导和监督。这就需要检察官对其助理具有工作分配权、选任建议权、业绩评价建议权、奖惩考核建议权。因为检察官最了解其助理的履职情况，此外还能激励检察官助理勤勉履职。

---

❶ 张自超：《检察官办案责任制与检察委员会决策制的冲突与协调》，《河南社会科学》2015 年第 9 期，第 59 – 65 页。

❷ 刘昌强：《检察委员会制度研究》，中国检察出版社，2013 年版，第 254 页。

❸ 刘翠娇：《论检察委员会委员的责任追究制度》，载杨振江主编《检察委员会理论与实务研究》，中国检察出版社，2012 年版，第 93 页。

二是以司法亲历性原则为关键节点，区分检察官与检察官助理的职权划分。司法亲历性原则要求检察官必须直接亲自经历办案活动，包括直接性和口头性两个方面。❶ 凡是司法亲历性原则要求检察官在证据调查和事实认定方面必须亲自实施的，检察官应当亲自实施，检察官助理不得代为承担，但可以在检察官的指导下协助实施，检察官助理所实施的后果归属检察官。检察官亲历事项以外的职责，既可以由检察官亲自承担，也可以由检察官助理独自承担或协助办理，具体可由检察官根据案件具体情况综合确定。为确保司法亲历性原则的落实，应当制定亲历性清单，明确检察官的专属事项，对于职务犯罪审查案件，检察官应当亲自询问证人、讯问犯罪嫌疑人，制定补充侦查提纲；对于诉讼监督案件必须亲自听取当事人意见、调取关键证据；对于公诉案件必须亲自阅卷，讯问被告人，出席法庭发表公诉意见。

三是检察官与书记员。书记员作为检察官的办案辅助人员，虽然理论上讲并非固定配备，而是统一调配，但是从各地实践来看，多是固定配备于某个检察官，同时，检察官对书记员具有考核建议权，这就使得检察官与书记员在方便工作的同时，两者的关系存在行政化趋向。对此，鉴于检察办案与法官审判的差异性，在人员配备上不应追求检察官与书记员的1:1配备比例，而是可由部门负责人统一调配。同时，对于书记员的业绩评价应当主要由检察官参与。同时，在职责定位上主要限于文字记录、司法行政、整理卷宗等工作。

四是明确检察官助理与书记员的法律关系。检察官助理与书记员都属于司法辅助人员，辅助检察官办理案件。但从改革方向来看，检察官助理作为检察官的候选对象予以培养和发展，进而在职责定位上更加倾向于检察权的分享者、参与者和行使者，让优秀的检察官助理通过遴选、入额等程序及时填补空出的员额指数，从而确保检察官身份养成的职业化和专业化水平。至于书记员，则主要在检察官或其助理的指导下从事记录工作。此外，对于书

---

❶ 何柏松：《完善司法责任制要解决好两个关键问题》，《检察日报》2016年12月19日，第3版。

记员的选拔和任用可从社会中进行公开聘用。

（四）确定合理的办案组织构建形式

随着司法责任制改革的深入，一线办案力量得到加强，但是由于检察官与检察辅助人员的比例不太协调，无论是检察官助理还是书记员都处于短缺状态，特别是书记员，缺口数量尤其较大。当前办案组织构建形式中，检察辅助人员是检察办案组织的重要组成部分，在现有政法编制尚未被根本改变之前，可通过立法明确社会力量可以参与检察辅助工作，各省级人民检察院又根据办案需要联合人社、财政等部门通过购买社会服务等方式，积极吸收社会力量的参与。

首先，根据案件数量、人口比例等因素，科学测量检察辅助人员的需求数量，按照中央组织部、最高人民法院、最高人民检察院2015年11月印发的《关于招录人民法院法官助理、人民检察院检察官助理的意见》要求，建立从政法专业毕业生中招录检察官助理的规范便捷机制，满足检察办案需要。同时，要推行聘用制书记员的招录制度，确定聘用制书记员的等级设置、薪酬标准。

其次，合理配置检察官与检察辅助人员。在配置数量上，根据检察案件特征及检察人员数量，原则上 名检察官配备 名检察官助理，书记员则采取统一调配形式，从而形成办案单元。在配置方式上，检察官与检察官助理的配置应当采取双向选择机制。对于检察办案人员较少的检察机关，检察官与检察官助理之间不采取固定搭配而采取临时组合的形式，最大限度地优化人力组合，产生办案合力。检察官与书记员的配置可参考我国台湾地区经验，以集中配置和管理为妥。

最后，健全政法专业学生到检察机关实习、担任司法辅助人员的制度，推进法学人才培养模式的变革，进而实现办案力量增加与政法专业教育的有序融合。

（五）检察机关院领导直接办案的制度化

一是限定检察机关院领导的范围。基于目前改革试点，检察机关院领导、业务部门负责人等占据较大比例。从改革内容来看，改革不仅对检察长、副检察长等院领导的办案数量要求打了折扣，而且对专职委员以及业务部门负责人的办案数量要求也远低于一般检察官，从而造成事实上大量入额领导干部办案数量达不到要求，进而无形中增加了普通入额检察官的工作压力。对此，改革中如何设定对不同员额主体的办案数量要求，如何进行办案考核等至关重要，甚至关系到员额制改革的成败。员额制改革的目的在于增加一线办案力量。故此，应当明确机关院领导仅限于检察长、副检察长，而不包括专职委员和业务部门负责人。对于检察长、副检察长等院领导，可基于其司法职务与行政职务的双重身份，特别是日常工作被维稳、扶贫、综治、宣传、教育、文化等非检务活动和任务占据了大量的时间和精力，其办案数量可基于检察院的层级不同而适当削减。

二是明确并统一检察机关院领导的"办案"内涵。针对当前检察机关院领导办理"案件"范围不明确、不统一的情况，可在当前各地区自行规定的基础上，由最高人民检察院统一规定，明确检察长、副检察长等担任领导职务的检察官办理案件的内涵和要求。对于"案件"内涵的确定，应当采取职权划分原则，即根据检察权的内容来确定"案件"内涵，而非根据具体检察业务工作来确定。将"案件"内涵明确为"刑事、民事、行政、公益"等四大类，至于每一类中涉及的案件请示、审查、评比等，均不宜再单独作为案件办理。

三是建立指定分案为主的检察机关院领导案件承办制度。在明确检察机关院领导直接办案范围之后，最为关键的就在于如何使上述案件由检察机关院领导承办，这关涉对特殊案件的承办确定工作。根据《最高人民检察院机关案件承办确定工作管理办法（试行）》，对于检察机关院领导办案的分配既可以自行选定，也可以采取随机分配方式，看似具有选择性，却难以实际操作。故此，应当明确检察机关院领导既是入额检察官却不同于一般的检察官的身份，与普通入额检察官相区别。检察机关院领导直接办案主要发挥其在司法办案和法律监督中的示范引领和业务领导、指导作用。所以，为确保上述目标的实现，对于检察长应实行以指定分案为主的案件承办机制，而副检察长及检察委员会委员则应参与轮案，并且制定亲历性清单。对于亲历性事项不得交由检察辅助人员办理，从而使入额院领导办案范围主要以重大、疑难、复杂、新型等具有代表性的案件为主。

四是完善监督机制，确保检察机关院领导直接办案。建立检察机关领导干部办案情况通报制度和网上公示制度，最大限度地公开检察机关领导干部的办案信息，实现多元化、多层次、多平台的监督体系。对于完不成办案比例（数量）、办案类型不符合、办案质效不高的检察机关院领导，应当令其退出员额。

五是优化司法环境，保障检察机关院领导办案时间需要。首先，要明确检察机关院领导的办案主责，将直接办案作为主要职责，并且在任职考核中要所有体现。其次，可以设立未入额专职副职（副检察长或者副书记）协调党务、政务，代其出席各种协调会议或组织活动。再次，减少检察机关院领导兼职社团组织领导的安排，保证其办案主业。对于检察机关院领导的时间保障是一个综合措施，需要党委、政府给予充分的尊重和保障，并对违反要求的行为给予通报及制裁。

二、优化检察官权力清单

（一）明确检察官权力清单的规范属性

为防止检察官权力授予的形式性和表面化，可以采取"两步走"方式，明确检察官权力清单的定位，进而缓和检察权运行机制改革与合法性要求之间的冲突。

一是在相关司法解释及立法尚未完善之前，基于检察权运行机制改革的要求，明确全国性检察官权力清单作为规范性文件的定位。全国性检察官权力清单系最高人民检察院司法解释以外的文件，如此界定，则遵循了《立法法》规定的法制统一原则。对于目前由各省级检察机关制定的检察官权力清单，由于并未获得全国人大及其常委会的授权，省级检察机关并无制定具有法律性质的抽象性司法解释及其规范的权力。对此，应当将其认定为是检察机关的内部规范。这种内部规范，在司法改革背景下，具有特殊的规范效果，虽在法律文书中不得援引，但是可以作为规范检察官行为的准则。各诉讼主体应当遵循该规范，必须按照权力清单规定的权力边界行使检察权，逾越或者怠于行使都要承担相应的纪律责任。此外，检察官权力清单应当公开。由于检察官权力清单关系当事人的基本权利，并且具有一定的规范性质，所以从提升司法公信力的角度而言，应当面向当事人及社会大众以多种形式公开，从而保障公众知情权。在检察官权力清单的实施保障上，应主要依赖主动遵循、统一业务系统保障和上级督查等内部方式。

二是改革成熟之际，通过立法和司法解释，将旨在分配内部权力职责的检察官权力清单上升至法律和司法解释，从而赋予其法律效力。检察机关内部主体一旦违反该清单就要承担相应的法律责任。同时，案件当事人对于检察官逾越或怠于行使权力清单所授予的权力，可以请求该诉讼行为无效或重新进行诉讼行为，并追究相关人员责任。

（二）科学配置检察官职权

从木桶原理来看，系统的整体功能取决于结构而非要素，故此，要实现对检察权运行机制整体效能的提升，就要依赖对检察官职权的科学配置，而非对检察权内部要素这一较为固定的约束条件进行扩张。虽然从整体而言，检察官权力清单的实施旨在向检察官"授予"更多的权力，但是在科学配置检察官职权的过程中，还伴随着向谁配置、如何配置、配置内容等方面问题。对此，可在权力配置主体、权力配置标准、权力配备内容等方面予以完善，进而实现与检察官相对独立地位相匹配的权力配置制度。

1. 在权力清单配置主体上实现周延化

任何改革都应当依法进行，这是依法治国基本原则的内在要求，检察权运行机制改革也应遵循。故此，应当在检察官权力清单制定上，改变"检察官＋主任检察官＋业务部门负责人＋检察长"，或者"检察官＋检察长＋检察委员会"的划分方式，而是将权力清单的主体限定为"检察官＋检察长"二元主体，并且采取负面清单形式，明确除法律保留由检察长（检察委员会）决定的其他检察职权都由检察官行使的原则，从而以法律为标准，将检察官与检察长（检察委员会）的职权进行划分。首先，在检察权的权力边界明确性原则下，采取负面清单方式可以最大限度地分权和授权，厘清检察长与检察官的权力边界。其次，基于检察权内容的多样性，完全列举检察官的权力不够现实，而通过"抓大放小"原则列举检察长的权力，则存在可行性。最后，根据《宪法》《刑事诉讼法》等法律规范，对检察长的决定性权力进行梳理也较为可行。

同时，应当注意，检察长与检察官的权力归属划分并非此消彼长，可以通过指挥监督权进行合理转化。对于"未列举的办案事项决定权归检察官行使的形式，与公权力的法无明文规定即不得行使的规律相悖"的质疑，笔者认为，此种认识错误地将"法定原则"简单化地等同于"法律明文列举原则"。首先，从法定原则的目的来看，其主要是规范公权力的行使边界，而非厘清公权力内部不同主体之间的边界，这是法定原则与组织原则的区别所在。其次，就检察官权力清单而言，采取负面清单抑或正面清单的形式，不在于是否遵循法定原则，而在于是否承认检察官的相对独立地位，是否明确检察权的运行主体。需要在这个方面有所认识，即理解正面清单或负面清单的不同功能所在。

2. 在权力清单配置标准上实现规范化

关于检察官权力的配置，部分学者进行了相关的研究，认为在检察长与检察官关系上，要注重"区分"原则：一是将积极、主动履行法律监督职能的启动权赋予检察官行使，积极促进侦破犯罪案件。二是贯彻争议性原则，即有争议案件强调程序的正当性和实体处理的正确，而无争议的案件更强调诉讼的效率（速裁程序、认罪认罚从宽程序）。三是贯彻强制性原则。❶ 龙宗智则提出了"大小原则、上下原则、书状原则、争议性原则和强制性原则"，❷ 还有学者认为应当考虑权力的性质、权力的影响和权力的行使特点三个方面。❸ 上述学者从不同角度揭示了对检察官与检察长权力配置

---

❶ 冯景合：《检察权及其独立行使问题研究》，中国检察出版社，2012年版，第123页。

❷ 龙宗智：《检察官办案责任制相关问题研究》，《中国法学》2015年第1期，第84页。

❸ 邹开红、杨福荣：《检察官执法办案责任体系研究》，载中国检察学研究会检察基础理论专业委员会编《新一轮检察改革与检察制度的发展完善 第四届中国检察基础理论论坛文集》，中国检察出版社，2015年版，第272—280页。

的不同要求，对于我们深入研究具有启发意义。当前对检察官权力清单的划分主要以检察机关的职能进行。由于对检察职能认识不一，以至于对检察权的划分存在多样化和混杂性。❶ 此外，对于纷繁复杂的检察权内容，可以分别依据权力的属性、涉及的事项及运行的特征进行分类。检察机关权力清单根据权力的属性，可分为司法属性检察权、行政属性检察权和监督属性检察权；依据涉及的事项可分为事务性检察权和终局性检察权。上述划分是对我国检察权内容的传统划分，从根本上讲是一种静态划分，虽然对于深化检察权属性认识具有重大意义，但是上述划分无法解决检察权的运行问题。

一是检察官的权力类型。从过去的"三级审批制"的权力分配来看，在科层制内不同主体的权力是不同的，其中建议权和承办权一般属于检察官，监督权属于业务部门负责人，决定权则由检察长（检察委员会）行使。虽然这种权力运行机制已被理论和实务界扬弃，但是其关于检察权的动态分类却值得借鉴，并且契合了检察权运行机制的改革目的。故此，对检察权的划分标准应当以动态的适应运行规律的方式予以划分，而纵向的划分方式则凸显出来，依据检察权的运行特征，可分为承办权和办案事项决定权（见图4－2）。其中，承办权主要是指办案组织承办案件的权力。从办案组织规定来看，案件应由检察官或者检察官办案组承办，这是检察权运行的开始，也是办案责任归属的依据。办案事项决定权则是检察权的核心，是在检察官职权范围内对案件事项作出处理的权力。承办权和办案事项决定权有时统一于检察官，有时则有所分离。当承办权与办案事项决定权统一时，办案组织的权力与责任较为明确具体，检察官办案主体地位较为凸显；当承办权与办案事项决定权分离时，检察官作为承办人不具有对办案事项的最终处理权，从而易使检察行为

---

❶ 我国检察机关主要包括四个方面的职能，侦查、公诉、批捕以及诉讼监督（侦查监督、审判监督、执行监督、民行监督等）主要学说包括：三分说，即公诉、侦查和诉讼监督权；五分说，认为检察权分为检察侦查权、批准和决定逮捕权、公诉权、诉讼监督和其他职权；八分说，把检察权分为职务犯罪侦查权、审查批捕与侦查监督权、公诉与刑事审判监督权、救济权、刑罚执行监督权、民事诉讼监督权、行政公诉与行政诉讼监督权、法律话语权。参见向泽选：《新时期检察改革的进路》，《中国法学》2013年第5期，第123－136页。

与检察效果相分离。

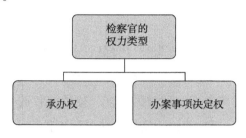

图4-2　检察官的权力类型

二是检察长的权力类型。在各改革试点的权力清单上，对于检察长的权力虽有"决定""批准""审核""领导""监督"等多种表述，但从检察长负责制的检察体制来看，检察长除作为检察官行使办案事项决定权外，还应当作为检察首长对于检察官的办案活动行使指挥监督权（见图4-3）。办案事项决定权是检察长与检察官的横向权力分类，而指挥监督权则是其与检察官的纵向权力分类，只有明确这一点才有探讨检察长权力类型的意义。检察权运行机制改革不仅要实现对横向权力的分类，即制定检察官权力清单，还要使纵向权力得到行使，即明确指挥监督权的类型、方式、内容等。

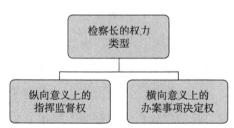

图4-3　检察长的权力类型

基于检察权划分的规范性和检察官权力的对应性原则，对于检察长横向意义上的办案事项决定权应当根据检察权属性、检察院层级、案件性质、地域区别等方面因素进行区别划分，在此可不强调各地区统一；但对于纵向意义上的指挥监督权，则应严格限制范围、形式、内容和效果，从而在责任划分和追究上实现"谁办案谁负责，谁决定谁负责"。

（三）检察权运行关系的规范性

1. 检察一体的法定化

检察一体是对大陆法系检察制度内部组织构建以及检察权运行的原理性概括和总结。❶检察一体除了使检察权的行使更能集中效能、发挥团队力量，最主要的还是在于发挥内控及监督的功能，使检察权的行使具有一致性且不致滥用。❷ 当然检察一体的内涵丰富，并非等同于我国检察办案的审批制。因为审批制是对检察官决策的完全化控制，而检察一体是指检察事务而非行政事务方面的原则，它建立在检察官独立的基础上，是为了防止检察权受到不当干预而确立的原则。❸ 从法理上讲，检察官与检察长在办理案件的公正性上并无根本区别，检察长之所以具有指挥监督权，关键在于其确保检察机关的整体独立和追诉标准的统一。指挥监督权即指令权，是上级检察官对下级检察官就职权范围事项所作出的一般或具体指令，所以检察一体与检察独立的关键在于检察指令权的行使。❹

故此，应当在检察权运行机制上由最高人民检察院统一规范上级检察官的指令权，实现检察指令权的内容法定化、形式书面化、运行补充化和结果归档化，从而压缩指令权，给予检察官更大的独立办案空间。所谓内容法定化，❺ 就是指在不改变现行上级人民检察院领导下级人民检察院、检察长领导人民检察院的检察体制下，实现"领导"内容的法定化和明确化。"领导"一词看似简单，但内容非常丰富。《说文解字》中将其解释为"领者项也，导者致也"，即有引领和引导的作用。从政治权力的角度来看，"领导"就是有效影响的过程。❻ 检察首长的领导具体表现为上级指令权的行使可分为一般指

---

❶ 邵晖：《检察一体的历史与现实》，《国家检察官学院学报》2013 年第 1 期，第 83－103 页。

❷ 蔡碧玉等：《检察官伦理规范释论》，元照出版有限公司，2013 年版，第 134 页。

❸ 左卫民、谢小剑：《检察院内部权力结构转型：问题与方向》，《现代法学》2016 年第 6 期，第 15－22 页。

❹ 杜磊：《论检察指令权的实体规制》，《中国法学》2016 年第 1 期，第 177－193 页。

❺ 也有学者称检察指令法治化，认为检察指令应遵守司法规律，坚持运用法治思维和法治方式作出，包括"书面化、程序化和体系化"三个方面。参见郑青：《论司法责任制改革背景下检察指令的法治化》，《法商研究》2015 年第 4 期，第 37－44 页。

❻ 沈远新：《新时期领导者行政能力测评与提升》，中央党校出版社，2001 年版，第 4 页。

令和个案指令，一般指令只能由上级检察机关整体名义发布；个案指令即办案事项决定权，必须在宪法、检察院组织法和刑事诉讼法等法律允许范围内进行，不得突破法律规范。对于明显违法的指令，检察官基于客观公正义务可以拒绝执行，并因此不承担任何责任。所谓形式书面化，主要是指上级指令不能以口头、电话、邮件等非正式方式作出，而必须以书面的正规方式作出，从而确保上级指令权行使的规范化和严肃性，防止上级领导可能作出不当干预。所谓运行补充化，是指上级指令权从本质上属于纠错权。这就在逻辑上要求了检察官独立的优先性、指令权的补充性，同时这种补充性也要求指令权的行使应当首先是柔性的、协商性的，其后才是刚性的、强制性的。所谓结果归档化，就是指个案指令在相关法律文书生效后，应当归入诉讼档案，并允许相关当事人查阅、摘抄和复印，从而使上级指令权处于当事人和社会公开监督的范围之内。

　　2. 检察独立的相对性

　　由于我国检察官并非"独立官厅"，而是在检察长领导下的办案主体，是检察权的分享者，并且在办案过程中要接受党的领导和人大监督，这就使得检察独立并非超然于外，而是具有相对性的。这种相对性除了要有相对独立的地位保障，还需要必要的基本制度支撑。一是确立"文本服从、言论自由"的原则。❶ 上级检察官有权对个案进行指示，但该指示必须以书面形式作出，同时附在卷宗之中。此外，要赋予检察官在出庭公诉中的自由裁量权。如此，检察官在法庭上进行口头陈述时便不会受检察长指令的限制，而有权根据个人的内心确信，提出公诉意见。二是明确法治主义原则。检察长的指挥监督权必须遵循法定主义的要求。对于违法指令，检察官有权拒绝执行。三是明确法律保留原则。立法明确规定，对于事实判断，证据采信属于检察官的保留事项，检察长不得对此内容进行指令要求。四是增设前置沟通程序。当检察长在职权范围内否定检察官意见时，应当以沟通、协作和合作的方式先与

---

　　❶　刘晓媛、禹枫：《法日上下级检察机关关系可资借鉴》，《检察日报》2014 年 6 月 3 日，第 3 版。

检察室沟通，双方都听取对方的意见和理由，从而相互修正意见，以实现公平正义的目的。增设沟通程序有利于体现检察长或主任检察官对检察官主体地位和相对独立性的尊重，有利于全面准确地分析判断案件。若沟通无法达成一致意见，可报请检察长行使职务转移或收取权，改由检察长或其他检察官办理。❶

（四）检察权运行机制的区别化

1. 检察权的科学划分

在国家监察体制改革之前，对于检察权运行机制属性的探讨已基本达成一致，即检察权在具有法律属性的基础上兼具行政属性、司法属性与监督属性。❷这里所谓的属性，并非检察权的本质属性，而是依据检察权具体权能行使方式和特征所表现的属性，如此界定可以避免对检察权属性的无谓之争。❸不同属性的检察权的运行方式、权力内容均有区别，故此在权力清单制定过程中，应当根据检察权的属性分类将检察权配置于检察官和检察长（检察委员会）。然而，随着国家监察体制改革的深入，检察机关将不再具有职务犯罪侦查权，检察权的法律属性将面临重新定位。此外，检察权的属性界分难以满足不同类型检察权运行机制的区别化运行要求。比如，何种类型权力属于司法属性，抑或何种类型权力属于监督属性，目前尚未明确。所以遵循检察权属性的划分似有将检察权简单化之嫌。与此同时，检察权的属性划分归根结底属于学理上的争论，对于深化检察权的认识有所帮助，但是具体到检察

---

❶ 朱孝清：《检察官相对独立论》，《法学研究》2015 年第 1 期，第 137 – 153 页。

❷ 检察权的三重属性，由最高人民检察院曹建明检察长于 2015 年 7 月 7 日，在大检察官研讨班开班仪式上的讲话中提出，得到专家学者和检察系统的高度认同，此后，最高人民检察院张德利专职委员在《关于〈关于完善人民检察院司法责任制的若干意见〉的说明》中也指出检察权兼具司法属性、行政属性和监督属性，并进一步指出，权力属性的多元化，业务类型的多样化，决定了检察权运行方式的多元化。参见最高人民检察院司法体制改革领导小组办公室：《人民检察院司法责任制学习资料》，中国检察出版社，2015 年版，第 46 页。也有学者认为检察权兼具行政属性、准司法属性和专门的法律监督属性。参见卞建林，许慧君：《论刑事诉讼中检察机关的职权配置》，《中国刑事法杂志》2015 年第 1 期，第 3 – 20 页。

❸ 有关检察权的属性，有行政、司法、行政司法兼具以及法律监督说。然而，上述学说观点分歧较大，并未达成共识。参见邱飞：《权力制衡与权利保障：侦查程序中的司法审查机制研究》，光明日报出版社，2013 年版，第 198 – 199 页。

职责办案就难以适用。故此，笔者建议关注点应当从检察权的属性之分转变为对检察机关的职责之分。检察机关的职责是检察权法定化和检察权属性外部化的具体表现，从根本上决定了检察业务部门的设置和检察权运行机制的选择。从当前法律规定和检察制度发展来看，检察机关的基本职能可被划分为审查职能、诉讼职能和监督职能。审查职能是指检察机关作为司法机关对审前程序强制行为合法性及合理性的具体审核和调查，它具有中立性、亲历性和独立性的特征；诉讼职能是指检察机关作为国家利益和社会公共利益的代表人，在其权利受到侵犯时，通过控诉的方式予以制裁和遏制；❶ 监督职能是指检察机关作为法律监督机关对其他国家权力实施的监督制约。以前，法律监督主要依附于诉讼行为进行，也被称为诉讼监督。但是，随着党的十八以来的决策部署和司法改革，检察监督职能已经不再限于诉讼监督，非诉讼行为也被纳入监督范围。❷ 上述三大基本职能是检察权司法属性、诉讼属性和监督属性检察权的具体表现，决定着检察权运行机制的基本布局。

2. 检察权运行机制区别化的具体要求

（1）检察权审查职能的运行机制

一是检察权审查职能的范围。对于检察权审查职能的范围，可根据形式化和实质化标准进行判断。在形式化方面，案件存在争议，且检察机关具有相对的中立性和独立性。在实质化方面，所争议的事项应当关涉重要利益，需要正当程序决策。❸ 据此，检察权审查职能主要包括审查起诉案件、审查逮捕案件、回避审查、辩护人（诉讼代理人）申诉审查、非法证据排除审查、强制措施变更审查、羁押必要性审查、刑事和解协议合法自愿性审查、批准或者决定延长侦查羁押期限审查、核准追诉审查、职务犯罪审查等。

二是检察权审查职能的权力配置。对于检察权的审查职能，在检察官权

---

❶ 陈瑞华：《检察机关法律职能的重新定位》，《中国法律评论》2017年第5期，第53－61页。
❷ 敬大力：《全面落实中央精神，加强新时期检察监督工作》，《检察日报》2017年1月18日，第3版。
❸ 习近平总书记基于对"司法""司法机关"的理解，对司法权也作出了符合司法规律和中国实际的科学界定，指出："司法活动具有特殊的性质和规律，司法权是对案件事实和法律的判断权和裁判权。"参见张文显：《司法责任制与司法民主制》，《法制日报》2016年9月7日，第10版。

力清单配置上应当凸显其独立性、亲历性和判断性。在检察权权限内容上，主要限于办案事项决定权和相应的法律文书签发权。在案件事实的认定、证据的采信、强制措施和侦查措施的采取以及案件的最终处理上，只能由直接办案的检察官依法作出决定。❶ 在检察权审查职能的权力配置方式上，采取负面清单模式，以概括方式将办案事项决定权配置于检察官，以例外方式配置予检察长。对于未列明的办案权力，则应由检察官行使，但同时落实检察长的领导权。同时，除了办案事项决定权，检察长的领导权主要以审核监督方式进行，司法行政管理权和司法事务管理权都应进行程序化和规范化改造。

三是检察权审查职能的运行模式。对于检察权审查职能应采取充分授权原则，在其运行模式上，应当由"检察官决定—检察长审核"，即检察官负责具体办案活动的执行与决定，检察长承担审核监督职责。两个阶层的管理层次有利于缩短决策者与执行者的距离，使得办案信息沟通更为便利，降低信息衰减，令司法办案更为公正和高效。❷ "重大、疑难、复杂"的案件确须检察官办案组办理案件时，主任检察官虽然具有管理、监督职权，但不能直接改变检察官的办案决定；对于简易程序和速裁程序可由检察官直接决定，检察长只履行签发职责。由于现行《刑事诉讼法》将批准逮捕决定权授予检察长行使，所以为确保改革的合法性，笔者建议应及时通过修改法律，巩固改革成果。当然，在部分地区由于案件数量较多、法律文书繁杂，完全由检察长进行签发也不现实，所以可遵循法律文书签发权与办案事项决定权相统一，由拥有案件事项决定权的检察官进行签发。这就要求，业务部门负责人与主任检察官应当坚持检察职能合一性。所谓检察职能合一性是指主任检察官与部门负责人尽可能由同一人担任，实现司法行政管理的单轨制，从而有利于减少两者之间的矛盾和冲突。在二者合一的情况下，担任业务部门负责人的（主任）检察官既要负责案件办理业务，也要负责其他行政性事务。❸

---

❶ 向泽选、曹苏明：《检察规律及其启示》，《华东政法大学学报》2010 年第 6 期，第78－82页。

❷ 徐双敏：《公共管理学（第二版）》，北京大学出版社，2014 年版，第 70 页。

❸ 陈鹏飞：《当前检察体制改革的关键：办案组织及责任制》，《广东行政学院学报》2016 年第 6 期，第81－87 页。

（2）检察权诉讼职能的运行机制

一是关于检察权诉讼职能范围。对于检察权诉讼职能范围的确定，可采用形式和实质两个方面的标准。形式方面是指运行机制的单向性和主动性，实质方面是指国家和社会公共利益的具体代表性，故此，检察权诉讼职能可具体包括刑事公益诉讼、民事公益诉讼和行政公益诉讼三种。

二是关于检察权诉讼职能的权力结构。对于诉讼职能，应当凸显其效率性、统一性和主动性。在权限内容方面，主要限于办案事项决定权和相应的法律文书签发权。在配置方式上，以概况方式配置于检察官，以列举方式配置了检察长。在小案决定权列举范围上，要综合考虑对当事人权利，其他执法司法机关的影响程度，承办案件的重大、复杂、疑难程度等因素予以确定。关键节点的权责内容应当明确具体。对于未列明所属的决定权，原则上应由检察官行使。

三是关于检察权诉讼职能的运行模式。由于我国检察权的诉讼职能与监督职能多是重合运行，而诉讼是手段，监督是目的。❶ 其中，诉讼职能的程序性最为完善，发展也较为成熟，司法属性也较强。故此，在运行模式上，应当采取"检察官决定—检察长审核"二元化方式。在基层检察院，业务部门负责人不再对检察官职权范围内作出的决定进行审核。在省市级检察院，可适当保留业务部门负责人的审核权和提请检察官联席会议评议权，但不得改变检察官的意见。并且，赋予业务部门负责人审核权的同时，也须令其承担监督管理职责，从而实现权责一致。

（3）检察权监督职责的运行机制

一是关于检察权监督职责的范围。监督职责主要是指诉讼监督权，它是中国检察制度的自我创新，是指检察机关代表国家检察司法活动中有无违法判决或违法事件，并予以纠正的制度。❷ 其目的和价值更在于法律的统一正确

---

❶ 樊崇义：《检察机关深化法律监督发展的四个面向》，《中国法律评论》2017 年第 5 期，第 37－52页。

❷ 甄贞等：《法律监督原论》，法律出版社，2007 年版，第 9－10 页。

实施，❶ 具有绝对的国家性、权威性、专门性、程序性和事后性等特征，是一种不同于诉讼行为的国家法律行为。据此，检察权监督职责包括对刑事方面的各类监督；对民事行政诉讼方面的生效判决、裁定、调解书的监督；对审判程序中审判人员违法行为的监督；对执行活动的监督。当前，我国检察机关行使的监督职责有的以"办案"方式呈现，有的则以"办事"方式呈现。对此，为提高监督效果，落实办案责任制，应当积极探索重大监督事项"案件化"办理机制，推动检察监督体系化法制化。❷

二是关于检察权监督职责的权力结构。诉讼监督职能——作为监督属性检察权的重要表现，它具有单方性、客观性等特点。对于刚性的监督，比如提起抗诉、不支持监督申请等方面，可由检察官行使案件承办权，检察长行使办案事项决定权；对于柔性的监督，比如提出检察建议、纠正违法意见等方面，可由检察官行使办案事项决定权，从而做到区别对待，也有利于实现检察机关与其他机关的良性关系。当然，在必要条件下，检察长可书面要求检察官在自行签发法律文书前送请审核。此外，为减少审批，确保入额检察长、主任检察官、业务部门负责人的案件办理，对于重大疑难复杂案件，可建议检察长、部门负责人、主任检察官尽可能以检察官身份亲自承办案件。

三是关于检察权监督职责的运行模式。由于检察权监督职责的分散性，有些是与诉讼职能相结合，例如侦查监督与审查逮捕相结合，审判监督与审查起诉相结合；有些则单独设置，例如民事行政监督活动、刑罚执行监督活动等。再加上，检察机关反贪反渎等职能转隶后，诉讼监督已与司法办案处于同等重要位置。故此，应当遵循部分分权原则，实行不同的运行模式。对于与诉讼职能结合的监督程序，则应遵循诉讼职能的运行模式，强化检察官的独立地位和作用，注重其亲历性；对于与诉讼职能相分离的监督办案活动，则应与诉讼办案程序有所区别，可基于监督事项的类型、范围等因素，采取"检察官—部门负责人审核—检察长（审核）审批"的三级审核或"检察

---

❶ 冯景合：《法律监督权，能否与检察权兼容——从法治的角度对中国检察权的反思（上）》，《中国检察官》2006 年第 7 期，第 26 – 29 页。

❷ 《坚持宪法定位　全面推进新时代检察监督工作》，《检察日报》2018 年 1 月 30 日，第 1 版。

官—检察长"的扁平化管理二元模式。按照检察机关内设机构的功能定位，使其专职检察行政管理，同时弱化其司法决策职能，即一般案件由检察官或检察官办案组决定，特殊案件由检察官承办，检察长决定，进而减少中间审批层次，[1] 从而实现检察长统一领导与检察官独立办案的办案模式。

三、提高检察权监督机制的有效性

有效性监督是基于监督者有限性的认识，从降低监督成本、提升监督效果的目的上进行的制度设计。从有效性的功能上来看，检察官办案监督机制的设置旨在防止检察权的滥用，解决"放权即任性"的问题，可谓是一种消极意义上的监督。除此之外，还有提高检察官办案质量，解决"一放就乱，一管就死"的矛盾，此类监督可被称为积极意义上的监督。当然这两类监督的机制和措施并非泾渭分明，而是相互交织，有时甚至重叠，例如办案质量评查、办案流程控制等制度。当然也有部分监督机制其功能指向较为明确，可以明显分辨其发挥监督功能的价值取向。例如，绩效管理考核、检察官联席会议制度等，旨在提高办案质量。据此，根据监督的来源，可从内部监督的有效性和外部监督的有效性两个层面进行讨论。

（一）内部监督的有效性

从域外情况来看，虽然检察机关内部设置了多层次的组织机构对检察权进行监督，但任何机构都不得对检察官在办案中的判断权进行干涉。有的业务部门负责人在监督和领导检察官的过程中非常尊重检察官的决定，不能直接改变其决定。[2] 而在我国，从检察权的纵向结构来看，更加注重检察一体进而实行严格的内部控制机制，并且随着省级以下检察机关人财物的统管改革而更加强化。故此，加强检察机关内部监督的有效性，在现实中更可能被关

---

[1] 夏阳、高斌：《司法责任制视野下检察机关内设机构"大部制"改革思考》，《人民检察》2015 年第 20 期，第 27 - 30 页。

[2] 杨圣坤：《检察权内部监督的调整与发展——以检察办案责任制改革为背景》，《时代法学》2014 年第 6 期，第 50 - 57 页。

注和更强调法制化，具体而言可从优化内部监督层级、完善内部监督机制、提升内部监督效果等方面提升内部监督的有效性。

1. 优化内部监督层级

检察官办案的内部监督层级主要分为检察委员会、检察长和业务部门负责人的监督。对此，应当根据检察权的具体职责，分别配置相应监督层级：对于承载司法审查职能的检察官，由于其在权力运行中受到当事人、律师等主体的监督，可适当减少内部监督层级方面的监督，赋予其较大的办案职权；对于从事诉讼职责的检察官，由于其裁量权较大，受到外部约束较少，故此，对其进行内部监督的层级可适当增加。在办案过程中检察官应当受到业务部门负责人、主管副检察长等的监督。对于履行监督职责的检察官，可在上述两者之间进行选择，根据办案数量、外部监督等因素综合考量。此外，在优化内部监督层级的同时，还要区分不同主体的监督重点，对于检察委员会的内部监督主要立足于其对重大事项的决策和内部纠错功能；对于检察长的内部监督应当主要立足于其对案件的审核权、转移权等程序性功能；对于业务部门负责人的内部监督应当主要立足于其对部门管理中宏观方面的质量把关和流程监督。

2. 完善内部监督机制

随着检察官办案主体地位的凸显，为确保"放权不放任，用权受监督"，应当建立新型的检察官办案监督机制。该机制应包括监督对象、监督程序、监督内容和监督方式四个方面。一是在监督对象上，从注重对检察官的结果评价转变为对其行为轨迹的监督。这需要案件的分配以随机分配为原则，以指定分配为例外，从而防止检察人事结构对检察职能的影响，确保机会公平。二是在监督程序上，从依据投诉、举报等被动监督转变为注重主动监督的风险预警，提高内部监督程序的可操作性。三是在监督内容上，从直接强制监督转变为间接平和监督，这要求监督者不能直接改变被监督检察官的意见，意见不同时应主要通过提供参考意见、沟通协商等方式解决。四是在监督方式上，要注重动态化、实时化监督。这要求检察官的办案全程必须在检察统一业务系统内留痕，并且与公安、法院等司法部门进行衔接，进而实现办案信息录入在平台、办案流程操作在平台、办案情况审批审核在平台、办案结果反馈在平台。

3. 提升内部监督效果

内部监督效果的提升还依赖于常规监督与专项监督的有机结合。常规监督主要可分为案前监督、案中监督和案后监督。其中，案前监督主要基于随机分案系统实现公平分案，防止人为干预案件分配；案中监督主要依据案件管理流程控制和办案核阅制度进行，是一种微观的、个体性的监督；案后监督则依赖案件质量评查和错案责任倒查进行。专项监督的开展是在常规监督的基础上，通过定期组织案件专项评查和抽样评估，并将上述评估结果记入检察官执法档案作为责任认定和追究的依据，从而实现与检察官司法责任相衔接。

（二）外部监督的有效性

1. 完善检务公开制度

由于内部监督存在利益的共同性、检察一体的替代性等弊病，从而使外部监督机制更具凸显性。对此，应当在承认检察官相对独立地位的同时，通过阳光动态监督机制防止检察权被滥用。当前，检察权的外部监督主体包括新闻媒体、人大代表、政协委员等。由于外部监督是外部主体对检察办案活动的监督，其有效与否的关键在于监督信息的获取和监督效果的反馈。对此，一要继续深化检务公开，实现检务公开的制度化。二要建立健全检察机关终结性法律文书公开制度，对于检察机关不立案、不批捕、不起诉、不予提起抗诉决定书等具有程序终结性质的法律文书要全部予以公开。三要进一步增强法律文书的说理性，通过说理实现办案释法、办案普法、办案解法，进而提高检察办案的司法公信力。四要加强检务公开与现代科技的深度融合，通过大数据、人工智能等信息化方法，实现当事人实时查询举报、控告、申诉受理、流转和办案流程等信息。

2. 增强当事人的监督

基于事前监督不能预测所有可能的情况，事后监督又太具有个案性质，所以被害人、被告人和公众掌握更多的资讯，获得更多的参与机会，则会使对检察官的监督效果更为明显。❶ 由于被害人、被告人作为当事人，与检察官所处理的案件有直接的利害关系，所以他们更为关注检察官办案行为的规范性和合法性，对于他们的激励成本也最低，所以可以通过赋予当事人更多的信息获取权和程序参与权，从而取得内部监督所达不到的效果。此外，还可建立监督效果的评估机制，构建科学、客观、公正、合理的评价体系，特别是可引入第三方监督效果评估体系，从而使当事人的监督与当事人的权利保障相契合，增强当事人监督效果的检测和完善。

3. 完善人民监督员制度

一是科学设置人民监督员选任方式，实现人民监督员的选任发生由内部到外部的转变，提高人民监督员选任的民主性。在现行司法行政部门主持选拔的基础上，进一步提高人民监督员选任来源的民主性和大众性。

二是拓展监督案件范围，提高人民监督员作用的广泛性。将人民监督员监督范围拓展至所有审查起诉案件，并可让人民监督员作为第三方参与案件的公开审查、信访接待、检察纪律作风监督等工作。此外，伴随着国家监察体制改革的推进，各级检察机关继续保留了人民监督员制度，人民监督员的监督重点则转向各级监察委员会移送审查起诉的案件，进而提高职务犯罪的监督力度。❷

三是规范和完善监督程序，提高人民监督员监督的规范性。要进一步健全人民监督员行使监督的职权和程序，提高监督程序的法定性，为人民监督员履行职责提供保障。具体可分为充分的监督信息供给、全面的监督信息反馈、有效的监督信息沟通，以实现人民监督员参与检察活动的充分性和有效性。

四是明确监督效力，确保人民监督员监督的强制性。除了赋予人民监督员复核权，还可设置其拥有在特定条件下的法律强制力，实现人民监督员对检察权的有效外部制约，促进权力的自我规训和抑制。

---

❶ 蓝向东：《卓越与底限：美国检察官奖惩机制研究》，中国检察出版社，2015 年版，第116 页。
❷ 龙宗智：《司法改革：回顾、检视与前瞻》，《法学》2017 年第 7 期，第 11 – 21 页。

四、建构公平合理的检察官司法责任机制

（一）司法责任机制实体层面的完善

1. 追责依据的正当性

一是明确司法责任追究的"可责难"原则。司法责任追究属于责任追究的一部分，要遵循"可责难"的基本要求。"可责难"原则是追究检察官司法责任的道义基础和价值依据，也是对其进行惩戒的底线限度。"根据责任归因的原理，司法人员惩戒的正当性必然是和检察官、法官个人原因相联系的，并且这种原因还是检察官、法官个人可以控制的。"[1] 这就要求，被追责司法人员在主观上具有过错性，在客观上具有危害性，并且两者之间具有直接的因果关系，从而实现责任追究依据的正当性。[2]

二是司法责任应当限定在"司法过程中"或"履职过程中"，具有时空限定性。这就意味着检察官办案责任并不是一种责任形式或独立的责任体系，而是一套由特殊主体（检察官）和特殊时空（办案过程中）所形成的责任体系。这种特殊的时空必须发生在办案过程中，而非其他非办案活动中。这就意味着司法责任不应是检察官责任的全部，只是在检察官履职过程中出现过错时要承担的责任。

三是司法责任追责依据的合法性。合法性原则意味着检察官所承担的司法责任要符合上位法的规定和精神，除了根据现行法律，不得额外设置司法责任。这是现代法治原则的基本要求，也是确保检察官公正履职的法律保障。

2. 追责范围的限定性

一是明确司法责任追究的实质性损害标准。检察官司法责任的具体表现

---

❶　姚建才：《错案责任追究与司法行为控制——以佘祥林"杀妻"案为中心的透视》，《国家检察官学院学报》2005 年第 5 期，第 28 - 36 页。

❷　也有学者认为应以"行为中心主义"为标准，确定归责依据，即行为的不当性，主观的过错性。行为不当系主要标准，主观过错辅助标准。参见王迎龙：《司法责任语境下法官责任制的完善》，《政法论坛》2016 年第 5 期，第 136 - 146 页。

之所以与《刑法》相关条文相一致，是因为两者都侵害了特殊的法律秩序利益，对诉讼秩序造成了实质性损害。据此，在司法责任追究范围上，与其不断增加其表现形式，不如确立法律秩序的实质性损害标准，从而满足司法责任追究范围不断发展的需要。

二是统一规定司法责任追究范围。根据《检察官法》所确立的检察官"非因法定事由，非经法定程序，不被调离、免职、降职、辞退或者处分"的原则要求，对于检察官司法责任的追究范围，应由国家统一立法规定，各地在司法实践中不得突破追责范围，恣意扩大或限缩责任范围。从实践需要的角度来看，可根据检察官的主观过错程度，将司法责任分为故意违反法律法规责任和重大过失责任两种形态，从而实现责任追究依据划分的周延性。

三是司法责任追究范围应以个案评鉴确立参考标准。基于司法活动的专业性和信息的不对称，对于检察官司法责任的追究范围，在基本法律条文明确的同时，还应当注重通过检察官惩戒程序，利用个案评鉴，作出参考案例。

3. 责任区分的合理性

一是责任区分的标准为办案事项决定权。检察权运行机制改革就是实现检察官的办案主体地位，实现检察权在不同层级检察官之间的科学划分。科学的司法责任划分有利于实现"责权利"相统一，也有利于实现检察权运行的纯粹性。如果说检察机关办案组织是责任追究的前提，那么办案权力则是司法责任划分的依据。根据"谁办案谁负责，谁决定谁负责"的权责一致性原则，在科学认定司法责任时，应当考虑司法责任的承担必须与司法职权的配置相一致才具有正义性。故此，在厘清检察长、主任检察官、检察官、检察辅助人员职权的基础上，所发生的司法责任应由办案事项决定者和改变原办案事项决定者承担。基于目前检察事项决定权在不同主体下呈现共享状态，下一步应当将检察事项决定权归还于检察权运行主体的检察官，从而实现承办权与决定权的统一。此外，检察长、检察委员会在依托监督管理权改变检察官决定事项时，应对其决定改变的范围和事项承担相应司法责任。

二是独任检察官办案的责任认定。对于独任检察官办案，应当基于办案事项决定权的归属，以此作为划分检察官、业务部门负责人和检察长责任的依据。即根据权力清单内容，由办案事项决定权的主体负担司法责任，如果是业务部门负责人和检察长改变的，则由改变后的主体负担。为了防止检察长不当利用指挥监督权，在赋予检察官办案事项决定权的同时还应配置相应的法律文书签发权，从而实现事实决定与法律效果相统一。此外，在独任检察官办案组织内部，则根据检察官亲历性清单，区分检察官和检察辅助人员的责任。

三是检察官办案组办案的责任认定。根据检察官办案组类型，科学定位不同类型检察官办案组内主任检察官、检察官以及检察官助理的职责。首先，对于领导型检察官办案组，由于主任检察官承担决策者角色，检察官和检察辅助人员在其指令下办理案件，故应当在责任认定上有所区别。主任检察官应当对其过错或重大过失决定承担司法责任，检察官及检察辅助人员应当对其办案行为承担司法责任。其次，对于指导型检察官办案组。由于主任检察官主要发挥的是办案组织的监督者、组织者、管理者的作用，故而，对其司法责任的设定应当限于案件的监督、组织、管理活动；承办检察官的司法责任则应当基于其承办人地位，对其决定的过错进行追责；检察辅助人员则应当根据办案行为的过错程度进行责任认定，从而确保追责的合理性和公平性。

4. 司法豁免的必要性

司法豁免是司法责任界限的前提。司法豁免不仅历史悠久，还成为当前一项重要司法共识，其基本内容为司法人员在办案活动中只要尽到必要的注意义务，即使造成司法错案也不承担责任，从而为检察官的办案活动提供"保护罩"。故此，在司法责任界限上，应以豁免为原则，以承担为例外。通常行为发生时没有意志自由，就不必对行为承担责任；同样，没有权力在手，也不必为权力的运作后果承担责任。[1] 这就要求在司法责任追究上要坚持主观过错与客观行为相结合，公平合理地认定司法责任。主观过错是指办案中实施不当行为的故意或过失；客观行为是指造成具体后果的实际行为，具体可

[1] 张建伟：《错案责任追究及其障碍性因素》，《国家检察官学院学报》2017年第1期，第114-128页。

分为故意违法的行为和重大过失且造成严重后果的行为。❶ 对于检察官在办案中没有导致冤假错案的不当行为，则应属于司法瑕疵，可以在业绩评价体系中予以记载，而不宜追究其刑事责任。也就是说判断检察官是否承担司法责任的核心在于是否发生上述行为，上述行为与严重后果之间是否具有因果联系。由于司法责任界限的判断是一个主客观相结合的评价过程，故此不能适用未被明确的判断标准，而需要借助公正的专业程序审查，从而避免以结果论责任。

一是确立司法责任之外无责任的原则。司法责任本就是指对检察官执法办案中不当行为进行的惩戒。根据程序法定原则，对于没有设定司法责任的，不仅不应追究其司法责任，也不应追究其非司法责任。也就是说，对检察官违纪行为的处理应以法律或法律条例为依据。

二是司法责任免责的边界。司法责任的免责事由是从反面限定司法责任追究的限度，对于激励检察官公正办案具有重要价值。故此，应当明确司法责任免责的边界，❷ 区分不同业务检察权的运行模式。具体而言，应根据检察事务决定权由检察官享有的程度配置司法责任免责评判标准。对于完全由检察官承办、决定、签发文书的事务，应当实行客观的免责标准；当"检察官—检察长"共享检察业务决定权时，则采取主客观相一致的免责评判标准，进而合理设置司法责任免责评判标准，防止因边界不清、事项不明，影响检察官执法办案的积极性。

5. 责任形式的对应性

根据联合国《关于检察官作用的准则》所确定的检察官责任实行法律保留原则和司法豁免原则，对检察官的处分内容、形式、程序应当实现法定化，对责任范围应当具体列举，否则有可能由于司法责任内容的不透明、标准的

---

❶ 陈光中、王迎龙：《司法责任制若干问题之探讨》，《中国政法大学学报》2016 年第 2 期，第 31－41 页。

❷ 有学者将检察官司法责任豁免情形归结为八个方面：个人认知豁免、自由裁量豁免、执行指令豁免、集体决策豁免、当事人自认豁免、情势变更豁免、不可抗力豁免、超诉讼时效豁免。参见魏腊云：《检察官豁免权的法理分析——兼论检察官豁免制度与司法责任制度的契合》，《广东行政学院学报》2016 年第 6 期，第 74－80 页。

不统一加重检察官的心理负担。笔者建议上述内容可在《检察官法》修改时一并纳入进行调整，从而防止检察机关及其他机关组织随意设置对检察官的处分内容。在责任追究内容上，应当从实体性违法事实向程序性违法事实进行转变，在责任追究程序上，应当更加注重法律职业共同体的内部自治。在责任形式上，要坚持比例原则，合理设定具体处分形式，增设诸如训诫、记过等相对轻缓的惩戒措施，形成符合检察规律、结构层次分明、内容宽严相称的责任体系。

（二）司法责任机制程序方面的完善❶

1. 追责程序的适度司法化

首先，明确检察机关内部纪检监察部门的举证责任。有学者认为纪检监察部门因其依据及具体制裁措施与司法惩戒要求不同，不宜作为预备调查机关。对此，笔者认为纪检监察部门系党的纪律审查与内部监察的合一，执行对检察官违法违纪的调查工作，具有历史传承性、法律授权性、实施可行性，应当作为调查主体。并且，纪检监察部门这一职责设定也与国家监察体制改革相衔接，具有可操作性和改革可行性。

其次，赋予检察官辩护权。由于司法责任的追究对当事检察官的权利影响重大，为确保检察官防御的有效性，应当允许检察官对自身涉嫌违法的指控，有权委托他人或者自行辩护，检察官不因行使辩护权而加重处分。

最后，应当以开庭的方式进行审议，既要听取检察机关的意见，也要听取被追责检察官的意见，确保庭审工作的实质化。

2. 检察官惩戒委员会的中立化

2016 年 7 月，中央深改组通过了《关于建立法官、检察官惩戒制度的意见（试行）》，该意见规定了检察官惩戒委员会的组成、负责主体、举证责任、当事检察官的辩解权等内容。2019 年 4 月，修订后的《检察官法》对检察官惩戒委员会的设置、职权、程序等内容进行了明确规定，这是立法巩固司法

---

❶ 张永进：《从内部行政型到外部司法型：检察官办案责任追究机制研究》，《法治论坛》2017年第 2 期，第 217 – 228 页。

改革成果的重要体现。上述规定对于增强检察官惩戒委员会的中立性具有一定意义，但是仍然存在代表性不足、中立性保障有限等问题。故此，应当加强检察官惩戒委员会职能定位的中立化建设。对此，应当改变目前检察机关内部机构的责任追究体制，建立由检察长、检察官、人大代表、政协委员和社会人士组成的省一级检察官惩戒委员会，完善惩戒程序和申诉程序，实现检察官职业自治。根据《宪法》规定，检察机关由人大产生并对其负责，故此，省级检察官惩戒委员会应当设置在省级人大，由省级人大产生并对其负责。同时，建立履职回避制度，与案件有利害关系的检察官惩戒委员会委员，可以主动回避或者依申请而回避。

五、完善检察官履职保障机制

司法责任制改革并非单纯的追责机制改革，而是实现责权利相统一的动态平衡机制，而检察官履职保障机制是实现责权利平衡的重要组成部分，只有实现对检察官的充分保障，才能化解检察官"授权不敢用"的难题。一方面，检察官因与法官相同，都是司法人员，其履行职责的职业保障应与法官有相同之处；另一方面，检察官履行法定职责的职业保障又有其独特之处，这既源自检察官职能的多样性，也源自检察官在司法体制中地位的特殊性，以及检察官在司法系统中责任的特殊性。❶

（一）完善检察官资格保障机制

首先，优化并完善法律职业人才培养方案，让理论与实践教学相结合，建立统一的法律职业人才培养标准，提升法律职业人员培养水平。其次，完善初任检察官统一招录制度。初任检察官由省级检察院以统一标准程序招录，在基层检察机关任职。此外，适当提高对初任检察官的任职年龄、法律工作年限的要求，即初任检察官在任职年龄上应不低于 28 岁，法律工作年限应不

---

❶ 王敏远：《论加强司法人员的职业保障》，《中国司法》2015 年第 5 期，第 33－36 页。

少于 5 年。❶ 同时，建立初任检察官研修制度，提高检察官实践水平。再次，健全并实行检察官任职前的宪法宣誓制度，明确其宣誓程序和未宣誓后果。接着，建立符合司法职业特点的检察官管理制度，在坚持党管干部的原则下，实现省级以下检察长由省级检察院提名、管理和任命，省级以下院领导由市级检察院提名、管理和任命，其他检察官由本院检察长提名、管理和任命。最后，健全从律师、法律专家中选拔检察官的制度。为进一步拓宽检察官选拔渠道，使优秀的法律人才进入检察队伍，应当进一步细化具体选拔条件并予以公开。综合考虑律师、法学专家的工作和任职资历等条件，根据检察工作需要，空留部分名额，定期对其予以选拔、认定和管理。

（二）完善检察官待遇保障机制

一是落实现有工资待遇政策。据统计，联合国 193 个成员的宪法中，将检察机关列为司法机关的成员主要包括中国、朝鲜、土耳其、越南、白俄罗斯、俄罗斯、西班牙、巴西、古巴等。❷ 在上述联合国成员中，对检察官的薪酬体系制定基本遵循了与法官同一的标准，并且得到了法律的保障。针对当前检察官工资待遇未全面落实的问题，除了通过上级督导予以个别解决，还应在省级人财物统一管理的基础上，建立起全国统一的法官、检察官工资制度。在待遇标准上应高于普通行政机关公务员，并实行与普通公务员相应的增长机制，从而使检察官形成良好的职业预期。此外，应当统筹解决检察官与检察辅助人员的工资薪酬，形成合理梯级制度，进而最大限度地激发检察机关办案组织内部的活力。

二是完善检察官职务序列配套待遇。由于检察官单独职务序列脱胎于行政级别序列，并将与行政级别序列长期并存。所以应当在保障检察官基本工资待遇的同时，对其住房、医疗、交通等待遇进行配套改革。对于改革的方向，则存在单独规定和对应规定之分。两者虽各有利弊，但就整个行政化背

---

❶ 《检察官法》第 12 条第 6 款，仅规定获得法律硕士、法学硕士和法学博士学位的，从事法律工作的年限分别放宽到 4 年和 3 年，而未规定最低任职年龄。虽然有所进步，但并未充分考虑到检察官这一角色并不单指法律知识和学历，还包括一定的社会生活和阅历。

❷ 孙谦、韩大元：《司法机构与司法制度》，中国检察出版社，2013 年版，第 24 页。

景而言，特别是检察长、副检察长、业务部门负责人等本身拥有部分司法行政权，故此，为降低改革成本，可以将检察官对应一定的行政等级，但是对于没有担任领导职务的检察官则实行单独系列管理。

(三) 完善检察官行为保障机制

一是健全检察人员履行法定职责保护的专门机构。鉴于当前对于检察官法定职责保护的妨害主要来自行政机关等部门。故此，对检察官履行法定职责的保护应当统筹考虑，成立检察官权益保障委员会，专司负责检察官权益保障事宜。凡有检察官被调离现有岗位，予以免职时都应接受检察官权益保障委员会的审查，并征求检察官本人的意见。

二是健全领导干部干预司法活动、插手具体案件处理的记录、通报和责任追究制度。[1]上述机制的健全，依赖于信息技术与检察业务的深度融合，从而使得干预、插手司法的行为可以被予以客观记录。同时，全程留痕、办案质量终身负责制的实施也使得检察官能够有动力排除不正当干涉，确保自身公正履职。

三是健全检察官依法履行职务受到侵害时的物质、经济等保障机制，并对不实举报实行公开澄清机制。在对检察官"放权"的同时，风险也与此相伴。特别是互联网时代，检察官办案时可能面临自身及近亲属遭受人身、谣言等的侵害。对此，应当建立检察官职业风险保险机制，确保检察官依法履行职务却受到侵害时，能得到充分的保障。此外，对于不实谣言，还应由检察官惩戒委员会通过公报等公开方式予以澄清，进而最大限度保障检察官的人格权和名誉权，为其公正履职提供良好环境。

(四) 建立健全检察官绩效考核机制 [2]

伴随着检察放权的同时，旨在加强对检察官监督、引导、管理的内部绩效考核机制被提上重要改革日程。绩效考核或者被称为绩效监督，重在提高

---

[1] 张永进、李冉：《领导干部干预司法的责任追究制度研究——以近年冤假错案为分析样本》，《铁道警察学院学报》2015年第3期，第65－70页。
[2] 关于检察官绩效管理机制改革，笔者有专门的论述，参见张永进：《检察官业绩评价体系建设新构想》，《人民检察》2017年第10期，第75－76页。

检察官的办案质量，实现检察官以案定额、以案定责、以案定补。❶ 对此，一是评价主体与记录主体要适当分离。检察官业绩评价机制的构建，离不开评价主体和记录主体的作用。在当前司法责任制改革中，既要坚持党管干部的基本原则，也要遵循司法活动的基本规律。故此，可将检察官业绩考评的评价主体与记录主体进行适当的分离，由不同组织予以实施考评与记录。这有利于实现合理分工，避免通过控制检察官身份进而干预司法决策事件的发生。这一工作可由政工部门负责对检察官日常履职情况进行汇总记录，再由检察官考评委员会对其记录内容进行充分评估，进而给予不同的等级认定，并记入检察官档案。同时，相比于以往的检察官考评委员会组成的单一性，新的检察官奖惩委员会在组成方面应当适度开放，让人员构成更加多样。因为检察办案活动系专业化、具有裁量性的司法活动，评价者与被评价者之间存在先天的信息不对称问题。为促使信息相对对称，有必要开放评价主体的构成，引入第三方参与评价。故此，检察官考评委员会可由资深检察官、法学专家、人民监督员等组成，并按照民主机制进行"背靠背"的投票。

二是评价内容要客观化。对于以往"直接民主"投票表决方式应作出改变，并采取检察官司法档案评价方式，即为每一位入额检察官建立司法档案，从而使对检察官的评价内容更客观化。一方面，互联网信息时代的到来为检察官绩效考核的实施提供了可行条件。案件管理等部门可将检察官办案活动的关键节点予以电子化记录，从而形成检察官办案活动数据库。这些数据的汇集和整理可以为检察官的绩效考核提供真实科学全面的数据支撑，从而使检察官履职办案情况可被全面摄取、传递、反映到评价者面前。特别需要注意的是，要充分考虑检察办案的复杂性和多样性，防止简化的数字化管理和考核，避免因统一考核指标而使得检察权运行机制改革走"回头路"。另一方面，检察官的业绩评价在评价指标设置上，更大程度上应当是弹性的指引性指标，而非刚性的约束性指标，从而避免评价指标成为引导检察官履行办案的"潜规则"。其中，对于办案数量和办案质效两项的考核指标应当占据主导

---

❶ 龙宗智：《法官业绩考核怎样才能"相对合理"》，《人民法院报》2017 年 7 月 9 日，第 2 版。

性地位，否则不能凸显检察官办案主体地位。

三是评价程序的公开化。一方面，要对检察官本人公开。这就要求考评的内容、主体预先公开，从而引导检察官积极履职，同时评价程序中应吸纳检察官参与，使其对于关涉自身权益的事项具有实质的参与权。评价的结果应及时向检察官公布，并允许其对结果提出异议，同时对其作出有效回应。另一方面，要向社会公开。检察官业绩情况直接关系到当事人权益的保护和司法公信力的提升，通过定期公开检察官的业绩，可以增强检察官履职积极性，强化职业荣誉感，增强司法公信力。

六、深化相关配套机制改革

（一）加快落实检察人员分类管理格局

检察人员的分类管理使得检察官与其他检察人员的区别更加明显，这种区别将会打破现有的均衡。这就需要其他类别检察人员拥有自己职业特征的职务序列，而不再走一元化行政晋升的独木桥。此外，由于受检察官员额和员额比例的限制，相当一部分原来的检察官会分流为检察辅助人员或司法行政人员，这涉及利益格局的再次调整，可能导致新的矛盾突发，因此需要提前考虑应对策略。❶ 上述两大问题需要综合统筹，这就需要妥善分流上述人员，科学制定分流方向，拓宽分流渠道。具体而言，包括及时建立具体而有区别的检察辅助人员单独职务序列，检察行政人员参照公务员管理程序对应实行"三类人员两种待遇"。

一是完善检察官单独职务序列制度，拓宽检察官的晋升空间。检察官晋升应当与其他公务员有所区别，依据按期晋升、择优选升的原则确定晋升标准。对于基层一线检察官，针对其职级待遇低、晋升空间有限的状况，适当增加单独职务序列职数、职级，在晋升方式上采取按期晋升和择优选升相结合，从而确保优秀的检察官留在办案第一线。

---

❶ 马英川：《检察人员分类管理制度研究》，《法学杂志》2014 年第 8 期，第 115 – 121 页。

二是推进检察官助理改革。对于检察官助理，因其在检察官的领导下行使部分检察职权，并且在员额制改革后，有部分未入额的检察官和助理检察官被转化为检察官助理，所以也要妥善安排这部分人员，使他们成为改革的参与者、支持者和受益者。同时针对当前检察机关人员编制的限制，检察官与检察官助理比例失衡，从而也难以保证新型办案组织的有效运行，故此，应当采取灵活多样的补录方式，提高检察官助理比例。同时，在改革过渡期，设定各类检察人员之间交流的条件和标准，从而确保各类检察人员在条件允许的范围内正常流动。

二是推进司法行政人员改革。伴随着分类管理改革的深入，因受到15%的比例限制，检察机关行政岗位人员必将大幅减少，而检察机关行政事务并未伴随改革而有所减少，令行政工作压力更大。对此，应当进一步优化检察权运行外部环境，落实中央规定的《保护司法人员依法履行法定职责的规定》，减少司法行政性事务。同时，充分利用科学技术，提高检察机关行政办公信息化和智能化水平，进而构建检察机关三类人员各归其位、各司其职、各行其道的管理格局。此外，应完善司法行政人员转任机制，积极争取地方党委政府将司法行政人员纳入干部统一选拔使用范围，拓宽司法行政人员的职业发展方向和发展前景。

四是推进书记员改革。对于书记员，应当采取"社会化购买、专业化培训、规范化管理、职业化保障"的改革方式。即在书记员招录上，不再占用政法编制，而是依托政府购买服务，统一进行社会公开招聘。鉴于部分基层检察院财政困难，此工作可由省级检察机关进行统筹。在书记员培训上，注重案卷整理、记录、公文处理等内容，提高其专业化素质。在书记员管理上，实行单独职务序列，畅通其发展途径。在保障上，参考城镇职工标准，并为其缴纳社会保险，稳定其职业发展预期，从而建立起人员相对稳定、素质较高、充满活力的书记员队伍。

（二）进一步完善检察官员额制改革

1. 检察官员额制的比例应当适当优化

当前中央确定的检察官员额制比例上限为中央政法编制的39%，这是经

过综合考虑，反复测量得出的，具有一定科学性和现实合理性。对于这一员
额比例上限，笔者认为应当基本遵守，但也应当作出进一步优化。当前检察
官员额制改革正处于全面试点阶段，但是任何改革都需要遵循基本的原则和
底线，否则试点改革可能面临止步不前，而设定最高的员额比例则有利于推
动改革进程。但是，当试点改革完成之后，也应当对此比例进行检讨。比如，
检察官员额比例限定为39%，并由中央政法编制数确定。当前中央政法编制
数是基于当地户籍人口数进行测算，并未充分考虑流动人口、案件数量等因
素，故此，应当在中央统一规划下，由中立的第三方基于近5年的编制变动、
人员流动、案件数量和人均办案数量等进行基础测算，进而重新核定各地区
中央政法编制数，实现动态管理，灵活分配。此外，检察官员额比例划定还
应参考域外经验，❶ 优化员额测算方式，并结合经济社会发展情况，不断调整
检察官员额占比和数量。特别要突出案件数量等因素在员额测算中的重要性，
本着向办案一线倾斜的原则，增加办案数量较多地区的员额比例。同时，在
未来中央政法编制改革中，建立基于案件数量的中央政法编制增减制度，满
足司法办案需要。

2. 健全检察官员额管理制度

一是完善检察官入额程序。为巩固员额制改革成果，应当将检察官入额
程序在《检察官法》中予以固定，从而确保其合法性，这也是检察官职业保
障的内在要求。对此，应当修订《检察官法》，明确检察官遴选条件和程序。
在遴选条件上，应坚持考核为主、考试为辅，并明确两种方式所占比例，注
重对检察官业务能力、职业操守等方面的考察。在遴选程序上，基层检察机
关采取任职制，市级以上检察机关采取基层遴选制和从专家、学者、律师中
遴选相结合。此外，充分发挥省级检察官遴选委员会的职能，明确省级检察
官遴选委员会职权的行使方式和内容，注重专业把关作用，从而与组织部门
政治考察、人大任命职责合理分工。

二是以省级为标准建立检察官员额动态调整机制。检察官员额制比例的

---

❶ 李贤华：《域外确定法官员额基本方法概览》，《人民法院报》2015年10月9日，第8版。

设定应当是指全国范围内的比例，而并非每一个地区、每一个层级检察机关都要遵循的标准。应当充分考虑不同层级检察机关职能、不同区域经济社会发展和检察机关办案数量，以省级为单位进行总量统筹和动态调整，以市级为单位，分别核定各省辖市（包括地级市和省直管市）检察官员额总数。基于员额制数量与检察机关的利害关系，为确保公开公正分配，建议由省级人民代表大会审定员额数量，从而确保检察官向基层和案多人少矛盾突出的地区配置。

三是员额检察官内部的合理配置。虽然改革方案和试点单位都在强调将检察官配置在业务部门和办案一线，但是在各业务部门如何合理配备的方式却并不一致。对此，可采取"以案定额"为主，以"以岗定额"为辅助的方式，实现各业务部门的人员结构的动态化合理配置，从而实现人力资源开发的最优化。

3. 完善员额内检察官退出和增补机制

一是完善员额检察官退出机制。员额内检察官退出机制，旨在让不适应办案一线工作的检察官及时退出员额，进而形成良好的用人导向。员额内检察官退出机制包括主动退额和被动退额两种形式，❶ 两者所依据的理由和遵循的价值并不一致，在适用程序上也不相同。主动退额主要包括员额内检察官辞职、任职回避、退休、工作调动等，检察官应当主动退出员额，也属于自然退出。由于涉及此类退出的检察员数量较多，也较为普遍，所以在适用程序上可由所在单位党组决定，然后层报省级检察官遴选委员会备案。对于担任院处级干部的检察官，可根据干部管理条例，由相关层级组织部门履行手续后层报省级检察官遴选委员会备案，并予以公告。被动退额主要是指员额内检察官不能有效履职，或者不符合检察官遴选标准，抑或业绩评价不称职，需要承担司法责任及涉嫌其他违纪违法责任时，应当依照程序退出员额，进而形成检察官动态调整机制。被动退额在程序上由所在检察院党组决定（如

---

❶　在天津，则将员额制检察官退出分为自然退出、院党组决定退出和市检察官遴选工作办公室决定退出三类。参见《天津市员额制检察官退出员额管理暂行办法》。

果是院处级干部则由相应干部管理权限的党委组织部门决定），层报省级检察官遴选委员会审批后予以公告。同时，对于被动退出员额的检察官，还应给予其必要的救济，赋予检察官向本院及上一级检察院的复议复核权。无论是主动退额还是被动退额都应遵循事由和程序法定原则，确保检察官履职保障的充分性。

二是健全动态化的员额增补机制。从改革试点来看，各地检察机关在员额制改革中都没有全部用完 39% 的员额比例，并且随着退休、退额机制的建立，员额检察官数量和比例将处于变动状态。为了让检察官助理稳定预期，促使优秀的人员进入员额，应当专门制定员额增补办法。在方案制定中要注意区分基层院和上级院，基层院应注重招录选拔，上级院则应当注重遴选，在过渡期限内也要注意内部消化。同时，在增补员额条件上，要明确具体，形成制度化。此外，要建立健全员额检察官系统外交流制度，对交流到地方党政部门任职的，合理确定相应行政职级。

（三）深入推进检察机关业务部门内设机构改革

2018 年以来，新一届最高人民检察院领导重新审视检察制度的发展大局，并作出了检察工作还存在"三个不平衡"的判断：一是刑事检察与民事检察、行政检察、公益诉讼检察工作发展不平衡；二是刑事检察中公诉部门的工作与侦查监督部门、刑事执行检察部门的工作发展不平衡；三是最高人民检察院、省级检察院的领导指导能力与市、县检察院办案工作的实际需求不适应、不平衡。❶ 要解决上述三个不平衡的问题，就要通过健全检察机关组织管理体系，扎实推进检察机关内设机构改革，推动检察权运行机制发生深刻变革。

1. 检察机关内设机构功能到位

在我国，由于检察人员的行政化管理，使得行政级别成为评价和识别检察人员身份的唯一标准，而内设机构设置与行政级别直接挂钩，在这种情况下，为了解决检察官的职级待遇问题，检察机关在内设机构的设置上就会存

---

❶ 姜洪等：《当前检察工作存在的"三个不平衡"如何破解？以内设机构改革为切入点突破口》，《检察日报》2018 年 7 月 26 日，第 2 版。

在宁多勿少的倾向。所以各地对于检察机关内设机构改革的积极性并不大。基于检察机关司法责任制改革的要求，独任检察官和检察官办案组将作为检察机关司法办案组织的基本形式。同时，检察机关内设机构的无序化设置不利于司法责任制的落实。❶ 这就意味着延续多年的内设机构——这一聚合性组织作为办案主体的功能定位应当被淡化。检察机关内设机构的设置和整合，除了依据检察职能界限的厘定和分离，还必须实现功能定位上的转移：从检察权的实现组织转化为检察权的保障组织，成为检察长与检察官之间的衔接单元和形式，而且要更加注重检察司法行政管理权的运行和实施，服务于检察活动，从而为检察权的运行提供工作机制上的保障。❷ 在司法责任制下，最主要是弱化检察机关业务部门内设机构办案职能，强化其办案管理、行政管理和队伍管理职能。❸

首先，明确检察机关业务部门内设机构改革原则。第一，确定检察机关内设机构改革的重点在基层，即主要是县级检察机关，突出其办案主责，减少管理层级，实现扁平化管理。这就要求在改革中应当考虑不同层级检察机关的职责定位，不能搞上下一致和对口。第二，要坚持业务部门内设机构和非业务部门内设机构改革的同步性和协调性。在改革过程中，统筹机构改革与职能转变，进而使得检察权的运行不会因内设机构改革而有所束缚。

其次，明确业务部门负责人的身份。鉴于目前业务部门负责人身份的重叠性，从去行政化的改革目的来看，应当明确业务部门负责人检察官身份，按照检察官职务序列进行晋升和管理。同时，还有必要赋予其相应的行政标准。这种身份定位并不与其兼具检察权和检察行政权的职能相冲突。相反，检察官身份并不意味着业务部门负责人只能行使检察权，还可在检察长的授

---

❶ 邢世伟：《中央政法委：今年推进法院、检察院内设机构改革试点》，《新京报》2016年1月22日，第1版。

❷ 日本前检察总长伊藤荣树称，检察厅设部制的目的包括两个方面：一是大体确定检察官相互之间的分工，根据业务分工以谋求提高工作效益，同时明确责任所在；二是把分担事务性质相同的检察官集中在一起，便于上级进行适当的指挥监督。参见伊藤荣树：《日本检察厅法逐条解释》，徐益初译，中国检察出版社，1990年版，第134页。

❸ 郑青：《我国检察机关办案组织研究与重构》，《人民检察》2015年第10期，第5-14页。

权下行使部分检察行政事务管理权,从而实现身份上的单一,职能上的多元。对于业务部门负责人的管理,按照党管干部原则,建议由本院党组进行管理。

再次,科学划定内设机构负责人与各方主体之间的关系。第一,检察长与内设机构负责人的关系。检察机关内设机构负责人接受检察长授权或委托从事检察司法行政管理活动,可减少内设机构司法办案管理层级,建立司法办案扁平化管理模式。第二,要规范内设机构负责人与独任检察官的关系。明确内设机构负责人的行政服务和资源调配职能,并且其所属检察官要接受内设机构负责人的日常监督和管理,进而加强内设机构对办案组织司法业务和行政性事务的管理。此外,基于内设机构的行政管理职责,其设置和调整应当遵循精简、高效的行政活动原则,围绕检察权的分类,提供高效保障。

2. 检察机关内设机构设置到位

按照改革方案要求,部分改革试点检察机关进行了内设机构合并,实行"大部制"改革,❶ 增强一线办案力量。2017 年,最高人民检察院印发了《关于实施〈省以下人民检察院内设机构改革试点方案〉》,要求省级院一般设置 15 个内设机构,市级院不超过 10 个,县级院 8 个左右。相比之前,这次要求更加具体和简化。此外,内设机构改革实行试运行,并未报当地编制部门审批。2018 年 12 月,中央印发了《最高人民检察院职能配置、内设机构和人员编制规定》,该规定坚持"一类事项原则上由一个部门统筹、一件事情原则上由一个部门负责"的原则,按照刑事、民事、行政和公益诉讼检察工作平衡、充分、全面发展的要求,推进检察机关内设机构改革。在刑事检察方面,按照案件类型、案件数量等,重新组建专业化刑事办案机构,统一履行审查逮捕、审查起诉、补充侦查、出庭支持公诉、刑事诉讼监督等职能。此外,人民检察院积极适应人民群众司法需求,强化民事、行政、公益诉讼职能建设,设立专门的民事检察、行政检察和公益诉讼检察机构或办案组。❷ 此外,省级

---

❶ 尚爱国:《论检察机关内设业务机构的科学设置与整合》,《河南社会科学》2015 年第 12 期,第 26 - 31 页。

❷ 戴佳:《2018 年度十大检察新闻和十大法律监督案例评选揭晓》,《检察日报》2019 年 1 月 14 日,第 1 版。

以下人民检察院内设机构改革也在全国范围内开始进行并已全部完成。❶ 然而，笔者认为，检察机关内设机构改革应当随着检察事业的发展始终处于进行时，而非完成时。应当进一步厘清检察权与检察行政管理权的界限，进而分别配置办案机构、综合业务机构、检察辅助机构和司法行政管理机构四类，而非仅仅压缩内设机构的数量和编制。基于扁平、高效、精简的管理原则，应按照人员数量，分类规范内设机构的数量、职责和名称。同时鉴于主任检察官与业务部门内设机构负责人的职责交叉性，改革可以分层次进行。对于人数较少的基层检察院可以不设业务部门内设机构，只设检察官办案组；对于省市级检察机关可通过压缩内设机构数量，整合业务部门职能，减少业务部门负责人与主任检察官的职责交叉，设置综合业务机构。此外，对于检察官办案组应当明确其以临时性设置为原则，以固定性设置为例外，淡化主任检察官的人员管理职责，强化其案件管理职责。对于业务部门负责人则应强化其人员管理职能，弱化案件管理职责，从而实现主任检察官与业务部门负责人管理职责的适当分离。

3. 检察机关内设机构管理到位

检察机关内设机构的定位转化和运行退位，并不意味着检察机关内设机构失去存在的价值和意义，也并不预示着"检察长—检察官"的二元化组织模式成为潮流。相反，检察机关内设机构应当回归其本职工作，即作为检察行政管理职责的科学界定回归。检察官单独职务序列改革的推进，原先旨在解决检察官职级待遇的内设机构增设动力将会逐渐消除，而依据精简、高效原则设置的要求将会加强。故此，检察机关内设机构负责人应当在检察长与检察官之间构建新型的行政管理关系，对于授权检察官的办案活动履行行政资源分配和监督职责，通过组内检察官来间接地实现检察职能或者为检察职能的实现提供组织管理意义上的保障。❷ 具体而言，可分为检察事务管理、检察业务管理、检察党务管理和检察队伍管理四项内容。检察事务管理主要指

---

❶ 戴佳：《最高检调整充实新设办案部门人员力量》，《检察日报》2019 年 1 月 4 日，第 4 版。
❷ 徐鹤喃、张步洪：《检察机关内设机构设置的改革与立法完善》，《西南政法大学学报》2007 年第 1 期，第 32－41 页。

本部门的岗位职责、人员分工、上级交办事务等行政性事务；检察业务管理主要限于变更承办人、核阅案件、决定召开检察官联席会议等业务性事项；检察党务管理主要指依据党内法规负责本部门党员队伍的各方面建设；检察队伍管理是指本部门人员的队伍建设、教育宣传、岗位培训等事项管理。

（四）涉检信访机制改革的法治化

涉检信访机制改革的法治化是一项系统工程，涉及多个环节，其中与检察权运行机制改革密切相关的则是信访责任的法治化。首先，要以法治化认识处理好维权与维稳的关系，不能将涉检信访的维权完全等同于维稳问题。既然宪法和法律赋予当事人申诉的权力，就应当允许其采用信访、走访等方式行使申诉权，只对违法信访行为进行法律打击，但要防止政治化处理。其次，要将涉检信访的处置方式纳入法治化。这就要求对于涉检信访的处置，不同于行政信访，不应采取领导包干、层层定人等行政化方式予以应对，而应纳入诉讼程序的范畴，实行分流处理，分类对待。再次，要将涉检信访责任与检察官的办案责任科学区分。对于发生涉检信访的，要区别对待，合理引导，采取法律保留原则，不得恣意扩大检察官的责任范围，不得因发生信访问题而随意增加检察官责任，应使检察官权利保障落到实处。最后，将办案社会效果及政治效果科学纳入检察官业绩评价体系，激励检察官在案件办理过程中，注重法律后果、社会效果和政治效果的把握，实现三个效果的良性统一。

（五）检察权运行机制改革与现代科技的深度融合

随着现代科技的发展，大数据、人工智能化时代已经到来，这就注定我国检察权运行机制改革既要参考借鉴域外的制度经验和理性，也要改变传统的思想观念和工作方式，实现与现代科技的深度融合。这种融合是全方位、多角度的，其影响具有革命性和深远性。

一是检察机关办案组织信息平台的发展。首先，建立健全检察机关办案组织信息平台，将所有入额检察官信息纳入办案组织平台中，形成以独任检察官为基础，以检察官办案组为辅助的检察办案组织数据库。其次，充分利用检察业务统一系统，建立以随机分案为原则，以指定分案为补充的案件承办机制，通过随机分案减少案件承办的人为干预。再次，根据不同检察职能的特征，建立区别化的办案组织确定机制，使办案组织的结构符合检察职能履行的需要。

二是检察权运行办案智能系统的发展。无论检察官权力清单，还是检察长的指挥监督权力清单，既需要在规范性文件中明确，也需要在具体检察办案中运行和落实，而从规范性文件到具体检察办案则存在诸多障碍，例如信息传递、反馈、交流机制不畅，现代科技的发展和应用为跨越这一障碍提供了重大支撑。特别是检察统一业务系统的建立，为检察官办案决定权的行使和检察长指挥监督权的行使提供了可视性、公开化的支撑载体和运行依托。在此基础上，应当进一步推动检察权运行结构与现代科技的高度融合，充分利用大数据技术，使这一权力结构反映在信息数据中，运行在信息数据中，规范在信息数据中，进而实现放权与监督的有效统一。

三是检察官办案监督信息化机制的发展。由于我国司法长期以来对办案者的监督主要依赖笔录、记录等卷宗监督，形成了"卷宗中心主义"。随着大数据时代的到来，信息技术在检察机关内部监督中的作用越加凸显，通过信息的数据化，使同步监督和客观化监督成为可能。❶ 对此，应当为每一个检察官制定专门的执法档案，客观记录办案的数量、质量和效果，充分利用云计算，加强执法风险预警和横向监督功能的拓展。

四是检察官责任追究辅助系统的发展。要明确检察官的责任清单，确定检察官承担司法责任的范围，对于清单没有列举的，不得启动责任追究。要完善检察官惩戒委员会履职系统，无论是检察官责任追究的提起、程序的推进、结果的反馈都要在系统中进行，实现人工智能与检察官惩戒委员会的合理结合，促进检察官惩戒委员会的中立性、被动性。在检察官责任追究上，要以责任法定为原则，并且在系统内进行必要的公开公示，并提供社会大众

---

❶　陈卫东、程雷：《司法革命是如何展开的 党的十八大以来四项基础性司法体制改革成效评估》，法制网，http：//www. legaldaily. com. cn/index/content/2017 - 07/09/content_ 7237007. htm? node = 20908，访问日期：2017 年 7 月 9 日。

进行查阅。

五是检察官绩效考核平台的发展。检察官绩效考核是检察官履职保障的重要组成部分，关系检察官的业绩评价和绩效奖金的发放，是检察官积极履职的重要激励机制。对此，应当分类设定不同板块，利用大数据分别汇总检察官的办案数量、质量、绩效、奖励、理论研究和社会评价等多方面因素，通过年中审核、年底考核，建立科学公正的评价机制，促进检察官公正高效履职。

六是检察权运行机制评估机制的建立。检察权运行机制改革的效果如何，不仅需要检察机关自身的调研和评价，还需要加强对改革效果的评估。要充分利用司法大数据，建构第三方主导的检察权运行机制评估机制，通过科学客观的评估，及时总结经验，同时对于潜在的苗头性、倾向性问题要注意预防和解决。

结束语

　　检察权运行机制伴随着检察制度的发展而产生，并随着司法制度的变革而调整，这种产生、发展、调整的过程就是检察权自我完善的过程。检察权运行机制改革不仅关涉检察机关内部人力资源最优化配置，还关乎社会大众对司法的信任。故此，对其进行研究只有进行时，没有结束时。特别是随着社会科学和现代科技的发展，对于检察权运行机制的认识、理解、分析和改革应当实现"双轮驱动"，既要借鉴法学学科以外的社会科学知识来认识、解构检察权运行机制改革背后的缘由、支柱和理论，也需要根据现代科技的发展，推动检察权运行机制与现代科技的深度融合，从而化解以往改革中"放权不到位、责任不明晰、保障不充分"的症结。

　　从检察权运行机制的研究来看，检察权运行机制的发展变革旨在解决"三级审批制"所造成的效率低下、责任不明等问题。当然，上述因素是重要的诱因之一，但并非全部。系统论讲求以整体认识看待问题，而非"头痛医头脚痛医脚"。对此，本书对检察权运行机制的基本构架进行了系统研究，从而做到全面认识检察权运行机制的本质，防止一叶障目。从字义上理解，检察权运行机制是检察官在办案中所具有的职权和责任制度。但是，无论是改革文件规定，还是基层实践关注，都不限于此。在此基础上，本书引入了权力结构的分析方法。作为中立的分析工具，权力结构分析方法有助于对权力的结构、运行和效果进行全面客观的观察，并且以此确定检察权运行机制学术讨论的范围，即围绕权力主体、权力结构、权力运行、权力责任和权力保障而进行。此外，检察权运行机制与检察人员分类管理、检察官员额制、检察机关内设机构改革等司法综合配套机制密切相关，需要统筹考虑。从检察权运行机制发展沿革来看，无论是主诉、主办抑或主任检察官都没有改变原有的"搭档制"办案模式，只是在上述模式范围内的微调，这也是历史研究得出的基本结论。

当然，对检察权运行机制改革的研究必须关注和聚焦司法改革试点一线。司法改革试点为当前学术思考提供了鲜活的样本，并且这些经验的提取和总结将成为当下乃至未来我国检察权运行机制改革的可能经验。故此，应当关注和正视当前的改革。为确保研究样本的代表性，笔者以省级检察机关为对象，适当考虑试点地区分布情况，随机选取了 9 个具有代表性的改革试点，并对其改革文件和改革情况进行了文本解读和实践考察，从而进行全面剖析。研究表明，本书选取的改革试点具有政策制定主体的多元化、改革方案的统一性、试点内容的特色性以及检察权运行机制上的双轨制等特征。上述特征，表明了大国法治的复杂性和多样性，也意味着检察权运行机制改革统一模式的艰巨性。

在上述研究的基础上，笔者还对检察权运行机制面临的主要矛盾和问题进行了提炼和归纳。这些矛盾和问题，立足于权力结构分析框架，既有制度文本供给上的不足，也有政策规范内容上的不当，还有相关配套机制改革上的缺失。具体而言，在主要矛盾方面，本书通过对内外部矛盾的研究，凸显了外部环境上的科层集中型体制与检察权运行多样化要求的冲突，以及内部结构上的检察长—把手体制与检察官负责制上的冲突。正是在上述双重矛盾的影响下，检察权运行机制改革面临多重困境。具体可概括为检察官权力主体地位凸显不够、检察官权力清单配置不当、同步监督不够、责任匹配不准、保障不够充分等。此外，检察人员分类管理、员额制改革和检察机关内设机构改革等司法体制配套改革也有待进一步深化。

党的十九大就深化司法体制改革进行了新的部署，这为检察权运行机制的完善提供了重要指引。国家监察体制改革也对检察权运行机制影响较大，使得其重新进行调整。对此，应当着力实现检察权运行机制主要矛盾的转化和问题的化解，为构建高效公正的检察权运行机制创造条件。首先，两大矛盾的转化目的需要明确，即实现检察权运行机制的多样化和检察官责任制，并且为达到上述目的，需要相关制度的支撑。其次，在具体问题的解决上，要充分借鉴域外国家或地区的经验，特别是联合国刑事司法准则的规定，遵循司法规律，坚持中国特色。具体而言，在检察权主体上要凸显检察官的地位，确保检察官的相对独立，并以此为中心组建"主辅制"办案组织，对于检察机关领导等特殊办案主体要实现直接办案。在权力清单改革上，要在省级统一规定的基础上，将基本权力配置原则上升为法律规定，实现充分的放权，并建构以检察官为主体的检察机关内部运行新机制，规范检察长、业务部门负责人、主任检察官与检察官的关系，确保案件办理决定权和承办权在检察官、监督管理权在检察长，从而达到检察官相对独立办案、检察长宏观监督的关系格局。在监督机制建设上，内部监督要注重科技应用，重在宏观质量把握；外部监督要注重广泛实效，扩大群众参与度；专门监督要立足转型，实现人民监督员制度在国家监察改革背景下的新作为。在责任机制改革上，既要让检察官心有所敬，又要使其敢于用权。这就需要在责任实体层面充分考虑检察官的司法属性，科学设置和区分司法责任。在责任程序方面，保持适度司法化，防止不当追责。在保障机制方面，要增强合力，确保已有制度落地见效。同时，在资格、行为和待遇方面遵循"司法一体"原则，逐步提升保障。除此之外，最高人民检察院还应对检察人员分类管理、员额制改革和内设机构改革进行积极探索，从而确保相关配套机制同步进行。

当然，本书还有些许遗憾，对部分问题的探究还不够全面，有待以后进一步深入。例如，作为检察权运行机制改革的主体——检察官，其对检察权运行机制改革的认识、参与抑或评价如何，由于缺乏大规模的问卷调查和直接访谈，反映得不够全面和充实。此外，对检察权在不同办案职责中如何区别运行，如何与统一高效管理相适应等情况还有待准确评估。又如，如何科学设计检察官责任设定和区分，还有待理论界和实务界实证数据支持等。故此，学术探究之路任重而道远。

参考文献

一、中文文献

（一）著作类

[1] 卢拉，韦德. 跨国视角下的检察官 [M]. 杨先德，译. 北京：法律出版社，2016.

[2] 卞建林，刘玫. 外国刑事诉讼法 [M]. 北京：人民法院出版社，2002.

[3] 蔡碧玉，等. 检察官伦理规范释论 [M]. 台北：元照出版有限公司，2013.

[4] 陈光中，严端. 中华人民共和国刑事诉讼法释义与应用 [M]. 长春：吉林人民出版社，1996.

[5] 陈国庆. 检察制度原理 [M]. 北京：法律出版社，2009.

[6] 陈云生. 中国特色检察制度的完善：理论创新和大制设计 [M]. 北京：中国检察出版社，2016.

[7] 程汉大，李培锋. 英国司法制度史 [M]. 北京：清华大学出版社，2007.

[8] 大木雅夫. 比较法 [M]. 范愉，译. 北京：法律出版社，1999.

[9] 洪浩. 检察权论 [M]. 武汉：武汉大学出版社，2001.

[10] 德国刑事诉讼法典 [M]. 宗玉琨，译. 北京：知识产权出版社，2013.

[11] 俄罗斯联邦刑事诉讼法典 [M]. 黄道秀，译. 北京：中国政法大学出版社，2003.

[12] 维诺库罗夫. 检察监督 [M]. 7版. 刘向文，译. 北京：中国检察出版社，2009.

[13] 樊崇义，吴宏耀，种松志. 域外检察制度研究 [M]. 北京：中国人民公安大学出版社，2008.

[14] 冯景合. 检察权及其独立行使问题研究 [M]. 北京：中国检察出版社，2012.

[15] 冯中华. 检察管理论 [M]. 北京：中国检察出版社，2010.

[16] 韩成军. 中国检察权配置问题研究 [M]. 北京：中国检察出版社，2012.

[17] 何家弘. 从它山到本土：刑事司法考究 [M]. 北京：中国法制出版社，2008.

[18] 何家弘. 检察制度比较研究 [M]. 北京：中国检察出版社，2008.

[19] 怀效锋. 法院与法官 [M]. 北京：法律出版社，2006.

[20] 黄道秀. 俄罗斯法研究：第1辑 [M]. 北京：中国政法大学出版社，2013.

[21] 黄东熊. 中外检察制度之比较 [M]. 台北：中央文物供应社，1986.

[22] 黄东熊. 刑事诉讼法论 [M]. 台北：三民书局，1985.

[23] 霍奇森. 法国刑事司法——侦查与起诉的比较研究 [M]. 张小玲，汪海燕，译. 北京：中国政法大学出版社，2012.

[24] 胡卫列，董桂文，韩大元. 人民检察院组织法与检察官法修改：第十二届国家高级检察官论坛论文集 [C]. 北京：中国检察出版社，2016.

[25] 江礼华. 日本检察制度 [M]. 北京：中国人民公安大学出版社，1996.

[26] 金邦贵. 法国司法制度 [M]. 北京：法律出版社，2008.

[27] 罗科信. 德国刑事诉讼法 [M]. 吴丽琪，译. 台北：三民书局，1998.

[28] 霍尔. 组织：结构、过程及结果 [M]. 8版. 张友星，刘五一，沈勇，译. 上海：上海财经大学出版社，2003.

[29] 张文山，李莉. 东盟国家检察制度研究 [M]. 北京：人民出版社，2011.

[30] 李美蓉. 检察官身份保障 [M]. 北京：知识产权出版社，2010.

[31] 林朝荣. 检察制度民主化之研究 [M]. 台北：文笙书局，2007.

[32] 林钰雄. 检察官论 [M]. 北京：法律出版社，2008.

[33] 林钰雄. 刑事诉讼法：上册 总论编 [M]. 北京：中国人民大学出版社，2005.

[34] 刘方. 检察制度史纲要 [M]. 北京：法律出版社，2007.

[35] 刘昌强. 检察委员会制度研究 [M]. 北京：中国检察出版社，2013.

[36] 刘春萍. 转型期的俄罗斯联邦行政法 [M]. 北京：法律出版社，2005.

[37] 刘林呐. 法国检察制度研究 [M]. 北京：中国检察出版社，2015.

[38] 龙宗智. 检察制度教程 [M]. 北京：中国检察出版社，2006.

[39] 卢建平. 检察学的基本范畴 [M]. 北京：中国检察出版社，2010.

[40] 闵钐. 中国检察史资料选编 [M]. 北京：中国检察出版社，2008.

[41] 莫衡，等. 当代汉语词典 [M]. 上海：上海辞书出版社，2001.

[42] 泰克. 欧盟成员国检察机关的任务和权力 [M]. 吕清，马鹏飞，译. 北京：中国检察出版社，2007.

[43] 特吕什. 法国司法制度 [M]. 丁伟，译. 北京：北京大学出版社，2012.

[44] 青锋. 美国律师制度 [M]. 北京：中国法制出版社，1995.

[45] 雅各比. 美国检察官研究 [M]. 周叶谦，刘赓书，赵文科，等译. 北京：中国检察出版社，1990.

[46] 裘索. 日本国检察制度 [M]. 北京：商务印书馆，2003.

[47] 法务省刑事局. 日本检察讲义 [M]. 杨磊，张仁，等译. 北京：中国检察出版社，1990.

[48] 阮智富，郭忠新. 现代汉语大词典 [M]. 上海：上海辞书出版社，2009.

[49] 施鹏鹏. 法律改革，走向新的程序平衡? [M]. 北京：中国政法大学出版社，2013.

[50] 宋英辉，等. 外国刑事诉讼法 [M]. 北京：法律出版社，2005.

[51] 宋英辉，等. 刑事诉讼原理 [M]. 3 版. 北京：北京大学出版社，2014.

[52] 宋远升. 检察官论 [M]. 北京：法律出版社，2014.

[53] 孙谦，韩大元. 司法机构与司法制度 [M]. 北京：中国检察出版社，2013.

[54] 孙国华. 中华法学大辞典：法理学卷 [M]. 北京：中国检察出版社，2002.

[55] 田口守一. 刑事诉讼法 [M]. 张凌，于秀峰，译. 北京：中国政法大学出版社，2010.

[56] 魏根特. 德国刑事诉讼程序 [M]. 岳礼玲，温小洁，译. 北京：中国政法大学出版社，2004.

[57] 万毅. 一个尚未完成的机关：底限正义视野下的检察制度 [M]. 北京：中国检察出版社，2008.

[58] 王俊. 当代中国检察权性质与职能研究 [M]. 北京：中国检察出版社，2010.

[59] 王戬. 不同权力结构模式下的检察权研究 [M]. 北京：法律出版社，2011.

[60] 王以真. 外国刑事诉讼法学 [M]. 北京：北京大学出版社，1990.

[61] 魏武. 法德检察制度 [M]. 北京：中国检察出版社，2008.

[62] 谢小剑. 检察制度的中国图景 [M]. 北京：中国政法大学出版社，2014.

[63] 徐尉. 日本检察制度概述 [M]. 北京：中国政法大学出版社，2011.

［64］徐昕．法国司法前沿［M］．厦门：厦门大学出版社，2013．

［65］徐汉明．中国检务保障体制改革研究［M］．北京：知识产权出版社，2013．

［66］徐双敏．公共管理学［M］．2版．北京：北京大学出版社，2014．

［67］杨振江．检察委员会理论与实务研究［M］．北京：中国检察出版社，2012．

［68］晏向华．检察职能研究［M］．北京：中国人民公安大学出版社，2007．

［69］伊藤荣树．日本检察厅法逐条解释［M］．徐益初，译．北京：中国检察出版社，1990．

［70］张福森．各国司法体制简介［M］．2版（修订本）．北京：法律出版社，2006．

［71］张鸿巍．美国检察制度研究［M］．2版．北京：人民出版社，2011．

［72］张文显．法理学［M］．北京：法律出版社，2004．

［73］张智辉．检察权研究［M］．北京：中国检察出版社，2007．

［74］张智辉．中国检察——检察机关的监督与被监督（第11卷）［M］．北京：北京大学出版社，2006．

［75］甄贞，等．检察制度比较研究［M］．北京：法律出版社，2010．

［76］慕平．法律监督原论［M］．北京：法律出版社，2007．

［77］郑励志．日本公务员制度与政治过程［M］．上海：上海财经大学出版社，2001．

［78］中国检察学研究会检察基础理论专业委员会．司法体制改革中司法责任制的发展与完善：第五届中国检察基础理论论坛文集［M］．北京：中国检察出版社，2016．

［79］周敏凯．比较公务员制度［M］．上海：复旦大学出版社，2006．

［80］朱孝清，张智辉．检察学［M］．北京：中国检察出版社，2010．

［81］最高人民检察院司法体制改革领导小组办公室．人民检察院司法责任制学习资料［M］．北京：中国检察出版社，2015．

［82］朱秋卫．我国检察权的定位及职权配置研究［M］．北京：中国政法大学出版社，2012．

［83］《中共中央关于全面推进依法治国若干重大问题的决定》辅导读本［M］．北京：人民出版社，2014．

（二）报刊类

［1］北京检察机关试行主办检察权运行机制［J］．领导决策信息，2000（17）．

［2］卞建林，许慧君．论刑事诉讼中检察机关的职权配置［J］．中国刑事法杂志，2015（1）．

［3］蔡建．对检察人员分类管理的研究与思考［J］．国家检察官学院学报，2001（3）．

［4］蔡巍．检察官办案责任制比较研究［J］．人民检察，2013（14）．

［5］蔡雅奇．主任检察官制改革探索调查［J］．人民检察，2013（14）．

［6］曹建明．知难而进 攻坚克难 推动司法责任制改革全面开展［N］．人民日报，2016-07-20（9）．

［7］陈效．日本检察审查会制度实施现状评析［J］．人民检察，2014（7）．

［8］陈旭．建立主任检察官制度的构想［J］．法学，2014（2）．

［9］陈丹，路红青．主诉检察官制——司法独立的另一种诠释［J］．国家检察官学院学报，2002（1）．

［10］陈光中，王迎龙．司法责任制若干问题之探讨［J］．中国政法大学学报，2016（2）．

［11］陈光中．比较法视野下的中国特色司法独立原则［J］．比较法研究，2013（2）．

［12］陈海锋．错案责任追究的主体研究［J］．法学，2016（2）．

［13］陈丽莉．法国的检察官制度［J］．法学杂志，2008（6）．

［14］陈卫东，李训虎．检察一体与检察官独立［J］．法学研究，2006（1）．

［15］陈卫东，陆而启．检察官的角色——从组织法和诉讼法角度分析［J］．法学论坛，2005（4）．

［16］陈卫东．公民参与司法：理论、实践及改革——以刑事司法为中心的考察［J］．法学研究，2015（2）．

［17］陈晓聪．员额制改革背景下的法官约束与激励机制［J］．华东政法大学学报，2016（3）．

［18］陈永生，白冰．法官、检察官员额制改革的限度［J］．比较法研究，2016（2）．

［19］陈运财．检察独立与检察一体之分际［J］．月旦法学杂志，2005（9）．

［20］陈治军，马燕．大陆法系国家和地区检察官办案责任制比较研究［J］．人民检察，2015（3）．

［21］程伟．英国检察机关的独立性初探［J］．内江师范学院学报，2006（3）．

［22］程德文．德国检察官在刑事诉讼中的作用［J］．国家检察官学院学报，2006（4）．

［23］川出敏裕，刘芳伶．日本检察官之监控机制［J］．月旦法学杂志，2008（11）．

［24］邓思清．主诉（办）检察官制度改革回顾及启示［J］．人民检察，2013（14）．

［25］董坤.台湾检察官评鉴制度着力规范司法行为［N］.检察日报，2015 - 06 - 02 (3).

［26］杜磊.检察官办案责任制改革探索［J］.环球法律评论，2015 (3).

［27］杜磊.论检察指令权的实体规制［J］.中国法学，2016 (1).

［28］杜颖.论检察官办案责任制的责、权、利［J］.海峡法学，2015 (1).

［29］黄道秀.俄罗斯联邦侦查委员会法［J］.国家检察官学院学报，2014 (3).

［30］黄道秀.俄罗斯联邦检察院法 (上)［J］.国家检察官学院学报，2015 (4).

［31］樊崇义，龙宗智，万春.主任检察官办案责任制三人谈［J］.国家检察官学院学报，2014 (6).

［32］冯景合.法律监督权，能否与检察权兼容——从法治的角度对中国检察权的反思 (上)［J］.中国检察官，2006 (7).

［33］高保京.北京市检一分院主任检察官办案责任制及其运行［J］.国家检察官学院学报，2014 (2).

［34］顾军，温军.论日本、韩国检察制度及其启示［J］.江汉论坛，2014 (12).

［35］关仕新，等.第五届中国检察基础理论论坛与会人员建议 结合实践深化司法责任制理论研究［N］.检察日报，2015 - 10 - 12 (3).

［36］广东省纪委课题组，刘智民，蒋国林，等.领导干部干预司法办案问题的调查［J］.中国纪检监察，2014 (22).

［37］桂田田.孟建柱："员额制"关系到司法体制改革成败［N］.北京青年报，2015 - 04 - 18 (1).

［38］韩大元.关于检察机关性质的宪法文本解读［J］.人民检察，2005 (13).

［39］何帆.利益权衡下的美国检察官豁免权［N］.检察日报，2010 - 5 - 13.

［40］何家弘.美国检察机关承担公诉和自侦职能［N］.检察日报，2014 - 11 - 25.

［41］何家弘.论美国检察制度的特色［J］.外国法译评，1995 (4).

［42］何江波，付文亮.基层检察机关内设机构研究［J］.中国刑事法杂志，2011 (12).

［43］胡国平.美国现代检察管理方法［J］.人民检察，2003 (9).

［44］胡志斌.域外司法问责制度的考察与启示 ——以美国、加拿大、澳大利亚、德国、法国、日本为样本［J］.湖南警察学院学报，2014 (1).

［45］黄常明.检察机关执法过错责任追究制度反思与重构［J］.人民检察，2009 (20).

［46］黄庆畅，郝洪.员额制不能让年轻人"就地卧倒" (问政)——上海市委常委、政法委书记姜平谈司改试点［N］.人民日报，2015 - 04 - 29 (13).

[47] 黄维智，王沿琰．检察人员分类管理改革研究——兼论"员额制"的落实 [J]．四川大学学报（哲学社会科学版），2016（1）．

[48] 黄维智，王永贵．两大法系检察理论之比较研究 [J]．天府新论，2012（2）．

[49] 蒋德海．司法体制改革要以司法向法律负责为核心 [J]．检察风云：社会治理理论专刊，2015（6）．

[50] 蒋剑伟，杜建国．诉讼监督权内部运行机制研究 [J]．人民检察，2012（7）．

[51] 霍奇森，朱奎彬．法国检察官的独立性：基于新近扩权改革的多重质疑 [J]．交大法学，2011（1）．

[52] 瓦格纳，朱军．德国检察机关 [J]．中德法学论坛，2005．

[53] 匡茂华．主办检察官办案责任制试点探索 [J]．人民检察，2013（22）．

[54] 黎敏．联邦制政治文化下美国检察体制的历史缘起及其反官僚制特征 [J]．比较法研究，2010（4）．

[55] 李玲，王新环，苗生明．海淀区检察院关于主诉检察官制度改革的探索与实践 [J]．政法论坛，1999（4）．

[56] 李翠玲．台湾地区主任检察官制度的变迁与发展 [J]．人民检察，2015（20）．

[57] 李洪阳，雷池．论日本检察制度特点及对我国的启示 [J]．中国检察官，2014（13）．

[58] 韩彦霞，李乐平．检察官办案责任制的比较法考察及启示 [J]．人民检察，2014（20）．

[59] 李美蓉．论我国检察人员分类管理改革 [J]．河南社会科学，2014（11）．

[60] 李培锋．英国检察制度的创设模式及当代特点 [J]．南京大学法律评论，2009（1）．

[61] 李胜利．党委会（党组会）会议制度规范化问题研究 [J]．信访与社会矛盾问题研究，2016（4）．

[62] 李卫．习近平：以提高司法公信力为根本尺度 坚定不移深化司法体制改革 [J]．长安，2015（4）．

[63] 李贤华．域外确定法官员额基本方法概览 [N]．人民法院报，2015 - 10 - 09．

[64] 李粤贵．中英检察制度考察 [J]．南风窗，2003（22）．

[65] 李章仙．主任检察官制度改革中的独立性问题探析 [J]．中州学刊，2015（7）．

[66] 林丽莹．检察一体与检察官独立性之分际 [J]．月旦法学杂志，2005（9）．

［67］林山田. 论检察机关与检察官［J］. 全国律师，1998（6）.

［68］林世钰. 专访：主诉检察官制度仍然具有重要意义［N］. 检察日报，2008 – 08 – 13.

［69］林则奘. 台湾地区检察官制度面临的几个问题［J］. 国家检察官学院学报，2008（1）.

［70］刘婧. 德国舆论热议司法部解职总检察长：司法独立遭政治侵犯？［N］. 中国日报，2015 – 08 – 06.

［71］刘昊. 徐州创建文明城市，检察院拒绝上街执勤［N］. 南方周末，2016 – 08 – 28.

［72］刘兰秋. 日本检察制度简介（上）［J］. 国家检察官学院学报，2006（5）.

［73］刘莉芬. 论我国检察权配置的现状与优化构想［J］. 中国刑事法杂志，2011（8）.

［74］刘向文. 谈俄罗斯联邦检察机关的公务制度［J］. 河南社会科学，2012（6）.

［75］刘晓媛，禹枫. 法日上下级检察机关关系可资借鉴［N］. 检察日报，2014 – 06 – 03.

［76］龙宗智. 司法改革：回顾、检视与前瞻［J］. 法学，2017（7）.

［77］龙宗智. 法官业绩考核怎样才能"相对合理"［N］. 人民法院报，2017 – 07 – 09.

［78］龙宗智. 检察官办案责任制相关问题研究［J］. 中国法学，2015（1）.

［79］龙宗智. 检察机关办案方式的适度司法化改革［J］. 法学研究，2013（1）.

［80］龙宗智. 论依法独立行使检察权［J］. 中国刑事法杂志，2002（1）.

［81］龙宗智. 为什么要实行主诉检察官办案责任制：一论主诉检察官办案责任制［J］. 人民检察，2000（1）.

［82］龙宗智. 试论检察官的定位——兼评主诉检察官制度［J］. 人民检察，1999（7）.

［83］龙宗智. 主诉检察官办案责任制的依据和实施条件——二论主诉检察官办案责任制［J］. 人民检察，2000（2）.

［84］龙宗智. 主诉检察官的权力界定及其活动原则——三论主诉检察官办案责任制［J］. 人民检察，2000（3）.

［85］卢乐云. 德国检察官为何受宠备至——德国检察官选任与考核机制见闻［J］. 人民检察，2011（1）.

［86］吕涛，朱会民. 检察权运行机制的基本要素探析［J］. 人民检察，2012（3）.

［87］克洛德. 寻找检察改革的突破口［N］. 代秋影，译. 人民法院报，2013 – 08 – 16（6）.

［88］孟建柱. 深化司法体制改革［N］. 人民日报，2013 – 11 – 25（6）.

［89］马英川. 检察人员分类管理制度研究［J］. 法学杂志，2014（8）.

[90] 马永平. 员额制改革应处理好十大关系 [N]. 法制日报, 2015 – 07 – 22 (10).

[91] 毛一竹. 把"谁办案谁负责"落到实处 [J]. 半月谈, 2016 (15).

[92] 农中校. 检察人事管理的制度反思及职业化重构 [J]. 学术论坛, 2008 (2).

[93] 彭玉鸿. 我省对首批拟入额法官检察官人选进行公示 [N]. 河北法制报, 2016 – 06 – 29.

[94] 邱高启, 徐化成, 杨勇. 检察业务运行机制的构建——以检察官办案责任制改革试点工作为切入点 [J]. 人民检察, 2014 (17).

[95] 祁雷. 广州市"两院"一把手首次同堂办案 [N]. 南方日报, 2017 – 05 – 19.

[96] 尚爱国. 论检察机关内设业务机构的科学设置与整合 [J]. 河南社会科学, 2015 (12).

[97] 邵晖. "检察一体": 基于历史维度的分析 [J]. 人大法律评论, 2013 (1).

[98] 邵晖. 检察一体的历史与现实 [J]. 国家检察官学院学报, 2013 (1).

[99] 沈杨, 殷勤. 实施错案"终身追责"应注意区隔"责任豁免" [N]. 人民法院报, 2015 – 04 – 01.

[100] 沈德咏. 论以审判为中心的诉讼制度改革 [J]. 中国法学, 2015 (3).

[101] 施鹏鹏, 谢鹏程. 法国有一套严格的司法官惩戒程序 [N]. 检察日报, 2015 – 01 – 20.

[102] 施鹏鹏. 法国检察监督制度研究——兼与中国的比较 [J]. 暨南学报 (哲学社会科学版), 2010 (5).

[103] 宋英辉, 刘兰秋. 日本 1999 至 2005 年刑事诉讼改革介评 [J]. 比较法研究, 2007 (4).

[104] 苏永钦. 从司法官的选任制度看法系的分道和汇流 [J]. 检察新论, 2008 (4).

[105] 孙记, 李春季. 论苏俄检察制度的变迁及其对我国的启示 [J]. 俄罗斯中亚东欧研究, 2010 (2)

[106] 孙琴, 刘俊. 法国司法官考评制度及其适用 [J]. 人民检察, 2013 (7).

[107] 孙春雨. 美国新泽西州大西洋郡检察官办公室 [J]. 检察实践, 2005 (2).

[108] 孙长永. 刑事诉讼法学研究方法之反思 [J]. 法学研究, 2012 (5).

[109] 孙长永. 强化检察机关的四项义务 [J]. 人民检察, 2011 (24).

[110] 孙长永. 检察官客观义务与中国刑事诉讼制度改革 [J], 人民检察, 2007 (17).

[111] 孙谦. 中国的检察改革 [J]. 法学研究, 2003 (6).

[112] 孙应征，刘桃荣．检察机关司法责任制的理论基础与功能定位［J］．人民检察，2015（20）．

[113] 河北省唐山市人民检察院关于实行主办检察官责任制的暂行规定［J］．检察实践，1999（2）．

[114] 田凯．论检察机关行使职务犯罪侦查权的正当性［J］．中国刑事法杂志，2010（8）．

[115] 童建明，熊少敏，张巍．日本检察人员管理的主要特点［J］．人民检察，2004（2）．

[116] 魏根特，张万顺．检察官作用之比较研究［J］．中国刑事法杂志，2013（12）．

[117] 樊崇义，龙宗智，万春．主任检察官办案责任制三人谈［J］．国家检察官学院学报，2014（6）．

[118] 万毅．对日本检察官"半独立"地位不要误读［N］．检察日报，2015 – 06 – 09．

[119] 万毅．法国检察官的身份之谜［N］．检察日报，2015 – 08   04．

[120] 万毅．检察改革"三忌"［J］．政法论坛，2015（1）．

[121] 万毅．检察权若干基本理论问题研究——返回检察理论研究的始点［J］．政法论坛，2008（3）．

[122] 万毅．检察事务官：台湾检察系统的"王朝、马汉"［N］．检察日报，2015 – 04 – 07．

[123] 万毅．两岸检察官法律地位之比较［J］．东方法学，2011（2）．

[124] 万毅．日韩检察机关内设机构设置注重专业化［N］．检察日报，2015 – 06 – 16．

[125] 万毅．台湾地区检察官：谁定案谁负责［N］．检察日报，2015 – 09 – 01．

[126] 万毅．台湾地区检察官任职终身待遇优渥［N］．检察日报，2015 – 12 – 15．

[127] 万毅．特侦组：台湾检察体系中的反腐"杀手锏"［N］．检察日报，2015 – 08 – 18．

[128] 万毅．中国台湾检察权定位、配置及其他（上）［J］．东方法学，2010（1）．

[129] 万毅．主任检察官办案责任制改革述评——以 S 区人民检察院的改革方案为中心［J］．中国刑事法杂志，2015（3）．

[130] 万毅．主任检察官制度改革质评［J］．甘肃社会科学，2014（4）．

[131] 万毅，邹桦．日本检察官：员额可增减，薪酬高于公务员［N］．检察日报，2015 – 05 – 26．

[132] 万毅．台湾地区检察机关内设机构各司其职［N］．检察日报，2015 – 07 – 07．

[133] 王光贤．检察官权力清单制度实施及其完善——以上海市检察机关为样本［J］．上海政法学院学报（法治论丛），2017（4）．

[134] 王珏．主任检察官之域外经验与借鉴［J］．北京政法职业学院学报，2014（3）.

[135] 王欣，黄永茂．国外检察官考核考评制度之比较及启示［J］．江苏大学学报（社会科学版），2013（2）.

[136] 王圭宇．检察机关：俄罗斯联邦的"护法机关"［N］．检察日报，2015 - 09 - 15.

[137] 王敏远．论加强司法人员的职业保障［J］．中国司法，2015（5）.

[138] 王向明，黄福涛．职权配置与监督制约的改革思考［J］．中国检察官，2015（1）.

[139] 王新环．法国检察官和法官是如何工作的［N］．法制日报，2009 - 07 - 16.

[140] 王雅琴．别具特色的法国司法制度［N］．学习时报，2014 - 10 - 27.

[141] 王玄玮．检察机关司法责任制之规范分析［J］．国家检察官学院学报，2017（1）.

[142] 王一超．检察官办案责任制改革的进路分析——兼对主任检察官制度的反思［J］．西南政法大学学报，2014（3）.

[143] 魏武．法国检察官：为何叫"站着的司法官"？［N］．检察日报，2007 - 01 - 08.

[144] 温辉．台湾地区检察官惩戒制度及其借鉴［J］．行政法学研究，2016（2）.

[145] 吴常青．日本检察侦查权监督制约机制及其启示——以邮费优惠案为例［J］．中国刑事法杂志．2013（4）.

[146] 吴建雄．检察权运行机制研究［J］．法学评论，2009（2）.

[147] 吴祥义，熊正，石晶．主诉检察官办案责任制的困境及出路［J］．中国检察官，2010（23）.

[148] 王平江．武隆县人大常委会：检察官办案责任制改革试点工作推进有力，成效明显［J］．法律与监督，2015（12）.

[149] 王治国．统一思想增强信心攻坚克难 坚定不移推动司法责任制改革全面开展［N］．检察日报，2016 - 07 - 20.

[150] 增强改革定力 保持改革韧劲 扎扎实实把改革举措落到实处［N］．人民日报，2015 - 08 - 19.

[151] 夏阳，卞朝永．功能转变与角色替代：司法责任制视野下检委会案件决策机制改革之方向探究［J］．西南政法大学学报，2016（4）.

[152] 夏阳，高斌．司法责任制视野下检察机关内设机构"大部制"改革思考［J］．人民检察，2015（20）.

[153] 夏阳，杨平，李昌林，等．检察人员分类管理与办案责任制改革试点实践与反思［J］．人民检察，2014（24）.

［154］林灿铃. 二战后美国法对日本法的影响［J］. 比较法研究, 2002 (3).

［155］线杰. 日本检察官的权力［J］. 人民检察, 2000 (1).

［156］向泽选, 曹苏明. 检察规律及其启示［J］. 华东政法大学学报, 2010 (6).

［157］向泽选. 检察权的宏观运行机制研究［J］. 人民检察, 2012 (1).

［158］向泽选. 检察权运行机制与检察权配置［J］. 政法论坛, 2012 (6).

［159］肖萍. 日本检察审查会制度改革及其启示［J］. 上海大学学报 (社会科学版), 2013 (5).

［160］肖建华, 石达理. 日本检察制度兼具大陆与英美法系特色［N］. 检察日报, 2015 - 05 - 05.

［161］谢鹏程. 检察官办案责任制改革的三个问题［J］. 国家检察官学院学报, 2014 (6).

［162］谢鹏程. 论检察官独立与检察一体［J］. 法学杂志, 2003 (3).

［163］谢鹏程. 员额制有利于实现司法专业化职业化精英化［N］. 检察日报, 2015 - 12 - 07.

［164］谢鹏程. 论检察官主体地位［J］. 国家检察官学院学报, 2017 (4).

［165］谢佑平, 潘祖全. 主任检察官制度的探索与展望——以上海闵行区人民检察院试点探索为例［J］. 法学评论, 2014 (2).

［166］谢佑平, 燕星宇. 我国检察权性质的复合式解读［J］. 人民检察, 2012 (9).

［167］邢世伟. 中央政法委: 今年推进法院、检察院内设机构改革试点［N］. 新京报, 2016 - 01 - 22.

［168］幸颜静. 联邦德国司法部简介［J］. 比较法研究, 2003 (5).

［169］徐汉明. 论司法权和司法行政事务管理权的分离［J］. 中国法学, 2015 (4).

［170］徐鹤喃, 张步洪. 检察机关内设机构设置的改革与立法完善［J］. 西南政法大学学报, 2007 (1).

［171］杨圣坤. 检察权内部监督的调整与发展——以检察官办案责任制改革为背景［J］. 时代法学, 2014 (6).

［172］杨世林. 德国检察制度一瞥［J］. 内蒙古检察, 2006 (1).

［173］杨先德. 21 世纪以来英国皇家检察署有四大发展［N］. 检察日报, 2015 - 12 - 22.

［174］杨颖, 罗至晔. 主办检察官办案责任制的实践与做法［N］. 郑州日报, 2010 - 11 - 19.

[175] 杨征军, 蒋家棣. 检察机关内部监督机制优化整合研究——检察官办案责任制改革背景下的思考 [J]. 人民检察, 2015 (21).

[176] 叶峰. 日本检察机关的职责权限 (中) [N]. 检察日报, 2003 - 06 - 14.

[177] 尹晋华, 熊少敏, 张步红. 德国检察人员分为四大类——通过一个州检察院微观德国检察人员管理制度 (上) [N]. 检察日报, 2005 - 02 - 22.

[178] 尹丽华. 角色转换: 俄罗斯刑事诉讼中检察机关的地位与权限 [J]. 法学评论, 2007 (2).

[179] 张鲲. 日本检察官: 职权、组织与机构 [J]. 西南政法大学学报, 2000 (1).

[180] 张伟, 赵萌. 媒体盘点13次中央深改组会议: 9次提司法改革 [N]. 北京青年报, 2015 - 06 - 08.

[181] 张保生, 张晃榕. 检察业务考评与错案责任追究机制的完善 [J]. 中国刑事法杂志, 2014 (4).

[182] 张鸿巍. 美国检察机关立案侦查阶段之职权探析 [J]. 中国刑事法杂志, 2012 (4).

[183] 张建伟. 错案责任追究及其障碍性因素 [J]. 国家检察官学院学报, 2017 (1).

[184] 张建伟. 超越地方主义和去行政化——司法体制改革的两大目标和实现途径 [J]. 中国检察官, 2014 (13).

[185] 张庆立. 检察人员分类管理制度改革探析 [J]. 上海政法学院学报 (法治论丛), 2014 (4).

[186] 张永进, 李冉. 领导干部干预司法的责任追究制度研究——以近年来冤假错案为分析样本 [J]. 铁道警察学院学报, 2015 (3).

[187] 张永进, 李文静. 领导干部干预司法活动记录制度的落实难题与完善思路 [J]. 领导科学, 2016 (8).

[188] 张永进. 从有限放权到相对独立: 主任检察官制度改革评析 [J]. 甘肃政法学院学报, 2015 (4).

[189] 张永进. 我国台湾地区主任检察官制度初探 [J]. 理论月刊, 2015 (3).

[190] 张玉洁. 错案追究终身制的发展难题——制度缺陷、逆向刺激与实用主义重构 [J]. 北方法学, 2014 (5).

[191] 张智辉. 公诉权论 [J]. 中国法学, 2006 (6).

[192] 张智辉. 立足司法体制改革 检察学应重点研究四个问题 [J]. 人民检

察，2013（9）.

[193] 张智辉. 关于人财物统一管理的若干思考［J］. 法治研究，2015（1）.

[194] 张自超. 检察官办案责任制与检察委员会决策制的冲突与协调［J］. 河南社会科学，2015（9）.

[195] 章晓洪. 试论检察机关侦查权——兼谈检察引导侦查的法理渊源［J］. 浙江社会科学，2005（5）.

[196] 甄贞. 检察机关内部机构设置改革研究［J］. 河南社会科学，2013（1）.

[197] 甄贞，宋沙. 法国检察机关的职能与最新发展［J］. 人民检察，2012（1）.

[198] 郑青. 关于检察官办案责任制改革的几点思考［N］. 检察日报，2014 - 01 - 08.

[199] 郑青. 湖北省主办检察官办案责任制探索［J］. 国家检察官学院学报，2014（2）.

[200] 郑青. 对主办检察官办案责任制的几点思考——以湖北省检察机关的改革实践为范本［J］. 人民检察，2013（23）.

[201] 郑青. 论司法责任制改革背景下检察指令的法治化［J］. 法商研究，2015（4）.

[202] 郑青. 我国检察机关办案组织研究与重构［J］. 人民检察，2015（10）.

[203] 领导干部干预司法活动、插手具体案件处理的记录、通报和责任追究规定［N］. 人民日报，2015 - 03 - 31.

[204] 周理松，沈红波. 办案责任制改革背景下检察委员会与检察官关系的定位［J］. 人民检察，2015（16）.

[205] 周理松. 法国、德国检察制度的主要特点及其借鉴［J］. 人民检察，2003（4）.

[206] 周遵友. 德国的检察制度［J］. 当代检察官，2012（1）.

[207] 朱朝亮. 从检察官天职，回首检改十年［J］. 检察新论，2007（1）.

[208] 朱香山，刘洁辉. 广州白云区检察院试行主办侦查员办案责任制［J］. 人民之声，2000（7）.

[209] 朱孝清. 检察官相对独立论［J］. 法学研究，2015（1）.

[210] 朱孝清. 错案责任追究的是致错的故意或重大过失行为——再论错案责任［J］. 人民检察，2015（21）.

[211] 陈晨. 主任检察官的考察性研究——以比较法的角度［C］//主任检察官办案责任制——第十届国家高级检察官论坛论文集. 北京：中国检察出版社，2014.

[212] 谢鹏程. 关于检察官办案责任制的综合研究报告［C］//诉讼法修改与检察制度的

发展完善：第三届中国检察基础理论论坛文集．北京：中国检察出版社，2013.

（三）其他类

［1］付颖．检察人员刑事错案责任追究机制初探 ［EB/OL］．（2014 - 08 - 15）［2021 - 2 - 25］http：//qs. wh. hbjc. gov. cn/jcyj/201410/t20141029_ 551709. shtml.

［2］陈卫东,程雷．司法革命是如何展开的 党的十八大以来四项基础性司法体制改革成效评估［EB/OL］.（2017 - 07 - 09）［2021 - 2 - 25］. http://www. legaldaily. com. cn/in-dex/content/2017 - 07/09/content_7237007. htm? node = 20908.

［3］胡淑萍．检察权运行机制度比较研究——以法国、德国检察权运行机制为视点 ［C］．第十届国家高级检察官论坛，2014.

［4］骆绪刚．检察权运行司法化研究 ［D］．上海：华东政法大学，2015.

［5］孙静．符合检察特点的检察官权力清单制度研究 ［R］．上海市人民检察院重点课题．

［6］台湾地区"法务部"．检察改革白皮书 ［A］．1999.

［7］夏阳．聚焦重庆主任检察权运行机制试点 ［C］．第十届国家高级检察官论坛，2014.

［8］邹开红．北京市昌平区人民检察院检察权运行机制改革工作的试点情况介绍 ［C］．第十届国家高级检察官论坛，2014.

二、外文文献

（一）著作类

[1]川崎英明．現代検察官論[M].東京:日本評論社,1997.

[2]野村二郎．日本の検察:最強の権力の内側[M].東京:講談社,1988.

[3]LUNA E,WADE M. The Prosecutor in Transnational Perspective[M]. Oxford University Press:New York,2012:5.

[4]BEULKE W. Strafprozessrecht[M]. Heidelberg:Müller Jur. Vlg. C. F. , 2001:54 - 55.

[5]LAZERGES C. Figures du Parquet[M]. Pairs:University Presses of France, 2006: 67.

[6]KISSEL O R,MAYER H. Gerichtsverfassungsgesetz:GVG[M]. München:C H. Beck, Munches,2013.

[7]DELMAS – MARTY M,SPENCER J R,European Criminal Procedures[M]. London:Cambridge University Press,2002:299.

[8]PERROT R. Institutions Judiciaires [M]. 12th ed. Paris:Montchrestien,2006:407.

[9]KRATCOSKI, WALKER. Criminal Justice in America:Process and Issues[M]. Northbrook: Scott Foresman,1978:149 – 150.

[10]GUINCHARD S. Institutions Juridictionnelles[M]. Paris:Dalloz,2007:827 – 828.

[11]Cox S M,Wade J E. The Criminal Justice Network:An Introduction [M]. 3th ed. New York:The McGraw-Hill Humanities,1997:146.

[12]Ligeti K. Toward a Prosecutor for the European Union(Volume 1):A Comparative Analysis (Modern Studies in European Law) [M]. London:Hart Publishing PLC, 2013:133 – 135.

(二)报刊类

[1]Blankenburg E, Treiber H. The Establishment of The Public Prosecutor's Office in Germany[J]. International Journal of The Sociology of Law, pp. 12,375 – 390,Academic Press Inc. Limited,1985:376.

[2]Vouin R. The Role of the Prosecutor in French Criminal Trials[J]. American Journal of Comparative Law,1970(18):483 – 497.

[3]Davis A J. Prosecution and Race:The Power and Privilege of Discretion[J]. Fordham Law Review,1998,67(13).

(三)其他类

[1]Medvedyev and Others v. France,October 2008 Human Right Case Digest 18(11 – 12): 1113 – 1116.

[2]Harlow v. Fitzgerald,457 U. S. 800 (1982).

后 记

本书基于我的博士论文修改而来。我自 2018 年博士毕业后，因生活变动，很长一段时间产生消极情绪，甚至有些悲观。然而，悲观过后，一切仍需回归常态，肩上的担子比以往任何时候更为沉重。于是，我产生了继续修改并出版博士论文的念头。

感谢答辩委员会主席张保生教授，答辩委员龙宗智教授、李昌林教授、高一飞教授、潘金贵教授。各位老师从不同角度对彼时的拙论提出了全面细致的意见并指出其中的问题。正是这些修改、完善意见，给了我莫大的鞭策和激励，也让我深刻明白，博士学习虽然告一段落，但学术研究才刚刚开始。

感谢我的导师孙长永教授。其实早在本科之时已然对先生有所了解，后来有幸成为先生指导的硕士生，继而在工作后又成为先生门下的博士生，实在幸运至极。先生作为当代法学名家，知识渊博，为人友善，对学生更是关爱有加。仍记得硕士毕业时先生的谆谆教诲：做事易，做人难，要把人做好。先生的话时常回响在我的耳边，在我即将松懈时缓缓响起，在我即将放弃时加以提醒，在我深陷困惑时给予指点。在我攻读博士学位期间，先生并未嫌弃我的愚笨和幼稚，而是在百忙之中时时给予鼓励和支持。正是因为遇到先生，我对职业选择的认识才逐渐清晰，生活的困惑才开始被逐渐解开，人生的路也开始走向正轨。

感谢我的家人。正是家人的理解和支持，我才有了从小学到博士的学习机会。感谢我的父亲和母亲。他们作为朴实的农民，由于时代的限制没有接受教育的机会。然而，他们却在承担繁重的生活压力的同时，义无反顾地支持我的求学之路。生活之艰辛困苦，未曾亲历之人很难感受。然而，母亲因病于 2019 年 9 月溘然长逝，来不及看到儿子送给她的最后礼物，这是我的终生遗憾。感谢我的爱人。攻读博士期间，儿子一迈的降临是我最为骄傲的资本，因为他的到来，我升级为人父；博士论文提交之日，又恰逢女儿一彤出生。四年，我们由两口小家变为四口大家，生活压力骤增。由于我在读书之故，照顾幼子的重担全部落在爱人和双方父母肩上。这使得我在外学习时始终不敢懈怠，始终充满激情。

感谢我的母校西南政法大学的各位授课老师。他们知识渊博，平易近人。我与诸位老师之间虽为师徒，但犹如无话不谈的朋友。诸位老师对于后辈给予了无限的关心和帮助。特别是当我的研究处于停滞、写作陷入困境、思路没有头绪时，各位老师在百忙之中给予了我无私的指导和帮助，使我在黑暗之中徘徊时看到了未来的曙光。每一次授课，都是一次提升认知的大餐、一次精神的食粮。每一次相聚，都是一次情谊的凝聚、一次觉悟的提升。正是老师们毫不吝啬的传道授业，我才源源不断地得到生存之智、生活之法，使我感悟西政之精神，为我注入西政之魂。

感谢曹务坤、王建平、卢君、韩利、胡波、王刚、李冉毅、关倚琴、曾令健、蔡斐、毋爱斌、李冉、土健、贾晓晨等诸位师友。虽然我在校时间较为短暂，但是每一次坦诚的交流、每一次温馨的相聚、每一次深入的夜聊都使我不断成熟，让我从初入工作的"愣头青"逐渐成为沉稳的小伙子。正是他们的帮助和支持，使我的博士生涯充满精彩、充满乐趣，令我的读书生活充满思辨、充满碰撞。感谢他们，成为我生命中永不消逝的彩虹。

感谢河北省邯郸市人民检察院的各位同仁。作为第一次工作的地方，邯郸市人民检察院给予了我太多。正所谓"一朝检察情，一世检察人"。正是因为工作的经历，我将"检察权运行机制改革"作为考博选题，继而作为博士论文题目展开研究。在邯郸市人民检察院工作的六年，或在办公室，或在龙湖公园，或在机关食堂，身边的领导、同事、朋友不断地给予我启发、帮助我解惑、促进我成长，使我从一名初入社会的学生逐渐成熟起来。

感谢河北经贸大学法学院的各位领导、老师和同学。正因与他们相遇，我回归学术才成为可能，将重新选择变为现实。正是宽松、包容、和谐的工作环境给予我修改博士论文的时间、机会和方向；正是在他们的鞭策、激励、帮助和支持下，才使我的博士论文获得从电子文本转变为纸质专著的可能。

当然，值得感谢的人还有很多。因为读书的过程既是一个探寻真知的过程，也是一个感受温暖和真善美的过程。一路走来一路歌，这歌声既是对我过往生活的认可和理解，也是让我继续前行的冲锋号。这本书正是给他们最好的礼物和回馈。

永进

一稿 2019 年 4 月 3 日

二稿 2020 年 10 月 15 日

写于河北邯郸